LITERA talk

WORTE ÜBER WORTE

ALBATROS

Mit freundlicher Unterstützung von:
Bundesministerium für Wissenschaft,
Verkehr und Kunst

Umschlaggestaltung: Martina Schneider
Lektorat: Walter Baco
Assistenz: Markus Kreß

Verlag Albatros, Wien 1996

A - 1090 Wien, Clusiusgasse 11/18
Layout und Satz: Kultur-Agentur Sonnenwind

Erste Auflage

ISBN 3-85219-012-6

Hersteller: Perchtoldsdorfer Druckerei, 2380 Perchtoldsdorf, Industriestraße 2,
Tel. 0222/866 51, Fax 0222/866 51-44

Vorwort

Der Österreich-Schwerpunkt bei der Frankfurter Buchmesse 95 war ein Höhepunkt im literarischen Leben, der monatelang im Blickpunkt des öffentlichen Interesses stand. Umso verwunderlicher, daß es nach seinem Ende niemand der Mühe wert fand, dieses Ereignis in adäquater Form zu dokumentieren. Geradezu paradox - man könnte auch sagen, typisch österreichisch - ist es, daß (nach langem Hin und Her) ausgerechnet die Kritiker dieses Schwerpunktes für dessen Zusammenschau sorgen...

Nun geht es aber längst nicht mehr um Gegner oder Befürworter, sondern allein darum, das vorhandene Material allen Literatur-Interessierten verfügbar zu machen. Da ich durch die Gründung des Österreich-Leichtpunktes mit diversen Pro und Kontras hautnah konfrontiert war und auch einen Teil der Gespräche selbst geführt habe, bin ich gewissermaßen dieser literarisch-moralischen Verpflichtung nachgekommen, verbunden mit der Chance, den Ereignissen aus der Distanz das ihnen gebührende Augenzwinkern abzugewinnen.

Im wesentlichen handelt es sich um (teilweise gekürzte) Interviews, die in und um Frankfurt herum stattfanden; entweder im Auftrag des ORF im Österreich-Pavillon oder in Zusammenarbeit mit dem Messe-TV (jetzt „Message 1"). Auf biographische Hinweise zu den Autoren haben wir weitgehend verzichtet - es sei denn, sie waren Teil des Gesprächs -; diese sind in einschlägigen Nachschlagewerken nachzulesen (Verlag der IG Autoren). Ebenso wird mancher vielleicht die Eröffnungsrede von Robert Menasse vermissen, auf die einige Autoren Bezug genommen haben; diese ist mehrfach publiziert und in Buchform in einem Essayband (Sonderzahl Verlag) erschienen.

Strukturierungen sind oft problematisch, noch dazu wenn die Grenzen fließend ineinander übergehen; manche Autoren waren Spektakel- und Schwerpunkt-Gegner, wollten aber mitwirkende Kollegen nicht vor den Kopf stoßen, manche verweigerten sich grundsätzlich, manche wollten problemlos am Österreich-Schwerpunkt teil-

nehmen und manche konnten sich gefahrlos zur Teilnahme überreden lassen, da sie sich generell als Außenseiter fühlen. Die Einteilungen in LEICHT und SCHWER beinhalten keine Bewertung, sondern entstanden eher aus Gründen der Übersichtlichkeit. Konsequenterweise mußte auch eine Kategorie wie LEICHTSCHWER geschaffen werden, weil einige Autoren oder Repräsentanten als Vertreter des Schwerpunktes in Erscheinung traten, aber im Rahmen des Leichtpunktes interviewt wurden. Und natürlich gibt es auch ein skurriles Leben ABSEITS von Österreich...

Zwei Resümees kann man aus zeitlicher Distanz sicher ziehen: Die Autoren lassen sich gottlob nicht vereinnahmen. Und: Einiges von dem Gesagten ist, obwohl die Buchmesse den Rahmen bildet, von zeitloser Gültigkeit.

Wir haben uns bemüht, den Original-Wortlaut so wenig wie möglich zu ändern, obwohl es oft gar nicht leicht ist, Hörfunk- und Fernseh-Interviews in schriftlicher Form gleichermaßen spannend und authentisch wiederzugeben. Ich hoffe, man teilt nach der Lektüre unsere Meinung, es wäre schade gewesen, diese Vielzahl von interessanten Aussagen der Müllhalde zuzuführen.

Mein Dank gilt in erster Linie den Autoren, vor allem für die Qualität ihrer Aussagen und dafür, daß sie ihre Zustimmung zum Abdruck gegeben haben, sowie allen, die durch ihr Zutun die Herausgabe dieser Dokumentation doch noch ermöglicht haben: den Subventionsgebern, den Inserenten, dem ORF und seinen Mitarbeitern, der innovativen deutschen Fernsehmacherin Michaela Friederix und allen Mithelfern.

Der Herausgeber

Inhaltsverzeichnis

SCHWER

LEICHTSCHWER

LEICHT

ABSEITS

SCHWER

den Ersten Weltkrieg
würde ich zum Zweiten dazupacken,
mit einer kleiner Verschnaufpause
dazwischen

Michael Köhlmeier

Einige biographische Anmerkungen: Michael Köhlmeier ist 1949 geboren, lebt in Vorarlberg, dem westlichsten Bundesland Österreichs, er hat aber in Giessen studiert, und zwar Mathematik und Philosophie. Er hat etliche Hörspiele geschrieben, Erzählungen und wichtige, vielfach ausgezeichnete Romane wie „Moderne Zeiten", „Die Muster-Schüler", „Bleib über Nacht". Vor kurzem hat er einen großen Roman veröffentlicht: „Telemach", erschienen im Piper Verlag. Dabei handelt es sich um eine Neuerzählung der Odyssee des Homer in einer Verschmelzung von Antike und Gegenwart. Und dieser Roman hat ein fast unglaubliches Echo ausgelöst. Hat Sie das überrascht?

Ich kann nicht sagen, daß das eine Überraschung war. Denn wenn ich damit gerechnet hätte, daß diesen Roman niemand lesen wird, dann hätte ich ihn wahrscheinlich nicht geschrieben. Man schreibt ja etwas, von dem man sich denkt: das würde man selbst am liebsten lesen. Und man geht davon aus, daß die anderen Leute im Grunde auch nicht viel anders sind als man selbst. Also habe ich schon damit gerechnet, daß der Roman ankommt. Ich habe mich als Nebenprodukt zu diesem Roman mit der griechischen Mythologie beschäftigt - ich habe mich sehr lange damit beschäftigt -, und wenn man sich mit irgendetwas lange beschäftigt, dann hat man mit der Zeit das Gefühl, man weiß immer weniger. Zwischendurch, als ich dachte, ich weiß *am wenigsten*, hat mich der ORF gefragt, ob ich eine 14-teilige Sendung über die griechische Mythologie schreiben möchte. Ich habe dann mit ziemlich viel Bauchweh zugestimmt, weil ich mir dachte, 14 Teile - das sind 7 Stunden. Letztlich habe ich festgestellt, daß man mit der Zeit doch etwas zusammenkriegt. Ich hätte aber nicht damit gerechnet, daß es so viele Hörer-Reaktionen gibt und daß sich so viele Leute für die griechische Mythologie interessieren.

Das war eine Sendung, in der Michael Köhlmeier aus dem Stegreif Sagen aus der Antike erzählt hat. Es gab in der Tat eine unglaubliche Resonanz bei unseren Hörern. Aber ich glaube, Sie sollten uns jetzt vor allem über den Roman erzählen. Telemach, das ist der Sohn des Odysseus, Sie selbst nennen sich Sohn, aber auch Vater. Sie haben zwei Kinder. Wieviele Fragen des eigenen Lebens haben Sie in diesem Stoff verarbeitet?

Ich habe eine merkwürdige Erfahrung gemacht. Als ich nach vielen Jahren die Odyssee wiedergelesen hatte, habe ich das Gefühl gehabt, als wäre der Text irgendwie auch ein Kommentar zu unserem Jahrhundert. Bei Homer steht sowohl in der Odyssee wie auch in der Ilias ein großer Krieg im Zentrum, der Trojanische Krieg. Und im Zentrum unseres Jahrhunderts steht auch ein Krieg, würde ich sagen. Den Ersten Weltkrieg würde ich zum Zweiten dazupacken, mit einer kleiner Verschnaufpause dazwischen. Wie eine Qualle hockt auf unserem Jahrhundert *ein* großer Krieg. So ist es auch in der Odyssee, aber es wird von diesem Krieg nicht so viel geredet wie in der Ilias. Dennoch ist er ständig vorhanden. In jedem Umdrehen, in jeder Handbewegung spürt man diesen Krieg. Telemachos, der Sohn des Odysseus, ist ein typisches Kind des Nachkriegs. Als sein Vater zurückkommt, man kann auch sagen, als sein Vater wieder zur Besinnung kommt, ist Telemach 20 Jahre alt. Es braucht nicht viel Interpretation, um festzustellen, daß ich mit diesem Telemach eine gewisse Identifikation gespürt habe. Ich bin ein Kind des Nachkriegs, mein Vater war zwar nicht in körperlicher Hinsicht verloren, dennoch ist diese Vätergeneration irgendwie weniger vorhanden gewesen. Außerdem hat die Odyssee einen eigenwilligen, ich möchte sagen, einen sehr modernen Aufbau. In den ersten vier Gesängen, ganz am Anfang, ist Odysseus nicht gegenwärtig. Da spielt er nur als Bild und als Vorbild für den Telemach eine Rolle, gewissermaßen als Last im Rücken und Genick des Telemach. So haben sich auf sehr merkwürdige Art und Weise meine Erfahrungen mit diesen ersten vier Gesängen der Odyssee verknüpft und verbunden.

Und wie ist das mit Ihrem Sohn? Sie sagen einmal: „Der Mythos vom Erwachsenwerden löst seinen Sinn erst ein, wenn er jeder Generation neu erzählt wird."

Darüber muß sich dann mein Sohn Gedanken machen, würde ich sagen. Ich glaube, wenn man sich allzuviele Gedanken bei der Erziehung macht, kommt was *Queres* raus. Ich will mir nicht darüber Gedanken machen, daß ich ihm im Genick sitze - ich sitze ihm wahrscheinlich im Genick. Damit muß er fertig werden. Ich weiß es, aber ich will es ihm nicht vorwegnehmen. Wenn man das Wort Telemachos übersetzt, dann bedeutet das „der in der Ferne kämpft". Für wen? Er kämpft in der Ferne für seinen Vater, oder wenn man es mit Epsilon schreiben würde, würde es heißen „der den Kampf vollendet". Wessen Kampf? Den des Vaters wiederum. Das heißt, der Vater hat die ganze Zukunft seines Sohnes kolonisiert. Dem bleibt dann nicht mehr viel übrig. Das möchte ich irgendwie verhindern. Man kann es am besten verhindern, wenn man sich keine Gedanken darüber macht.

Gedanken muß man sich immer machen. Wenn man an die Eröffnungsrede von Robert Menasse denkt, die zum Teil auch die Geschichte der Menschheit zum Thema hat; das ist doch auch einer Ihrer Gedanken. Nicht?

Ich will daran ganz anders anknüpfen. Ich fand die Rede von Robert Menasse wunderbar. Ich habe sie in Österreich im Radio gehört, und es hat mich ein bisher kaum gekanntes Gefühl von Stolz erfüllt, von ihm repräsentiert zu sein. Ich kann auch die gegenteiligen Meinungen kaum verstehen. Robert Menasse hat einen ähnlichen Gedanken gehabt. Man kann nach vorwärts die Zukunft kolonisieren und nach rückwärts die Vergangenheit kolonisieren, indem man sie für eine fiktive Gegenwart zu instrumentalisieren versucht. Beides kann unter Umständen verheerend sein, das hat er klar herausgearbeitet.

Sie schreiben Erzählungen und Romane, aber Sie schreiben auch Hörspiele und Theaterstücke. Wie nähern Sie sich dem Formalen? Wahrscheinlich liegt Ihnen die Erzählung mehr, dennoch scheint Sie die Dramatik zu faszinieren. Es hat zum Beispiel Uraufführungen von Michael Köhlmeier bei den Bregenzer Festspielen gegeben.

Ich habe noch nie ein Theaterstück ohne Auftrag geschrieben, das muß ich sagen.

Also keine eigene Initiative für dramatische Arbeit?

Nein. Im Grunde genommen glaube ich nicht an Dramatik.

Warum nicht?

Da geht immer eine Tür auf, und zur rechten Zeit kommt immer einer ´rein, wenn ein anderer verschwindet, kraß ausgedrückt. Daran glaube ich nicht. Ich glaube auch nicht, daß irgendetwas im realen Leben dramatisch geschieht. Es geschieht alles *episch*; dramatisch geschieht es im nachhinein, wenn man es erzählt. Was soll denn Dramatisches passieren! Ich glaube an diese *Verknüpfungen* nicht, ich glaube an die Dramatik eines Stückes wie „Warten auf Godot“. Das kann ich mir vorstellen. Es ist natürlich elend fad und zieht sich dahin, und man wartet auf Godot und wartet. Aber das ist real. An diese dramatischen Kurven, die sich inzwischen in die Niederungen des Spielfilms verflacht haben, also „plot point eins“ - „erregendes Moment“, hieß es früher - und „plot point zwei“ glaube ich nicht. Ich habe es noch nie erlebt in meinem Leben. Ich warte noch immer auf die plot points, ich habe sie noch nie erlebt. Erst danach, wenn mich meine Frau zu Hause fragt, wie es in Frankfurt war, dann denke ich mir die plot points aus, die ich erzählen könnte. Aber während sie sich abspielen, weiß ich nichts von ihnen. Das Epische liegt mir mehr, muß ich sagen. Was Sie zu Hörspielen gesagt haben... Ich habe eine große Familie zu erhalten, und der kürzeste Weg in der Literatur vom Schreibtisch zur Geldbörse - also vom Schreibtisch zum Konto - war eben in den siebziger Jahren das Hörspiel. Deshalb sind in dieser Zeit so viele Hörspiele verfaßt worden.

Sie stehen aber dazu?

Ja, selbstverständlich stehe ich dazu. Am besten fand ich immer diese Hörspiele, wo ich alles selber gemacht habe, mit meinem Freund Peter Klein zusammen, als wir alles selber geschnitten und selber aufgenommen haben. Das hat so etwas mit Basteln und Regalebauen zu tun, und das tue ich auch gerne.

Zur Zeit ist das Fernsehspiel sehr gefragt. Das Fernsehspiel ist jetzt bei vielen Schriftstellern „in". Sind Sie noch nicht in Versuchung geführt worden?

Ja, schon. Es ist natürlich eine Frage des Preises. Wie es bei der Mafia heißt: Es gibt Angebote, da kann man nicht nein sagen. Aber ich hoffe, daß sich ein sehr verlockendes Angebot dadurch relativiert, indem ich über das Buch genügend verdiene, sodaß der Preis so hoch geht, daß der ORF nicht mehr mitbezahlen kann.

Wollen wir ganz unabhängig vom ORF fragen, wie es mit dem Österreich-Schwerpunkt auf dieser Frankfurter Buchmesse steht? Ist er ein ernsthafter Faktor, über den Sie nachdenken? Ist er einfach ein Marktfaktor? Was bedeutet er für Sie? Oder bedeutet er für Sie nur den Auftritt vor vielen interessierten Menschen?

Man würde schon sehr viel „Behübschungsenergie" benötigen, um zu sagen, das wäre nicht primär eine Marktsache. Es ist natürlich primär eine Marktsache, und wenn ich ganz ehrlich bin, muß ich auch sagen, daß ich mich schon ein bißchen beeilt habe, um rechtzeitig mit dem Buch fertig zu werden. Wenn die Herbstmesse auf Frühjahr 1996 verlegt worden wäre, wäre ich sehr froh darüber gewesen, dann hätte ich mich nicht so anstrengen brauchen.

Sie vertrauen dem Buch und vor allem den Lesern noch immer?

Ja, selbstverständlich! Dieses ganze Gerede, daß die CD-ROM oder sonstige Dinge, die ich sehr toll finde, das Buch, den Roman vertreiben, halte ich für Unsinn. Umberto Eco hat so schön gesagt, er kann sich einen Touristen, der auf einem Kamel sitzend aus dem Notebook oder dem Computer heraus Gedichte liest, nicht vorstellen. Umberto

Eco hat sicher schon sehr viele Touristen auf Kamelen gesehen, die Bücher lesen, ich nicht. Aber ich glaube, daß das Buch eine konkurrenzlose Erfindung ist. So praktisch! Auf weniger Platz kriegt man so gemütlich kaum irgendetwas Romanmäßiges unter. Um die Lyrik tut es mir, ehrlich gesagt, viel mehr leid. Da habe ich Sorgen, daß die irgendwie hinunterrutscht, weil die Verlage alle natürlich *pushen* wollen. Man weiß ja, daß Lyrik im Schnitt 1300 Leser hat, wenn sie erfolgreich ist.

Sie schreiben keine?

Ich schreibe heimlich Lyrik.

Dann warten wir auf den nächsten Lyrikband von Michael Köhlmeier.

Das Gespräch mit Michael Köhlmeier führte Brigitte Hofer

es ist mir mittlerweile dreimal passiert,
daß jemand bei meinen Lesungen
in Ohnmacht fällt

Josef Haslinger

Ich erinnere mich, daß ich Josef Haslinger vor einigen Monaten, als der Roman „Opernball“ erschienen ist, im Wiener Funkhaus getroffen habe. Er hat sich, wie man so sagt, wie ein Schneekönig gefreut, daß pro Tag so und so viele Bücher ausgeliefert werden. Es hat sich sehr schnell abgezeichnet, daß das Buch ein Bestseller werden könnte. Mir kam er ein bißchen vor wie ein Fußballer nach einem entscheidenden Tor. Diese große, spürbare Freude, die möglicherweise auch eine große Erleichterung war: endlich viele Leser! Wie erinnern Sie sich heute an diese Phase des plötzlichen Spürens: Ja, das wird ein Bestseller?

Naja, diese große Freude hatte zwei Momente. Das eine war natürlich, daß sich viele Bücher verkauft haben. Ich habe ja mein erstes Buch 1980 geschrieben, „Der Konviktskaktus“. Da liegen fünfzehn Jahre dazwischen, und in diesen fünfzehn Jahren habe ich mich als Autor finanziell so recht und schlecht über Wasser gehalten, aber eben auch mit Tätigkeiten, die nicht unbedingt mit Bücherschreiben zu tun haben. Jetzt habe ich sozusagen erstmals Geld verdient. Ich habe es zwar noch nicht gekriegt, weil das im Verlagsgeschäft so ist. Man kriegt das immer erst spät; zweimal im Jahr kommt die Abrechnung. Aber irgendwann werde ich es kriegen, und dann werde ich erstmals Geld haben. Das war die eine Seite, die mich gefreut hat. Die andere Seite war, daß dieses Buch, als es einige Wochen vor dem Erscheinen in Österreich besprochen wurde, nicht sehr wohlwollend aufgenommen wurde. Es hat sich dann Anfang März plötzlich eine Wende ergeben, die sich in den österreichischen Rezensionen nicht niedergeschlagen hat, weil die alle schon geschrieben waren, aber sie hat sich in einer zweiten Wahrnehmung der Presse niedergeschlagen. Plötzlich gab es bei Interviews Einleitungen und Nebenbemerkungen, so als wäre dieses Buch von dieser und jener Zeitung immer schon als großes Buch angesehen worden. Das hat mich natürlich gefreut, daß ich nach dieser wohlwollenden und guten deutschen Rezeption dann auch in Österreich etwas besser aufgenommen wurde. Man kann sich über den Buchverkauf freuen, aber was nützt dieser Buchverkauf, wenn man als Autor nicht ernstgenommen wird? Ich glaube, daß es für jeden eine große Erniedrigung ist, wenn ihm gesagt wird, er verkauft sich gut, aber im Grunde ist das ein Schmarren. Mir bedeutet das schon viel, wenn das, was ich mache, zumindest auf der Ebene einer qualitativen Kommunikation angesiedelt wird und nicht auf der Ebene eines Schmarrens oder eines - irgend jemand hat das in einer Rezension, wie hat er das bezeichnet, ich glaube mit dem amerikanischern Ausdruck „trash“.

In einer anderen Rezension ist wiederum betont worden, daß sich endlich einmal jemand an ein Romankonstrukt wagt, in dem durchaus auch Kolportage-Elemente drinnen sind, damit die Maschinerie so eines Buches funktioniert. Dieser Typus Spannungsroman, der auch ein kommunikativer Vorgang ist und der Leser braucht, um funktionieren zu können, wird ja in der deutschsprachigen Literatur nicht gerade besonders gern und gut fabriziert. Dieser Trash-Vorwurf ist wohl oft nur ein Staunen, daß man auch einen soliden Thriller schreiben kann.

Das ist kein solider Thriller. Ich habe es nie so gesehen. Das ist ein Vermarktungs-Etikett.

Welches Wort ist es von den beiden, das den Josef Haslinger jetzt stört? Das Wort „solid“ oder das Wort „Thriller“?

Das Wort „solid“ ist es. Ich habe es immer einfach als Roman gesehen. Es hat natürlich thrillerhafte Elemente. Aber ein Thriller ist es deshalb nicht, weil ein Thriller ein ganz bestimmtes Strickmuster hat, eine bestimmte Art, wie sich die Dinge auflösen müssen. Das ist in diesem Buch nicht der Fall. Es bleibt sehr viel offen, vieles löst sich nicht auf. Es werden neue Handlungselemente und Personen eingeführt, die letztlich überhaupt nichts zur Auflösung beitragen. Das heißt, dieser Bogen, den ein Thriller machen muß, mehr oder weniger der Aufklärung, der Entmythologisierung verpflichtet, dieser Bogen wird nicht richtig rund. Das Buch ist nicht abgerundet; es ist ein Puzzle, das sich zusammensetzt, aber dieses Puzzle bleibt nicht im Rahmen, sondern wächst auf eine merkwürdige Weise hinaus, und letztlich ergibt es weder eine runde noch eine eckige Figur, sondern irgendein Gebilde, das ausgefranst ist.

Es ist viel über die Zahl der Toten diskutiert worden. Das liegt natürlich in der Logik des Spiels: 24 Opfer bei einem Anschlag, den diese sektenhafte, zur Gewalt bereite Gruppe in einem Gastarbeiterquartier durchführt. Und dann die berühmten 3000 Opernballgäste. Da ist natürlich auch die Logik der Zahl im Journalismus angesprochen. Wenn ein Toter oder ein gefährdetes Kind über Tage im Schacht steckt, kann das eine Spitzenmeldung sein. Eine Fähre mit zweitausenden Toten in einem anderen Kontinent ist oft nur eine kleine Meldung. Weil Sie vorhin Kommunikation angesprochen haben:

Sie haben sich hier eingemischt in diese Logik und haben sie in gewisser Weise ad absurdum geführt.

Dieses Buch zeichnet diese Merkwürdigkeit nach, daß man den Tod von 3000 Menschen locker verkraften kann, wenn er auf dem Bildschirm stattfindet. Es gibt die Wahrnehmung einer Vernichtungsaktion durch Giftgas in der Wiener Staatsoper, wie ich sie schildere. Diese Wahrnehmung erfolgt nur über den Bildschirm. Diejenigen, die das persönlich miterlebt haben, sind getötet worden. Und die anderen haben es auf dem Bildschirm verfolgt. Das ist wesentlich leichter zu verkraften als etwa das Abschneiden oder Ausreißen eines kleinen Fingers. Das ist auch ein Punkt, um den es mir gegangen ist: das Massensterben und das individuelle Sterben. Diejenigen, die dem Buch vorwarfen - und dieser Vorwurf wurde erhoben, vor allem in Österreich -, daß man nicht mehr das Leiden eines einzelnen schildert, sondern gleichsam den Medientod reproduziert, mit dem Anspruch, medienkritisch zu sein, diese Menschen haben übersehen, warum auch einzelne Tode in diesem Buch gestorben werden und warum zum Beispiel am Schluß noch das qualvolle Sterben dieses alten Mannes sehr ausführlich geschildert wird, und zwar wesentlich ausführlicher als der Vergasungstod dieser Menschen. Meine Erfahrung war, daß diese Logik etwas für sich hat. Das kann ich jetzt auch auf meinen Lesereisen deutlich nachvollziehen. Es ist mir mittlerweile dreimal passiert, daß Menschen in Ohnmacht fielen. Diese Serie begann in Gänserndorf und setzte sich fort über Mannheim und Aschaffenburg. Und zwar war das immer an der selben Stelle, die ich mir jetzt schon gar nicht mehr zu lesen traue. Die Stelle, wo durch einen Machtkampf innerhalb dieser rechtsradikalen Sekte jemand bestraft wird, dem dann der kleine Finger abgeschnitten wird. Diese Bestrafungsaktion wird sehr plastisch geschildert. Und da passiert es, daß Menschen, die kein Blut sehen können, durch die Plastizität der Beschreibung ohnmächtig werden, während sie den beschriebenen Bildschirmtod von ein paar tausend Menschen - die Vergasungsaktion wird ja auch beschrieben, so wie man sie am Bildschirm wahrnehmen konnte -, während sie diese Aktion eigentlich locker verkraften.

Herr Haslinger, Sie haben Ihr Buch aus dem Jahr 1980, „Der Konviktskaktus", erwähnt. Das war Prosa, die wenige Leser fand, eine karge, nüchterne Erzählung in einer sehr überschaubaren Situation. Man hat in den siebziger Jahren häufig das Wort „Realismus" strapaziert. Sie haben, glaube ich, im „Wespennest" debütiert, einer immer noch florierenden Literaturzeitschrift, die den Untertitel „Zeit-

schrift für brauchbare Texte" trägt, dann das „Leben eines Kleinhäuslers im Waldviertel". Übrigens kommt auch im Roman „Opernball" das Waldviertel vor. Im Suff fallen die Neonazis dort wie komische Raubritter ein. Aber worauf ich jetzt hinauswill, ist die Frage, haben Sie für den Opernball ein anderes, ein breitwinkligeres Objektiv aufgeschraubt? Denn dieser genaue Fokus auf - im ersten Buch ist es ein Internat - diese filmischen Techniken, den Szenenwechsel; war das der Versuch, einmal andere Erzählmethoden zu probieren?

Ja, zweifellos. Ich habe ziemlich lange an diesem Buch gearbeitet, nämlich fünf Jahre. Es sind zwischen dem Erscheinen dieses Buches und dem Erscheinen des vorigen, prosaisch-literarischen Buches zehn Jahre vergangen. In diesen zehn Jahren habe ich mir eine neue Schreibweise erarbeitet, die mit der alten zweifellos noch irgendeinen Zusammenhang haben wird, aber dieser Zusammenhang ist für mich nicht deutlich nachvollziehbar, weil der Zugang zum Thema und auch die literarischen Techniken völlig unterschiedlich sind. Sie haben dieses Buch „Der Konviktskaktus" erwähnt, da gibt es eine Erzählung „Die mittleren Jahre", die eigentlich nicht autobiographisch ist und auch mit Klosterinternaten nichts zu tun hat, sondern die Biographie eines Waldviertler Bauern ist. Diese Erzählung ist wieder aufgelegt worden, und danach kam eine andere Biographie, diesmal nicht die eines Bauern, sondern die eines Kleinhäuslers. Es gibt einige Autoren, in deren Tradition ich damals stand, ich kann sie natürlich nennen; das waren Wolfgruber, Innerhofer, Zenker; Autoren, die um die Zeitschrift „Wespennest" herum gruppiert waren. Die Zeitschrift gibt es nach wie vor, meiner Ansicht nach sicher eine der besten österreichischen Literaturzeitschriften; auch wenn ich dort nicht mehr mitarbeite. Ich bin mehr oder weniger in dieser Tradition die zweite Generation gewesen. Das hat es mir leichter gemacht, einen neuen Ansatz zu finden. Ich habe zum Beispiel keine Lust gehabt, eine umfassende Autobiographie zu schreiben, weil ich das Gefühl hatte, das ist schon geschehen, das hat der Innerhofer schon geschrieben, sodaß ich auch einen gewissen Vorteil hatte und mich nicht in dieser autobiographisch-realistischen Literatur totschreiben mußte. Ich habe von vornherein schon eine Distanz dazu gehabt und eigentlich keinen Sinn darin gesehen, warum ein junger Mensch damit beginnen sollte, seine Autobiographie zu schreiben.

Bauen wir eine Fiktion. Irgendwie kommen die Verfilmungsrechte des Buches Opernball - ich weiß nicht, ob tatsächlich schon irgendwo welche existieren - nach Amerika. Man weiß von amerika-

nischen Filmproduktionen, daß Handlungen oft nach Amerika transferiert werden, damit sich die Filme im amerikanischen Kino besser verkaufen. Wäre das Buch für Sie zum Beispiel in eine amerikanische Stadt transferierbar? Ich will natürlich darauf hinaus, wie wichtig der österreichische Hintergrund für diese Geschichte ist. Könnte die Geschichte auch in einem gesellschaftlich wichtigen Ereignis einer anderen Weltstadt kulminieren?

Attentate gab es in diesem Jahr auch in anderen Ländern. Mir war dieser Unterschied eigentlich sehr wichtig. Es hat sich aber herausgestellt, daß die Realität darüber hinaus gegangen ist. Natürlich hatte das einen österreichischen Hintergrund und hatte Ängste, die in Mitteleuropa entstanden sind, zum Thema. Aber plötzlich gibt es einen Giftgasanschlag einer religiösen Sekte in Japan.

Waren Sie da erschrocken?

Naja, es ist eine frappierende Parallele. Es wird immer so salopp gesagt: eine Neonazigruppe. Aber eigentlich handelt es sich um eine religiöse Sekte, die so etwas macht, eine rassistische, religiöse Sekte. Religion ist in vielen Ländern der Welt und auch bei uns vor 50, 60 Jahren immer wieder in Politik und politische Gewalt umgeschlagen. Nachdem die Ideologien an Bedeutung verlieren, und zwar rasant, theoretisch schon länger, aber praktisch in den letzten fünf, sechs, sieben Jahren, und gleichzeitig das religiöse Denken als neue Orientierungslinie für Menschen einen Aufschwung erlebt, wird diese Gefahr noch größer. Ich habe einige solche Gruppen in den USA kennengelernt, nicht persönlich, aber ich habe von deren Existenz etwas nachvollzogen: Gruppen, die in ihren Versammlungsräumen Hitlerbilder hängen haben. Ich habe mich dann gefragt, ob das auch bei uns möglich wäre und habe eine eigene Gruppe konstruiert, mit österreichischem Hintergrund und einer Wiederbelebung eines mittelalterlichen Millenniumismus', einer aus der Apokalypse herkommenden Geschichtsphilosophie, die ein Tausendjähriges Drittes Reich erwartet. Diese Begriffe kommen ja letztlich aus der Apokalypse und von den Kirchenvätern. Und dann stellt sich heraus, daß etwas Paralleles in Japan passiert, es hätte genausogut auch etwas Paralleles in den USA passieren können. Ich glaube schon, daß das ein Trend ist.

Das Gespräch mit Josef Haslinger führte Wolfgang Kos

die aus Texas
kommen überhaupt nicht
auf die Buchmesse,
weil sie irgendwelche Primadonnen sind,
dabei ist hier die größte Hetz' los

Wolfgang Bauer

Wir sitzen hier im gläsernen Rund dieses Pavillons, und wenn man 'rausschaut, sieht man kleine Boxen mit Objekten, die von verschiedenen Schriftstellern für die Ausstellung nominiert wurden. Wolfgang Bauer hat sich für so ein verwutzeltes Schundheftl entschieden, ich nehme an, aus eigenem Besitz, und schon ziemlich alt.

So ist es. Das Objekt besteht aus einem Tisch, und darauf ist ein sogenanntes „Schundheftl". Für mich ist es kein Schundheftl, sondern ein altes Rolf Thorring-Heft auf einem Nähtischerl, und das ganze Objekt heißt „The Nähtischerl". Es ist ein Objekt, das irgendetwas ausstrahlen möge, worüber ich nachdenke, das ist alles. Ich kann nicht eine Schreibmaschine ausstellen oder irgendwelche gedruckte Seiten - da es sich hier um eine Ausstellung handelt, muß ich mich in dem Moment als bildender Künstler fühlen.

Das Wort „Schund" haben Sie gleich einmal abgelehnt.

Das lehne ich absolut ab. Es gibt keinen Schund.

Aber es gibt schlechte Literatur?

Ja, es gibt sehr schlechte Literatur.

Eines Ihrer früheren Werke, aus der Zeit der Mikrodramen, heißt „Das stille Schilf - Ein schlechtes Meisterwerk. Schlechte Texte mit schlechten Zeichnungen". Das war in den sechziger Jahren auch eine Attacke gegen das „hehre Gut". Ungefähr zu der Zeit, als dieses Thorring-Heft erschienen ist, gab es die Aktion „Das gute Buch". Sie sind eigentlich als Kind in Sachen Bücher gut ausgebildet worden.

Also das muß man korrigieren. Es ist schon so, daß ich persönlich immer davon ausgegangen bin, in irgendeiner Weise einmal selbst perfekte Literatur zu machen. Der Horst Zankl und ich, wir haben als Studenten z.B. im Jahr 1961 in Wien eine Ausstellung in einem Zimmer veranstaltet, wo wir einen Eierbehälter aufgehängt und irgendeinen Titel dazugeschrieben haben. Damit wollten wir eigentlich diesen Irrweg, den der Picasso und später dieser Volltrottel, der Beuys... der wollte überhaupt allen weismachen, was Kunst ist und vor allem, daß sie selber Künstler sind. Da sind wir schon viel früher als der Beuys draufgekommen, daß das eine Idiotie ist; wir haben das ironisiert. Und viel später, genau an dem Punkt, als ich Erfolg hatte, habe ich sofort etwas Schlechtes gemacht, um mich selbst abzudämpfen. Es gibt nichts Wirkliches, es gibt nichts, wo man sagt, jetzt bist du gut, jetzt bist du schlecht. Mit diesen beiden Ebenen spiele ich gerne.

Als Sie berühmt wurden, ging das sehr, sehr schnell. Sie haben vorher mit Literatur kaum Geld verdient, und plötzlich waren Sie ein

Star. Das war die Phase, in der viele aus Ihrer Altersgruppe davon geträumt haben, Popstar zu werden. Es gibt ein altes Foto von Ihnen, mit langen Haaren, einem unheimlich feschen Kapperl und einer Blumenkrawatte. War das ein Ziel, ein „popular star" zu sein?

Das muß man anders sehen. Pop-Star wird man durch die Musik. Wenn man singen oder ein Instrument bedienen kann, wird man freilich leichter in die Pop-Geschichte eingehen, aber ich war im Grunde eigentlich Maler, dann Literat und mußte das in meinen Fach kompensieren. Ursprünglich wollte ich Filmschauspieler werden, aber das bin ich auch nicht geworden, gottseidank, denn ich mache oft Proben, ich bin ja Regisseur und rede mit diesen Leuten. Es ist entsetzlich.

Sie haben sich im Laufe Ihrer Arbeit oft dem Film genähert. Der zuletzt erschienene Band Ihrer gesammelten Werke sind Filmtexte. Ich will jetzt keine Frühpensionsdebatte anzetteln, das ist in Österreich momentan sehr heikel. Trotzdem ist es ein bißchen verblüffend, wenn ein Autor mitten im Leben seine „Gesammelten Werke" auf der Buchmesse betrachten kann. Ist das befreiend oder belastend?

Weder noch. Ich sehe das nicht als Gesammelte Werke, eher als Werksausgabe. Es sind gerade wieder zwei Bände im Entstehen, und das ist insofern nicht belastend, weil man als Theaterautor ohnehin kaum gelesen wird von den Lesern. Ich bin dem Droschl Verlag sehr dankbar, daß er meine Stücke allesamt abdruckt, damit sie auch griffbereit sind. Das ist ganz wichtig. Wenn sie in irgendeinem blöden Verlag als komisches Manuskript herumliegen, gehen sie unter. Es muß gedruckt sein, das ist das Wichtige, alles andere ist mir völlig egal.

Zum Österreich-Schwerpunkt ist eine Anthologie erschienen: „Literatur über Österreich". Von Ihnen wurde ein Text ausgewählt „Was ist österreichisch?" Da haben Sie eine Körper-Metapher gefunden. Sie sagen, das Organ, das am ehesten österreichisch wäre, ist die Bauchspeicheldrüse; jenes Organ, das als einziges imstande ist, sich selbst zu verdauen - sich selber fressen, sozusagen.

Ich habe mir die Bauchspeicheldrüse neulich angeschaut. Die schaut umgekehrt aus wie Österreich. Aber der Vergleich, mein Gott, als Dichter! Als Dichter, irgendwo müssen Sie mir das gestatten! Sie schaut nämlich verkehrt aus. Da wäre Vorarlberg dann im Bauch, das wäre schlecht. Aber im Prinzip, wenn man es verkehrt photographiert, würde Östereich wie eine Bauchspeicheldrüse ausschauen.

Texas schaut wie ein Steak aus...

Und die verdauen sich auch selbst, die Herren da. Da kommen die Leute überhaupt nicht auf die Buchmesse, weil sie irgendwelche Primadonnen sind, dabei ist hier die größte Hetz' los.

In dem Text heißt es, daß das Wort „typisch" offenbar etwas ist, was Ihnen sehr am Wecker geht. Das „typisch österreichische" Theater, der österreichische Film, die österreichische Pop-Szene. Durch Beifügung des Landesnamens entsteht so ein Zauberwort. Eigentlich müßte man den typisch österreichischen Typenschein ständig dabeihaben. Ich nehme an, wo immer über Sie geschrieben wird, sachkundig oder nicht, es wird irgend etwas typisch Österreichisches gemeint. In Wien kommt noch dazu: typisch Grazerisch. Dieses „typisch" ist ein Teufel.

Deswegen, weil unter dem „typisch Österreichischen" immer irgendwas mit Dialekt gemeint ist, oder etwas ganz Ödes, Humor- oder „Komischvolles"; ein Klischee. Aber andererseits gibt es natürlich das typisch Österreichische, eine Qualität, weltweit in irgendeiner Weise, aber eben nicht eingeengt auf Dialekt, Sachertorten und Klischees. Es gibt ein Österreichisches, so wie es italienische und chinesische Restaurants gibt; genauso gibt es eine österreichische Literatur. Ich kann sie Ihnen nicht definieren, das wäre viel zu lang und viel zu kompliziert.

Sie waren unter anderem auch Fußballkommentator für eine Zeitung. Es kicken immer wieder österreichische Spieler in der deutschen Bundesliga. Da sagt man auch wieder, die spielen typisch österreichisch, der Herzog zum Beispiel. Ist das so?

Das ist an sich nicht mein Gebiet, ich habe nur eine Kolumne geschrieben, während einer Weltmeisterschaft. Es hat mir großen Spaß gemacht, aber ich war nicht dort, ich war vor dem Fernsehapparat.

Also wie es im eigenen Wohnzimmer so ist?

Dort habe ich übrigens das Biertrinken gelernt, denn vor dem Fernseher muß man dauernd Bier trinken.

Also der Sport ist schuld.

Natürlich ist der Sport schuld. Ich betreibe aber selbst Sport. Ich habe z.B. Horst Skoff voriges Jahr noch ein Game abgenommen. Heuer könnte ich es nicht mehr. Heuer bin ich zu alt. Voriges Jahr habe ich gegen Horst Skoff noch 6:1 gespielt, bzw. 1:6.

Da war er noch unter den Top 300 oder so.

Nein, da war er noch Top 50 oder Top 40.

Das Gespräch mit Wolfgang Bauer führte Wolfgang Kos

jeder Erwachsene hat, um groß zu werden
und psychisch überleben zu können,
so viel von seiner Kindheit verdrängt,
daß er Kinder nicht mehr verstehen kann

Christine Nöstlinger

Christine Nöstlinger, die *österreichische Jugend- und Kinderbuchautorin, gebürtige Wienerin, bekannt durch unzählige Bücher wie zum Beispiel „Maikäfer flieg“, „Über die ganz armen Kinder“, „Wir pfeifen auf den Gurkenkönig“, oder „Hugo, das Kind in den besten Jahren“. Alles sehr vergnügliche, sehr kluge Bücher für junge Menschen bis 80 Jahre. Ist es das eigene, selbständige Denken, das unvoreingenommene Denken, das Sie mit Ihren Büchern vor allem anregen wollen?*

Primär will ich mein eigenes selbständiges Denken anregen, wenn ich schreibe. Was meine Leser damit anfangen, das kommt eigentlich erst sekundär für mich in Frage. Ich bin kein Pädagoge, ich bin kein Missionar - ich stelle es zur Verfügung. Wer es mag, soll es mögen; wer es nicht mag, soll es lassen.

Sind Sie der Meinung, daß Literatur für Jugendliche genauso notwendig wie für Erwachsene ist?

Ich will die Jugendlichen weglassen, ich glaube nämlich nicht, daß es Jugendbücher gibt. Ich glaube, es gibt nur Kinderbücher und Literatur für Erwachsene. Diese Zwischen-Spezialliteratur für Menschen zwischen 14 und 18, die halte ich für völlig absurd. Wenn der Mensch 15 Jahre alt ist, kann er sich in der Literatur bedienen, wo immer er mag. Er braucht keine spezielle Literatur mehr. Ich hoffe, daß es unter Kindern immer noch Leser gibt, die Verkaufszahlen bestätigen es. Ich möchte nicht annehmen, daß all die Bücher, die für Kinder und heute auch schon *von* Kindern gekauft werden, irgendwo ungelesen liegen. Ich glaube, Kinder lesen heute nicht weniger als früher.

Was ist Ihrer Meinung nach wichtig für ein Kinderbuch? Sie haben so viele geschrieben, Sie müssen jetzt irgendwelche Kriterien kennen, von denen Sie denken, daß sie für ein Kinderbuch wichtig sind.

Nein, leider. Nach fast 30-jähriger Beschäftigung mit diesem Sektor der Literatur weiß ich es noch immer nicht.

Sie setzen sich einfach hin und schreiben. Wie haben Sie begonnen? Für Ihre eigenen Kinder?

Nein. Absolut nicht, meine eigenen Kinder haben damit überhaupt nichts zu tun gehabt, das wäre auch völlig absurd.

Warum?

Ja warum? Erstens, weil meine Kinder doch in einer Randgruppe dieser Gesellschaft aufwuchsen und, sagen wir es auf Wienerisch, ziemlich elitäre Pinkel waren. Wenn ich den Humor dieser Kinder nachgeschrieben hätte, die am liebsten Ernst Jandl gehört haben und die, beeinflußt von ihren Eltern, ganz eine andere Musik wollten, die offensichtlich anders lebten, dann hätte das überhaupt nicht funktioniert.

Kinder, die mit fünf Jahren Ernst Jandl lieben und mittanzen, können aber auch sehr gut Christine Nöstlinger hören und lieben.

Ich hoffe es.

Ich finde, es ist kein Widerspruch. Auch elitäre Kinder, auch Randgruppen-Kinder können Ihre Bücher verstehen.

Ich meine nur, wenn ich mir am Leben meiner Kinder und an dem, wie sie reden, wie sie denken, wie sie fühlen und auch, wie man ihnen im Alltag begegnet, ein Beispiel genommen und das Leben dieser Kinder beschrieben hätte, dann wäre das für den Durchschnitt der Wiener Kinder so fremd gewesen, als ob sie ein Buch über Eskimos lesen würden. Ich habe mich eher auf meine eigene Kindheit verlassen müssen, auf die Gefühle und das Denken in dieser Kindheit als auf die Kinder, die mit mir zusammengelebt haben.

Wenn Sie jetzt Kinderbücher schreiben, denken Sie, daß man das Denken der Kinder viel zu wenig ernstnimmt?

Das ist so ein Standardsatz - „nicht ernstnehmen". Es gibt zwischen den Generationen das Ernstnehmen in dem Sinn nicht, weil jeder Erwachsene, um groß zu werden, um leben zu können, um psychisch überleben zu können, so viel von seiner Kindheit verdrängt hat, daß er auch Kinder nicht mehr verstehen kann. Das können wir alle zusammen überhaupt nicht. Sonst wären wir nämlich tot, wenn wir unsere Kindheit unverdrängt in Erinnerung hätten, mit allen Verletzungen, die uns in dieser Kindheit widerfahren sind. Ich glaube, das hätten wir nicht überlebt.

Das ist ein sehr schwerer Satz, den Sie jetzt sagten. Man kann Kinder nicht verstehen. Das denke ich nicht. Es gibt doch gewisse Punkte in seiner eigenen Biographie, an die man sich erinnert und aus dieser Biographie kann man sich doch dann sehr wohl in Kinder hineinfühlen. Man sollte nichts projizieren, aber...

Wer garantiert Ihnen denn, daß Ihre Erinnerung eine nur halbwegs objektive ist? - Ich denke, man muß Kinder überhaupt nicht verstehen. Man muß nur akzeptieren, daß man sie nicht versteht und sie so weit wie möglich in Frieden lassen.

Würde das inkludieren, daß auch die Erwachsenen einander überhaupt nicht verstehen?

Ich glaube, Verstehen unter Erwachsenen ist möglicher als Verstehen zwischen Generationen.

Ein hartes Wort.

Das ist überhaupt nicht hart, das ist nur einsichtig.

Ich finde es sehr hart, wirklich.

Nein, denn wenn man es einmal akzeptiert und die anderen friedlich leben läßt und ihnen nicht 'reinpfuscht, sowohl den Jungen nicht als auch den Alten nicht, dann können wir alle sehr friedlich zusammenleben. Es gibt einen Satz, ich glaube bei Bruno Bettelheim: „Ein Kind hat für alles, was es tut, auch wenn es die Erwachsenen nicht verstehen, einen guten Grund." Ich muß hinter den guten Grund gar nicht kommen; ich muß nur wissen, daß es so ist, und daß ich das Kind nicht in gewisse Bahnen zwängen und lenken muß, weil ich als vernünftiger Erwachsener finde, es handelt falsch.

Diese autoritäre Haltung finde ich auch problematisch, aber Zuwendung *muß nicht unbedingt Pfusch bedeuten. Wirkliche Zuwendung.*

Zuwendung ist auch möglich, wenn wir jemanden nicht verstehen. Denken Sie nur an Liebesbeziehungen unter Erwachsenen, um Himmels Willen.

Na gut, daran wollen wir jetzt nicht denken, wir wollen jetzt eigentlich an Ihre Bücher denken.

Gut.

Ihre Bücher sind auch verfilmt worden. Zum Beispiel „Auf immer und ewig". Ich weiß nicht, ob das erst ein Buch war oder gleich ein Drehbuch. Wie groß ist da der Unterschied für Sie beim Schreiben?

Ein Drehbuch für einen Film zu schreiben ist natürlich eine ganz andere Arbeit.

Von der Thematik her, meine ich.

Von der Thematik her ist es nicht viel anders. Anders ist es vom Blickwinkel, von dem aus man die Geschichte sehen muß. Ob ich die Geschichte in Dialogen darstelle oder ob ich eine Geschichte in Prosa darstelle, ist ein gewollter Unterschied, und ich glaube, es gilt doch auch für den halbwegs ernstzunehmenden Kinderbuchautor, daß sein Problem wesentlich weniger die *Story* ist als die Sprache, in der er schreibt.

Experimentieren Sie mit Sprache?

Ja natürlich, das ist der einzige Spaß an der ganzen Geschichte. Die Stories machen nicht Spaß.

Die kommen einfach so?

Die Stories waren mir noch nie ein Problem. Ich halte sie auch für gar nicht so wichtig. Ich glaube, Kindern kann man alles erzählen, Kinder sind entsetzlich neugierig. Sie wollen etwas vom Leben erfahren und interessieren sich einfach für alles. Es kommt nur darauf an, *wie* man es ihnen erzählt und ob sie das mögen. Ob Sprache für sie sinnlich wahrnehmbar ist, und ob sie ahnen, daß da jemand nicht lügt, nicht die Welt zurechtbiegt, ihnen nichts vormacht.

Wie ist es, wenn Ihre Bücher illustriert werden, wie ist das dann für Sie? Das kann doch manchmal auch Bücher kaputtmachen, einen Text ruinieren, im schlechtesten Fall.

Ich habe aus meiner Kindheit die Erfahrung, daß ich illustrierte Bücher überhaupt nicht mochte. Ich habe als Kind zwar sehr wenig gelesen - es waren die Zeiten nicht danach, in der Kriegs- und Nachkriegszeit gab es nicht so viele Bücher -, aber Illustrationen hatten mich wahnsinnig gestört. Wenn ich mir einen Helden oder irgendeine Figur in einem Buch wahnsinnig schön vorstellen wollte, und dann hat jemand daneben irgendeinen kartoffelnäsigen, erdäpfelnäsigen Knaben hingemalt, war ich total frustriert, den wollte ich nicht sehen. Es gibt Kinder - das weiß ich aus vielen Leserbriefen von Kindern -, die heute genauso denken. Es gibt Kinder, speziell kleinere Kinder - das höre ich vom Verleger, aber auch von Müttern -, die Illustrationen dazwischen lieben, aber weniger wegen der Illustration, sondern weil ihnen das Lesen immer schwerer fällt. Da ist das Bild, das dazwischengestellt wird, so eine Art Atemholen zwischen den Sätzen. Sie kapitulieren heute schon richtig vor einem Text, wenn auf 10, 20 Seiten nur Buchstaben sind. Wenn es Bilder dazwischen gibt, dann geht es leichter. Aber, um auf Ihre Frage zurückzukommen, man muß einem Illustrator wirklich zugestehen, daß er tut, was er will. Genauso wie man einem Filmregisseur zugestehen muß, daß er tut, was er will. Dreinpfuschen geht nicht. Nicht beim einen und nicht beim anderen.

Eine kurze letzte Frage: Der Österreich-Schwerpunkt hier auf der Frankfurter Buchmesse - was sagen Sie dazu, was ist Ihre Meinung dazu?

Den Pavillon habe ich noch nicht besichtigt, ich kam erst heute früh und habe bis jetzt alte Freunde besucht. Einen Österreich-Schwerpunkt finde ich überhaupt nicht schlecht. Je mehr wir Schwerpunkt sind, so ein positiver Schwerpunkt, nicht ein negativer Schwerpunkt, wie aus den Tageszeitungen zu entnehmen ist, im politischen Sinn, desto lieber soll es mir sein.

Ihre Bücher sind sehr oft in Wienerisch geschrieben. Ist das ein Problem, wenn man zum Beispiel in Hamburg Ihr Buch kaufen will, oder werden diese auf Wienerisch geschriebenen Bücher auch dort gekauft?

Natürlich, aber das ist schon gemischt. Es gibt Verleger, die lieben das Wienerische, für die kann es gar nicht genug Wienerisch sein, und es gibt Verleger, die mögen es weniger. Die Kinder nehmen es eigentlich hin. In Deutschland fragt man sich immer, warum, bittesehr, sollen unsere Kinder fremde Wörter lesen, aber unsere österreichischen Kinder müssen dauernd fremde Wörter lesen.

Das Gespräch mit Christine Nöstlinger führte Brigitte Hofer

Literatur wird meistens
zu einem gewissen Grad mißverstanden;
das gehört irgendwie dazu

Franz Josef Czernin

Franz Josef Czernin bezeichnet sich als konsequenten Lyriker mit Mut zum Experiment und konsequentem Qualitätsbewußtsein in all seinen Arbeiten - solche Bezeichnungen sind immer schrecklich. Sie haben ein Buch im Steidl Verlag herausgebracht: „Marcel Reich-Ranicki - eine Kritik''. Jemand hat darüber geschrieben: „Kritikerpapst Marcel Reich-Ranicki sieht bei Franz Josef Czernin recht alt aus.“ Schreiben jetzt Dichter über Kritiker?

Ich wollte eigentlich gar nicht so sehr über einen Kritiker schreiben als über die übliche Form von Literatur*kritik*. Reich-Ranickis Kritik ist eigentlich so wie die meisten Literaturkritiken heutzutage sind. Ob in den Zeitungen oder in den anderen Medien - es läuft alles nach einem ähnlichen Schema ab, für mein Gefühl.

Wollten Sie eine Form der Literaturkritik in Essays beschreiben?

Ich wollte die Form der Literaturkritik untersuchen, wie sie in den großen Zeitungen, im Radio oder im Fernsehen üblich ist. Da erschien mir Reich-Ranicki ein repräsentativer Fall zu sein.

Kennen Sie ihn persönlich?

Nein.

Wie empfinden Sie zum Beispiel eine Sendung, die wir alle kennen, “Das literarische Quartett“? Wie empfinden Sie das als Literaturkenner, als Literaturkenner auch des 18. Jahrhunderts und als Liebender der Literatur?

Das empfinde ich überhaupt nicht, weil ich sie mir nicht anschaue.

Das ist auch eine Möglichkeit. Da Sie das Buch geschrieben haben, dachte ich, daß Sie die Sendung doch einmal gesehen haben.

Ich habe sie schon irgendwann einmal gesehen, aber ich habe mich bei meiner Kritik auf die schriftlichen Äußerungen von Reich-Ranicki beschränkt. Denn die sind doch einigermaßen differenziert und viel interessanter zu untersuchen als das, was im Fernsehen geäußert wird.

Tun Ihnen diese Äußerungen manchmal weh?

In seinen Kritiken? Weh... So wird eben mit Literatur umgegangen. Natürlich kann man auch so mit Literatur umgehen. Reich-Ranicki versucht zum Beispiel immer zu zeigen, inwiefern Literatur Wirklichkeit abbildet. Da wird automatisch sehr viel vorausgesetzt, was Wirklichkeit ist und wie man sie abbildet, wie man die Sprache gebrauchen kann, um die Wirklichkeit abzubilden usw. Das ist etwas, was mir sehr bekannt vorkommt und was zu gewissen Kurzsichtigkeiten und Einseitigkeiten führt, die in der Literaturrezeption gängig sind, vor allem in der medialen Literaturrezeption.

Könnte es sein, daß Sie Augen öffnen wollen für die Literatur, die zumindest bis in die Romantik zurückgreift und zeigen wollen, daß Realität eben nicht durch Sprache abgebildet werden muß?

Ich behaupte in meinen Buch gar nicht, daß das nicht möglich ist, sondern nur, daß das eine Möglichkeit unter mehreren ist, wenn Sprache Wirklichkeit abbildet.

Man kann *Sprache so gebrauchen. Wir gebrauchen sie jetzt auch so. Könnten Sie vielleicht auf Ihre Studien über die Literatur des vorigen Jahrhunderts eingehen, verglichen mit der Literaturkritik heute?*

Ich glaube, daß sich an der Literaturkritik relativ wenig geändert hat. Es gibt große Vorbilder für die Literaturkritik, das fängt vielleicht bei Lessing an, geht dann über die Frühromantiker, da gibt es schon gewisse Unterschiede, die vielleicht sogar in Reich-Ranickis Schreibweisen wiederzufinden sind, aber im Grunde hat sich da gar nicht so viel geändert. Literatur wird meistens zu einem gewissen Grad mißverstanden; das gehört irgendwie dazu.

Sie meinen, daß der ästhetische Faktor dabei vielleicht nicht wahrgenommen wird?

Ja, so könnte man es sagen. Daß man das Literarische an der Literatur nicht richtig wahrnimmt, sonder eher schaut, jetzt geht es um den Krieg dort, oder jetzt geht es um irgendwelche gesellschaftlichen Probleme da. Man will Literatur immer als eine Art von Zeitung mißverstehen, oder als eine Art persönlicher Hilfe für das eigene Seelenleben, oder als Erziehungshilfe oder weiß Gott was alles, aber daß Literatur auch andere Möglichkeiten hat bzw. ihre eigenen Möglichkeiten erst dann entwickeln kann, wenn sie sich als Erkenntnisform ernstnimmt, das scheint mir sehr selten zu geschehen.

Ist das jetzt nicht eine sehr formale Annäherung, die mit dem Leben, das auch unmittelbar mit Literatur zu tun hat, wenig zu tun hat?

Also mit „formal" hat das eigentlich nichts zu tun, glaube ich.

Nur die Annäherung.

Ich weiß nicht, „das Leben", von dem spricht der Reich-Ranicki auch so häufig, vom Leben, aber ich weiß gar nicht, was das eigentlich sein soll. Wenn man etwas liest, dann liest man eben etwas. Man lebt ja dabei auch.

Wie ist es, wenn Sie nicht über Literatur schreiben, sondern eigene Literatur schreiben?

Das ist im Prinzip kein so großer Unterschied. Ja, es ist ein Unterschied, aber ein so großer wiederum auch nicht. Denn beim Schreiben von Literatur denkt man auch über Literatur nach, und während man über die Literatur schreibt, schreibt man auch Literatur, wenigstens sofern man Essays schreibt, denn ein Essay ist einfach eine literarische Form, genau wie das Gedicht oder wie der Roman. Also so ein großer Unterschied ist es gar nicht.

Es gibt einen Essayband von Ihnen: „Sechs tote Dichter". Unter anderem Kafka, Musil, Priessnitz, Trakl. Warum diese Auswahl?

Dabei hat mich interessiert, daß das Dichter aus verschiedenen Traditionen sind. Musil ist für mich ein Autor, der den realistischen Roman des 19. Jahrhunderts fortschreibt, wenngleich das bei ihm auch vielleicht zu einer Art von Ende kommt. Trakl ist ein Schriftsteller, der stark in der symbolistischen und zugleich in der expressionistischen Tradition gearbeitet hat. Priessnitz ist ein erst vor wenigen Jahren gestorbener Autor, der die sogenannte experimentelle Literatur verarbeitet und weiterentwickelt hat. Und Kafka, den haben Sie auch erwähnt, der ist mit literaturgeschichtlichen Begriffen sehr schwer einzuordnen, aber für mich ist er ein großartiger Autor, dessen Schriften ich nachzuspüren versucht habe.

Es gibt einen Band von Ihnen: „Kunst des Sonetts". Was findet man da drinnen?

Das Sonett ist eine Gedichtform, die mich schon lange interessiert hat, einerseits weil es eine sehr alte Tradition ist, Sonette zu schreiben, eine der Traditionen, die aus dem späten Mittelalter stammen. Und dann interessiert es mich generell beim Schreiben von Gedichten, mir selbst Grenzen zu setzen, also gewisse Schemata vorauszusetzen und dann innerhalb dieser Form zu arbeiten. Ob diese Form jetzt alt ist oder neu, spielt vielleicht gar keine so große Rolle.

Wie leben Sie, wenn Sie sich dieser Art des Schreibens widmen?

Schlecht.

Schlecht finanziell, aber sonst? Für Sie selbst, für Ihr Selbstbewußtsein, für Ihr Bewußtsein, für Ihre Art des Schreibens?

Es ist anstrengend. Denn wenn man wirklich an der Literatur interessiert ist, muß man in Kauf nehmen, daß es wenige Leute interessiert, und das ist natürlich seelisch ein bißchen anstrengend, auf die Dauer. Aber es geht schon, man überlebt.

Es ist der von Ihnen gewählte Weg.

Ja.

Diese Freiheit, gibt Ihnen die nicht auch eine Freude oder Genugtuung?

Ja, ja. Ich kann mich nicht beklagen. Ich kann das machen, was mich interessiert - mehr kann man nicht verlangen.

Sie könnten, wie man weiß, auch ganz anders schreiben.

Das weiß ich gar nicht. Ach so, Sie meinen, ich habe einmal Gedichte geschrieben, die ich selber für nicht so gut gehalten habe, zusammen mit einem anderen Dichter, Ferdinand Schmatz. Sie sind tatsächlich in einem Verlag erschienen, der Band heißt: „Die Reise in 80 Gedichten um die ganze Welt". Das war ein bißchen ein „Leger'', wie man in Wien sagt, ein Leger für einen Verlag.

Das habe ich eigentlich nicht gemeint. Ich meine, Sie könnten ganz anders schreiben, wenn Sie wollten?

Das weiß ich, ehrlich gestanden, nicht, weil ich das nie so richtig ausprobiert habe. Ich weiß nicht, ob ich einen Roman schreiben könnte wie zum Beispiel „Der Opernball". Ich glaube, so etwas könnte ich nicht.

Das interessiert Sie wahrscheinlich nicht.

Was einen nicht interessiert, das kann man dann meistens auch nicht. Auch technisch nicht. Es ist nicht nur so, daß man sich zu gut vorkommt, sondern man bringt es auch schlecht zusammen.

Ich denke, daß es manche interessieren könnte, wie Franz Josef Czernin lebt? Er lebt ganz zurückgezogen auf dem Land.

Nein, das habe ich aufgegeben.

Das war zu zurückgezogen. Es hat immer sehr romantisch gewirkt, in einem Steinhaus an der Grenze von Niederösterreich zur Steiermark

Ja, das hat sich irgendwie...

Das kann aber nicht so lange her sein?

Nein, nein, es ist jetzt mehr so gemischt, ich bin manchmal in Wien und machmal auf dem Land.

Brauchen Sie die Anregung der Großstadt?

Nein, aber es wird doch ein bißchen fad manchmal, am Land.

Im Ernst, geben Sie der Literatur, wie sie heute und hier auf der Messe zu finden ist, eine Chance auf Leser für die nächsten 10 Jahre? Sie als Literaturkritiker.

Welcher Literatur?

Ja, das ist eine sehr breit gestreute Frage. Sagen wir, der Belletristik - und der Lyrik.

Die Chance für die Lyrik? Gleich Null oder nicht viel mehr.

Warum?

Gedichte werden heute kaum mehr gelesen, es werden nicht nur zeitgenössische Gedichte nicht mehr gelesen, sondern auch kaum mehr alte Gedichte. Höchstens von ganz wenigen Leute, ein paar Germanisten oder ich weiß nicht. Es interessiert, glaube ich, niemanden.

Und Literatur, belletristische Literatur zum Beispiel, essayistische Literatur?

Ich höre immer von den Verlegern, denen ich meine Manuskripte anbiete, daß Essays fast noch schwerer zu verkaufen sind als Gedichte.

Meinen Sie, die Leute wollen nicht mehr denken?

Das weiß ich, ehrlich gestanden, nicht. Vielleicht liegt es auch an den Essays, die man schreibt, das ist schwer abzuschätzen.

Eine Wechselwirkung?

Eine Wechselwirkung, ja.

Dieser Schwerpunkt Österreich - was ist Ihre Meinung dazu?

Ja, das ist schwer zu sagen, irgendwie angenehm für mich, weil ich ein paar Lesungen habe und ein bißchen Geld verdiene. Das ist sehr angenehm. Was das für Auswirkungen hat, für mich zum Beispiel? Für mich selber, abgesehen eben davon, daß ich etwas verdiene, hat es, glaube ich, wenig Auswirkungen. Aber vielleicht ist das bei anderen Autoren auch anders. Das kann ich schlecht beurteilen.

Gibt es ein patriotisches Gefühl? Freuen Sie sich, daß dieser Pavillon hier auf der Messe, im Zentrum dieser großen Messehallen steht, kommt so etwas in Ihnen auf, versagen Sie sich das, oder interessiert Sie das überhaupt nicht?

Ich finde den Pavillon schön, er gefällt mir gut. Architektonisch.

Architektonisch, aber das Symbol, das er bilden soll?

Es liegt mir irgendwie fern, muß ich ehrlich sagen. Also ich weiß jetzt nicht, ich habe schon manchmal patriotische Gefühle, aber mehr beim Sport als bei der Literatur.

Das Gespräch mit Franz Josef Czernin führte Brigitte Hofer

ich bin zu Österreich kritisch,
soll ich zu Amerika etwa hörig sein?

Elisabeth Reichart

Für die weibliche Sexualität, so wird oft beklagt, gäbe es keine angemessene Sprache. In Ihrer Erzählung „Fotze" haben Sie sich bemüht, eine solche Sprache zu finden. Sind Sie fündig geworden?

Im Österreichischen bedeutet „Fotze" nicht nur ein abwertendes Wort für das weibliche Geschlecht, sondern es bedeutet auch Mund. Es gibt den Ausdruck, den Sie wahrscheinlich auch kennen, „hinterfotzig". Das ist ein Wort, das für mich als Schriftstellerin wunderbar war, weil es so viele Varianten hat und daher so viele spielerische Möglichkeiten.

Eine Fotze ist auch eine Ohrfeige, zumindest in Oberösterreich.

In meinen Augen ist der Versuch der Frauenbewegung in den siebziger Jahren, eine eigene weibliche Sprache für die Sexualität zu erobern, zu begründen - ja, zu begründen zuerst einmal -, gescheitert. Da gab es dann Ausdrücke wie Kürbis oder ähnliches für das weibliche Geschlechtsorgan, und das ist für mich genauso entfremdet wie Fotze.

Es ist aufgesetzt.

Weil es nicht selbstverständlich ist. Und mit diesem Sprachmangel spielt auch das Buch. Ich habe z.B. aus dem Duden die Ausdrucksmöglichkeiten für das männliche und für das weibliche Geschlecht herausgesucht. Für das männliche Geschlecht gibt es fünfmal so viele Bezeichnungen wie für das weibliche. Das sind Tatsachen, mit denen wir leben. Aber als Schriftstellerin brauche ich mich nicht damit abfinden, sondern kann es zum Thema machen.

Aber das heißt, man kann keine neue Sprache aufsetzen, sondern eine neue Sprache müßte sich aus anderen Lebensverhältnissen entwickeln.

Ja, und ich werde das nicht mehr erleben, das ist mir auch klar.

Sie sind vor kurzem aus den USA nach Frankfurt gekommen. Sie leben dort seit einigen Monaten als Writer-in-Residence. Wie sind denn Ihre Erfahrungen mit Amerika? Als der Josef Haslinger vor einigen Jahren an eine Universität in Ohio gegangen ist, um zu unterrichten, war er sozusagen ein aufrechter Anti-Amerikanist. Aber er ist anders zurückgekommen. Er hat einiges von den Vorurteilen relativieren müssen, die er gehabt hat. Wie sind Ihre Erfahrungen?

Die Menschen sind alle sehr freundlich. Ich habe noch keinen einzigen unfreundlichen Amerikaner getroffen, was natürlich für Wiener Verhältnisse etwas suspekt ist. Das ist man einfach nicht gewöhnt, daß einen nicht jeder anraunzt. Aber was ich dafür auch erlebt habe, war ein gewisser Fanatismus. Sie haben mir z.B. eine Wohnung in einem Studentenheim gegeben, und dann kam immer die Raucherpolizei und schnüffelte 'rum, ob ich vielleicht rauche.

Ob Sie in Ihrer Wohnung rauchen?

Ja, daraufhin bin ich aus dieser Wohnung geflohen. Ich habe gesagt, das mache ich nicht mit, ich zahle nicht 600 Dollar für eine Wohnung, wo ich nicht einmal machen kann, was ich will. Ansonsten lebe ich ganz amerikanisch, habe einen Mietwagen, die Uni ist größer als der ganze Ort, und es ist praktisch alles geregelt. Die einzigen Bäume Ohios stehen wahrscheinlich auf diesem Unigcländc. Denn die Amerikaner haben ganz Ohio abgeholzt, damit die Farmer ihr eigenes Land überblicken können.

Da höre ich aber schon kritische Untertöne heraus.

Ich bin zu Österreich kritisch, soll ich zu Amerika etwa hörig sein?

Elfriede Jelinek hat vor einigen Wochen in einem Interview gesagt, sie hat ein bißchen so etwas wie eine Identitätskrise, denn das, wofür sie sich eingesetzt hat, in den letzten Jahren und Jahrzehnten, nämlich die feministische Sache, wird heute nicht mehr so wahnsinnig wichtiggenommen. Und daß auch jüngere Frauen heute mit dem Feminismus, den Elfriede Jelinek vertritt, gar nicht mehr so viel anfangen können. Ist das eine Erfahrung, die Sie auch kennen? Gibt es so etwas wie eine Krise des Feminismus', des kämpferischen Feminismus'? Oder gibt es keine Krise, weil der Feminismus sich durchgesetzt hat?

Wir leben in einem *total* feministischen Land; die Buchmesse, alles unterwandert von Feministinnen. Spaß beiseite. Natürlich war der Höhepunkt der Frauenbewegung zu einer anderen Zeit, aber sie hat gewisse Sachen durchgesetzt, und jetzt versucht man, das wieder rückgängig zu machen. Das Leben ist einfach ein Prozeß, und deswegen muß ich in keiner Krise sein, nur weil etwas anderes in der Krise ist.

Das Gespräch mit Elisabeth Reichart führte Günter Kaindlstorfer

für die Kunst ist es egal,
welches Wasser die Mühle antreibt

Peter Rosei

Peter Rosei brauche ich ich nicht mehr vorzustellen. Bücher wie „Wer war Edgar Allen?“, „Von hier nach dort“, „Bei schwebendem Verfahren“, „Rebus“ - eine imponierende Menge von Publikationen. Und jetzt ist ein Buch mit dem Titel „Persona“ bei Klett-Cotta erschienen. Das Buch besteht aus drei Teilen, von denen mir beim Lesen anfänglich nicht ganz klar war, wie sie zusammenhängen. Erklären Sie mir das?

Mit dieser Irritation sind Sie in bester Gesellschaft, weil die ganze deutsche Kritik an diesem Thema herumgekaut hat. Aber eigentlich ist es relativ simpel. Der erste Teil ist ein Ich-Teil, der zweite Teil bindet die Figur in ein „Wir“ ein, und der dritte Teil beschreibt eine andere Erscheinungsform von Person, das politisch quantifizierte Partikel, das man gleichzeitig auch darstellt. Zwischen diesen Teilen wird ein Kraftraum aufgespannt. Das ist der Witz der Sache, wobei jemand, der nur die Teile als solche liest, auch etwas von dem Buch hat.

Im griechischen Theater war persona die Maske, die die Schauspieler getragen haben.

Ich habe immer ein Konzept der offenen Literatur vertreten, sodaß auch „Persona“ eine Art Versuchsanordnung ist, in der sich der Leser selbst realisiert. Natürlich kann ich meine eigenen Bedeutungen nicht aus dem Text ‘rauszwingen und will es auch gar nicht. Aber das ist nur *eine* Struktur unter anderen Strukturen. Ich bin eigentlich eher ein Erfinder von einem Spiel - das ist auch meine Theorie vom Roman, nebenbei gesagt.

In diesem Buch - so wie auch in ‚Rebus“ - gibt es keine Geschichte, die naiv erzählt wird, mit Anfang, Höhepunkt, Schluß, sondern es sind Versuchsanordnungen, Spielereien.

Das würde ich nicht so sehen. In der Mitte ist sogar ein kleiner Roman eingebaut, der genau nach den Vorstellungen des Romans aus dem 19. Jahrhundert funktioniert. Sozusagen ein spöttisches Nebenbei-Erledigen dieser Form, damit nicht ein Kritiker sagen kann, weil er keinen Roman schreiben kann, deshalb spielt er immer. Aber für mich sind all diese Strategien, die aus dem klassischen Romanschreiben kommen, erledigt, nicht weil ich das intellektuell möchte, sondern wenn ich beim Fenster hinausschaue, ist mir die Wirklichkeit zu komplex, um mit diesen Methoden noch weiterzukommen. Im übrigen haben Robert Musil oder Hermann Broch ganz ähnliche Strategien angewandt, und das ist schon relativ lang her, nur scheint das in der deutschen Kritik in Vergessenheit geraten zu sein.

Das heißt, einer Stadt wie Frankfurt und dem Leben, das sich in dieser Stadt abspielt, ist mit den Mitteln Tolstois nicht beizukommen?

Sicher nicht. „Rebus“ z.B. versucht, den Bewußtseinsroman einer Großstadt zu skizzieren. Ich habe mir natürlich die anderen Modelle meiner Vorgänger angeschaut, z.B. „Berlin Alexanderplatz“ oder „Manhattan Transfer“ oder so ähnliche Sachen. Und da sehe ich, daß ich das mit diesen Methoden nicht abbilden kann, diese Vielfalt, das Durcheinander, die Gleichzeitigkeiten. Strukturelle Überlegungen bringen mich zu meiner Form.

Die „FAZ“ hat in ihrer Buchbeilage eine Rezension Ihres Buches gebracht, wo es heißt: „Der Peter Rosei ist ein großartiger Landschaftsbeschreiber, er hat nichts seinesgleichen, was die Kunst der schönen Landschaftsbeschreibung betrifft, aber er ist nicht so gut, wo es um Menschen geht“. Wie geht es Ihnen da, wenn Sie so etwas lesen?

Ja, mein Gott, wenn man so lange wie ich Bücher schreibt, dann hat man schon sehr viele Kritiken gelesen und da freut man sich, wenn man sich irgendwo verstanden sieht, und wenn man sich irgendwo nicht verstanden sieht, denkt man, naja, vielleicht kommt der noch drauf, oder vielleicht ist es wirklich so. Ich glaube, das Wesentliche ist, daß ein Schriftsteller nach einem Buch beurteilt wird, denn Bücher leben länger als die Leute, die sie verfassen...

Und die sie kritisieren?

Und die sie kritisieren. Es gibt eine Art höherer Gerechtigkeit, die schwer zu definieren ist. Die Nützlichkeit von Kunstprodukten, die hängt von Geschichte, Politik etc. ab. Insofern ist eine gewisse Gelassenheit angebracht.

Das Motiv der Reise spielt eine wichtige Rolle in all Ihren Büchern, auch in Ihrem Leben. Sie sind ein leidenschaftlicher Reisender, kann man das so sagen?

Naja, aber nur in dem Sinn, daß Reisen auch zugleich Denken ist. Denn Herumfahren tun ja viele Leute, das ist ein Kennzeichen der modernen Welt, aber „The more you look, the more you see“, hat ein Freund von mir einmal gesagt. Man muß die Strukturen durchdringen, dann hat man etwas vom Reisen, sonst ist es besser, man legt sich ins Bett.

Suchen Sie beim Reisen so etwas wie den fremden Blick auf die Welt, daß man die Dinge ein bißchen anders sieht als man sie zu Hause sieht?

Die Mehrzahl der Menschen wohnt nicht neben dem Schloß Schönbrunn oder neben dem Parlament, sondern irgendwo in Ottakring, das ist in der ganzen Welt so. Und dort wird es sehr schnell anders, wenn man sich dem aussetzt. Das ist kein Experiment, das ich durchführe, sondern man schlittert hinein. Das Eigene und das Fremde, das ist ein Übergangsprozeß. Bei Novalis heißt es: „Die ständige Aneignung des Fremden ist das unaufhörliche Geschäft des Geistes". Man soll vom Fremden keine Angst haben, denn man besteht zu einem großen Teil aus Fremdem, das sich pulsierend langsam in etwas umwandelt, von dem man dann sagt, das bin ich. Und das Ich ist immer in einem Transit, weil man auf der anderen Seite wieder etwas verliert, was man vorher gewesen ist. Das ist „Reise" für mich.

Sie haben einmal gesagt, Sie versuchen in „Rebus" mit dem Blick eines Völkerkundlers an eine Stadt wie Wien, an die Menschen in dieser Stadt heranzugehen. Sie versuchen, die Wiener so zu sehen, wie Sie ein Volk auf Papua Neuguinea studieren würden. Muß ein guter Schriftsteller so einen kalten, skeptischen Blick haben?

Es ist wichtiger, die Dinge einmal vorurteilslos zu sehen. Die Sympathie, die Liebe zu einer Sache, die Durchdringung mit diesen Charakteren, die kann nachher hinzutreten. Auch der böse Blick, der höhnische Blick, der haßerfüllte Blick, wenn er intensiv ist, fördert etwas zutage. Für die Kunst ist es egal, welches Wasser die Mühle antreibt. Es kommt nur darauf an, daß man die Bravour hat, sich dem auszusetzen, weil man sich letzten Endes selber aufs Spiel setzt. Bücher zu schreiben, wenn man schon weiß, wie es ausgeht - also für mich wär´ das zu fad.

Das heißt, Sie wissen nicht, wie es ausgeht, wenn Sie ein Buch zu schreiben beginnen?

Ich habe ein ziemlich genaues Konzept. Aber dieses Konzept verlasse ich vollkommen. Das Konzept dient dazu, es zu desavouieren, es zu zerstören, es irgendwie auch lächerlich zu machen, vielleicht.

Sie lehnen den alten, den altmodischen Genie-Begriff heftig ab, der den Künstler und den Schriftsteller als einen Auserwählten sieht, als einen Priester des Schönen, der mit dem göttlichen Strahl operiert. Für Sie ist der Schriftsteller mehr ein Handwerker, der eine solide Arbeit macht, oder wie könnte man das beschreiben?

Handwerker ist er nicht. Es gibt bei der Schriftstellerei natürlich eine Menge Handwerk. Dann gibt es das ganze Instrumentarium, das die Wissenschaft zur Verfügung stellt, denn jeder Heimwerker weiß, es gibt eine Zange, einen Hammer, einen Schraubenzieher, und so etwas gibt´s für den Schriftsteller natürlich auch. Dann gibt es aber auch Dinge, die man nicht erklären kann. Zufall und Phantasie, das ist praktisch das selbe Wort - mit dem arbeitet der Schriftsteller gleichfallls sehr viel. Die Schriftstellerei ist für mich letzten Endes eine Methode, die Wirklichkeit zu entdecken. Oder, wie ich einmal gesagt habe, sie soll uns Augen verschaffen, mit denen wir die Welt sehen können, das heißt Blicke verschaffen, wie man die Welt noch nicht gesehen hat und dadurch Wirklichkeit heranschaffen an uns. Das ist die Aufgabe.

Wir sitzen hier im Österreich-Pavillon. Es hat von Anfang an in Österreich an diesem Österreich-Schwerpunkt immer wieder Kritik gegeben. Jetzt sind Sie hier und haben sich vieles angeschaut. Wie ist denn Ihr Resümee?

Für mich war es primär eine Chance für Österreich und für die österreichische Literatur. Ich wünsche es mir für unsere Literatur, daß sie in viele Sprachen übersetzt wird. Man darf nicht vergessen, unser österreichischer Größenwahn verführt uns dazu zu glauben, daß in Argentinien wirklich jeder sagt: Österreich, mein Gott! Für viele Leute ist das irgendein völlig verschrobenes Land, weit weg. Wenn Österreich so schön wäre wie der Pavillon, so transparent, dann wär's ein schönes Land.

Das Gespräch mit Peter Rosei führte Günter Kaindlstorfer

Katalog-Lexikon zur österreichischen Literatur des 20. Jahrhunderts

Das vierbändige „Katalog-Lexikon zur österreichischen Literatur des 20. Jahrhunderts“, erschienen anläßlich des „Österreich-Schwerpunktes“ bei der Frankfurter Buchmesse 1995, bietet die bislang umfassendste und zugleich detaillierteste Darstellung der österreichischen Literatur und Kulturpublizistik der Gegenwart.

Die ersten beiden Bände verzeichnen rund 1.500 lebende österreichische AutorInnen unter besonderer Berücksichtigung der ÜbersetzerInnen, DrehbuchautorInnen und Kinder- und JugendbuchautorInnen mit genauen bio-bibliographischen Angaben und Portraitphotos.

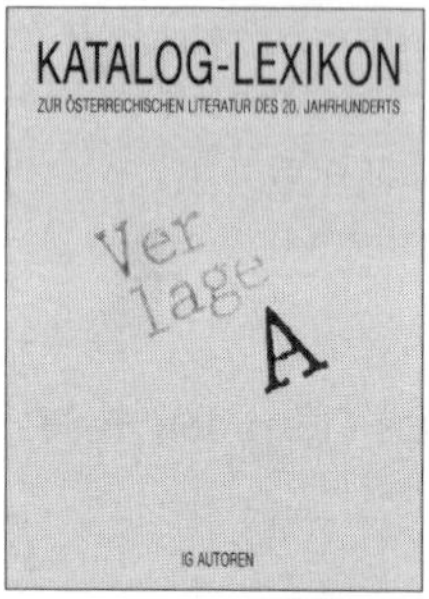

Die ergänzenden Verlagsbände bieten sowohl Darstellungen sämtlicher deutschsprachiger Verlage mit österreichischer Literatur im Programm als auch umfassende bibliographische Angaben zu den – derzeit rund 12.000 – lieferbaren Titeln österreichischer AutorInnen des 20. Jahrhunderts, samt zahlreicher Cover-Abbildungen sowie Werbetexten zu den Neuerscheinungen.

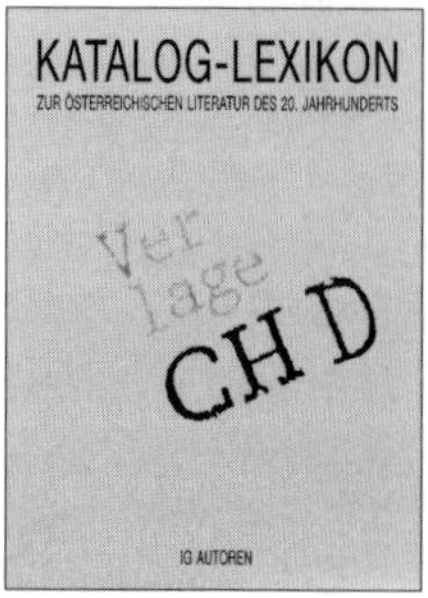

Hrsg.: Gerhard Ruiss
1000 Seiten mit 1500 AutorInnenportraits
DIN A4, öS 1.480,–/DM 212,–
ISBN 3-900419-18-3.

Bestellungen: *Autorensolidarität – Verlag der IG Autorinnen Autoren, 1070 Wien, Seidengasse 13, Tel. 0222/526 20 44-13, Fax: 0222/526 20 44-30*

aus zwei Buchdeckeln
Menschen machen -
das ist die Lust des Schreibens

Alois Hotschnig

Es gibt im Rahmen dieses gläsernen Rundbaus eine Ausstellung. Sie heißt „Der 6. Sinn". Da wurden Autoren gebeten, Trophäen, Symbolstücke oder irgendetwas herzugeben, das jetzt hier gezeigt, aufgebahrt, zelebriert oder sonst was werden kann. Alois Hotschnig hat geradezu klassisch reagiert, er hat nämlich Schreibwerkzeug, also einfach das, was zu seinem Beruf dazugehört, hergezeigt. Da gibt es ein paar sehr schöne Bleistifte, und, ich glaube, ein Diktaphon. War für Sie klar, das gebe ich her, vom Anfang an, oder haben Sie auch überlegt, sehr originell zu sein?

Nein, ich hab' gar nicht überlegt, originell zu sein, sondern ich hab' überlegt, ich selber zu sein, ich selber sein zu wollen. Ich habe versucht, dabei so originell so zu sein wie ich eben bin. Und sein tue ich, was die Literatur betrifft, nicht im Spazierengehen sondern im Text. Also habe ich einen Text hergeschickt, wie er entsteht. Er entsteht durch Spaziergänge, auf Spaziergängen, er entsteht diktierend auf ein Diktaphon oder schreibend mit der Hand, am Computer, und das Produkt ist dann das Buch. Ich habe versucht, über einen Hürdensprung die verschiedenen Stadien aufzuzeigen.

Schreibgeräte sind in diesem Zusammenhang einerseits etwas sehr Intimes im schriftstellerischen Prozeß, andererseits beinhalten sie keinen Hinweis auf ein anderes Leben. Auf ein Leben, das außerhalb der Texte, die der Leser erwerben kann, liegt. Ihre erste Erzählung handelt von einer Vater-Sohn-Beziehung. Nun ist man aus der österreichischen Literaturgeschichte, aus der Phase der sogenannten Innerlichkeit offenbar einiges gewohnt und es wird dann automatisch gesagt, aha, der redet sicher über den eigenen Vater. Stört Sie dieses Schließen von Texten auf das Leben?

Es stört mich einerseits, es stört mich andererseits nicht, weil es zum Teil stimmt. Warum schreibe ich denn überhaupt die Texte, die ich schreibe? Warum entscheide ich mich dafür, ein Thema auszuwählen, das Kindesmißhandlung thematisiert oder einen Vatermord aufzeigt oder Rechtsradikalismus anprangert bzw. darstellt. Das sind Themen, die mich auch in meiner Körperlichkeit ausmachen, ohne diese Geschichten selber erlebt zu haben, auf meiner eigenen Haut oder in meiner eigenen Haut. Das wäre mir, was mich persönlich betrifft, tatsächlich zu langweilig, und ich hätte auch Angst, indem ich schreibend mein eigenes „tatsächliches" Leben dupliziere, in alle möglichen Sackgassen hineinlaufen zu müssen. Denn sehr oft geschieht es, wenn man autobiographisch schreibt, daß man bestimmte Dinge, die im gesamten Textzusammenhang vielleicht gar nicht so wichtig sind, die einem selber aber beim Schreiben sehr wichtig wurden, weil man es unbedingt schaffen wollte, diese minuziöse, kleine Geschichte so darzustellen, daß sie für einen selber stimmt - und in Wahrheit ist sie für den Text unter Umständen völlig irrelevant. Also erfinde ich mir meine Figuren und erfinde mir meine Themen in die Figuren hinein. - - Grüß Gott.

Es ist jetzt hier im Saal, glaube ich, irgendeine Lampe umgefallen.

Oder auch zwei.

Das ist Kontext-Literatur. Rundherum passiert immer irgend etwas, in der Mitte sitzt der Autor und redet weiter.

Ja, und so etwas wäre dann der Anlaß für einen Satz in einem Text, zum Beispiel, während des Diktierens.

Die Germanisten werden das dann aber nie herausfinden, nach fünfzig Jahren, was da jetzt passiert ist.

Wie sollen sie auch? So wie es bisher nie der Fall war, werden sie auch weiterhin nichts herausfinden können.

Das Theaterstück „Absolution", in dem es um Kindermißhandlung geht, ist eine, wenn man so will, klassische Provinz-Famlien-Situation, eine soziologische Anordnung, die Sie hier versucht haben, um darin dann allerlei Erfahrungen zu verstecken.

Ich möchte nicht unbedingt „soziologisch" sagen, das wäre in meinem Zusammenhang für mich selber zu hoch gegriffen, damit kann ich nicht umgehen.

Es heißt einmal im Text „uns gibt es überall".

Uns gibt es überall. Ja.

Das wäre ein Hinweis, daß es Ihnen hier um einen Typus geht.

Ich wollte in diesem Text verschiedene Formen von Abhängigkeiten und Hängigkeiten überhaupt darstellen. Das Ausgeliefertsein, wie sich dieses Ausgeliefertsein konstituiert und weiter fortsetzt, indem es sich wieder bedingt, anhand einer Kindesmißhandlung, die über Jahre passiert ist als ein Nebenthema, das zum Hauptthema wird und behandelt wird durch Schweigen. Dadurch wird eine Vergangenheit, die irgendwann einmal eine Vergangenheit war, in die Gegenwart hereingezogen. Die Gegenwart hat überhaupt keine Chance, jemals eine Zukunft zu werden oder eine tatsächliche, aktive Gegenwart zu sein, weil es immer dieses Verschwiegene zwischen den Sätzen gibt. Wir reden viel, so wie ich im Moment, und trotzdem wird alles mögliche ausgespart, verschwiegen, und mit dem, was man sagt, in eine Richtung geredet, die vieles ausspart. Aber warum Väter, warum Söhne, warum überhaupt Familie? Damit es eben nicht im Soziologischen, im Abstrakten stecken bleibt, suche ich mir in diesem Stück die Möglichkeit einer Figurenkonstellation, die jedem Leser die Chance gibt, ein Spezialist zu sein. Denn jeder von uns ist entweder Sohn oder Tochter, auch wenn er Vater ist oder Mutter. Das heißt, jeder hat seine Erfahrungen und kann dadurch von vornherein Position beziehen, auch wenn er sagt: So war es nicht, so ist es bei mir nicht gewesen, das stimmt überhaupt nicht, was der Autor sagt. Dadurch besteht die Möglichkeit für ein Gespräch - im Gegensatz zum Verschweigen im Text.

Das Stück „Absolution" ist fast eine uhrmacherhafte Konstruktion, kommt mir vor. Sprache als Waffe. Es ist letztlich ein Satz, mit dem ein Vater, eine Familie, vor allem dieser Vater, vor sich her getrieben und in die Enge getrieben wird. Dieser Satz ist damit auch Leitmotiv. Das ist ein ganz merkwürdiger Satz, so kurz, so klar, so offen.

Ich nehme an, Sie meinen das Telegramm. Die Situation ist ungefähr so, in zwei Sätzen, wenn ich es schaffe: Einer der beiden Söhne einer Familie hat sich angeblich umgebracht. Die Familie erwartet die Überstellung der Leiche, auch der zweite Sohn kommt. Vater, Mutter und Sohn sind auf der Bühne, im Wohnzimmer. Plötzlich kommt ein Telegramm, und in diesem Telegramm heißt es: „Für sie bin ich jetzt tot, sag' ihnen das, Ludwig". Das heißt, für euch bin ich jetzt tot, letztlich. Es hat mich fasziniert, davon auszugehen, was dieses Totsein bedeuten kann, bei lebendigem Leib. Für mich ist, weil ich von der Sprache herkomme, das Nicht-Aussprechen eine Tötung. Und das Gegenteil, daß man jemanden zwingt, auf die letztmögliche Art mit einem zu sprechen, ist in Wahrheit der gleiche Gewaltakt wie das Schweigen weiterhin zu ertragen.

Es ist auch eine Studie über den Egoismus von Eltern. Der Vater sagt einmal: „Das schadet uns auf Jahre hinaus, daß der Sohn sich eventuell umgebracht hat", oder daß er sich im Drogenmilieu herumtreibt oder was immer. Also, seine Angst ist nicht die um den Sohn, sondern die vor den Nachbarn. Auch die Mutter sagt einmal etwas ganz Ungeheures: „Ich habe alles von euch aufbewahrt, am liebsten hätte ich euch selbst in den Schachteln gehabt." - Sind Sie eigentlich leicht oder schwer von zu Hause weggegangen? Sie stammen ja, glaube ich, aus einem kleinen österreichischen Alpenort...

Ich bin aus einem kleinen Dorf.

...und sind jetzt fast ein Großstädter.

Ich habe in Innsbruck zu studieren angefangen, weil ich mich in Paris einmal verlaufen hab´ als Kind und dadurch tatsächlich eine Scheu vor großen Städten entwickelt habe. Das hat sich mittlerweile geändert; ich weiß, man kann sich nicht verlieren, also nicht geographisch - aber ich bin gern weggegangen und komme jetzt allerdings auch wieder gern zurück.

War das ein dramatisches Weggehen bei Ihnen?

Nein, gar nicht. Mein Weggehen von zu Hause hat auch nichts mit den Weggehen der Figuren in meinen Texten zu tun.

Als das Stück „Absolution" vom Schauspielhaus uraufgeführt wurde, da las man von einer längeren Zusammenarbeit zwischen diesem Theater und dem Schriftsteller Alois Hotschnig. Es fiel sogar dieses Wort „Hausautor"...

Was immer das heißt.

Es klingt so wie „Hauswein" im Restaurant oder irgendsoetwas. Was kann man da erwarten, wie schaut so eine Zusammenarbeit aus?

Für mich war es die erste Arbeit für das Theater. In dem Zusammenhang ist natürlich alles, wenn es das erste Mal ist, prägend. Ich war großartig in diese Arbeit mit den Schauspielern einbezogen, mit Hans Gratzer, mit den Bühnenbildnern. Ich konnte überall dabei sein, und nicht nur dabei sein, sondern auch mit angehört werden und selber was sagen und das Gefühl dabei haben, es wird gehört, auch wenn es nicht umgesetzt wird am nächsten Tag oder am übernächsten, das wär´ ja lächerlich und dumm und viel zu sehr vorhersehbar und voraussehbar. Das heißt, die Lust ist, gemeinsam aus zwei Buchdeckeln Menschen machen, das ist die Lust des Schreibens überhaupt für mich.

Sie waren auch bereit, daß sich dadurch der Text ändern muß?

Natürlich, der Text muß sich ändern, es wird auch für Frankfurt der Text anders gespielt als in Wien. Ich habe es in einem Vorwort geschrieben, es geht in diesem Text um eine Handlung - dieser Text hat eine Handlung, obwohl er scheinbar keine hat. Die Handlung heißt Töten, und das Töten findet überall statt, und nicht nur in diesem Wohnzimmer, in dem dieser Text spielt, sondern das Wohnzimmer ist der Kopf, und der Kopf ist der Provinzkopf, weltweit.

Das Stück hat eine Handlung, Sie haben das extra betonen müssen, denn Sie kommen, glaube ich, eher aus einer Prosa-Tradition, in der eine gewisse Angst vor einer allzu deutlichen Hand-

lung besteht. Ich erinnere mich, als das Buch „Leonardos Hände" erschien, das in gewisser Weise Ihr Durchbruch war, ist betont worden, jetzt traut er sich sogar in eine Handlung hinein.

Meine Texte sind letztlich alle Zustände, weil ich auch selber ein Zustand bin und weil meine Existenz ein Zustand ist, und nicht nur das - ich postuliere: von mir aus, auch Sie sind ein Zustand, wir alle sind Zustände.

Momentan bin ich ein lümmelnder Zustand.

Zustände kann man natürlich verrücken, das heißt, ein Zustand ist nicht nur etwas Gegenständliches, etwas Totes. Ich gehe von dieser Abhängigkeit aus. Gegenstände hängen ab, davongetragen zu werden, aufgebaut zu werden, weggestellt zu werden. Die Menschen neigen dazu, sich hin und wieder selbst zu Gegenständen machen zu lassen und vertragen zu werden, weggelegt zu werden, eingegraben zu werden, umgebracht zu werden, zum Opfer gemacht zu werden und dadurch auch unter Umständen zum Täter zu werden. Das meine ich mit *Zum-Gegenstand-Werden*, das meine ich mit *Zustand:* daß es eine Zustandsänderung gibt, dadurch, daß man im Kopf über die Sprache diesen Zustand analysiert, davon bin ich total überzeugt. Indem ich weiß, auch während des Schreibens, ich gehe jetzt mit einem Problem um, das irgendwo drunter oder drüber oder in mir natürlich mein Problem ist, auch wenn der Text nicht autobiographisch ist, weiß ich - und das spüre ich auch während des Schreibens sehr stark -, ich gehe jetzt mit etwas um, das bis zu diesem Zeitpunkt mit mir umgegangen ist. Ich gehe aus jedem Text verändert hervor, und deswegen glaube ich an die Wichtigkeit, jetzt nicht meiner Literatur, sondern dieser Art des Arbeitens. Und das hat mit Handlung im Grunde überhaupt nichts zu tun.

Im Klappentext der Buchfassung von „Absolution" heißt es: Einer der wichtigsten Autoren der deutschsprachigen Gegenwartsliteratur. Ich will hier nicht über Wichtigkeit und Rangfolgen diskutieren,...

Das steht wahrscheinlich in jedem Klappentext.

...sondern das Wort „deutschsprachig". Haben Sie es lieber, daß dort deutschsprachige Gegenwartsliteratur steht oder österreichische? Wäre österreichische sozusagen Landesliga oder sowas?

Nein, deutschsprachige.

Das ist doch immer wieder ein praktisches Problem?

Es ist bei den Schweizern genauso. Noch dazu haben wir unsere speziell österreichischen Themen, und durch diese österreichischen

Themen - in denen auch ich begraben bin und aus denen ich mich versuche auszugraben, aber auf österreichische, sprachösterreichische Art natürlich -, ist man dann auch in diesem „Typisierungs-Grab“ drin: Aha, das ist ein Autor, dem geht’s um Krankheit, der schreibt mit Musik, also verwendet er auch ein bißchen Musik, dadurch sind wir schon beim Bernhard, damit sind wir beim Wittgenstein und bei der Bachmann...

...beim Jonke...

...und beim österreichischen Kopf, der natürlich ein österreichisches Grab ist, und das ist entsetzlich. Diese Selbst-Limitierungen. Aber es hat nichts mit Oberliga oder Unterliga zu tun, sondern man soll es lesen als Text. Ich merke das auch bei Lesungen in Deutschland, die Leute verstehen das ganz gut, wenn sie es nicht als österreichischen Text lesen. Denn dann ist das der morbus austriacus.

Mit den Wort „deutschsprachig“ ist hier gemeint, daß man nicht dieses österreichische Pflichtkleid der Übertreibung und all dieser Dinger anziehen muß. Ich habe als Vorbereitung dieses Gesprächs ein uraltes Interview in der „Tiroler Tageszeitung“ gefunden - die waren damals sehr stolz, daß ein Tiroler etwas wird. Da stand etwas sehr Schönes: „Er ist von einem Autor zu einem Dichter geworden.“ Ich weiß nicht, ob Sie sich daran noch erinnern, ich weiß nicht, ob Sie ein Dichter geblieben oder wieder ein Autor geworden sind? André Heller hat angeblich das Wort Poet im Paß stehen...

Ich habe das immer entsetzlich empfunden. Nicht jetzt beim André Heller, das geht mich nichts an, aber das wäre peinlich...

Wie ist es mit dem Wort „Dichter“ heutzutage? Ist das ein Wort, das man als Berufsbezeichnung verwenden kann?

Nein, ich würde mich genieren dafür. Eigentlich dient die Bezeichnung zur Unterscheidung zwischen Schriftsteller und Dichter. Irgendwo, im „profil“, glaube ich, war ein Tiroler Autor mit einem Fernrohr abgebildet, und darunter stand: „Lyriker und Schriftsteller“ oder so. Also ist ein Lyriker kein Schriftsteller? Eigentlich sind die sogenannten Poeten die, die Gedichte machen, das weiß ich noch vom Germanistik-Studium. Das sind die Dichter, aber das ist doch entsetzlich. - Also ich bin Schriftsteller und möchte ganz real pragmatisch als solcher bezeichnet werden.

Das Gespräch mit Alois Hotschnig führte Wolfgang Kos

Günter Eichberger

Ich Fabelwesen

Prosamosaik. 144 Seiten, Leinen
öS 198.- / DM 27.- / sFr. 25.-
ISBN 3-222-12372-1
Styria

Parodistische Krimi-Elemente verbunden mit der Identitätsproblematik: Die Lösung des Falls ist eine Suche nach dem eigenen Ich.

mehr Sprachlust als Sprachzweifel

Günter Eichberger

Hauptthema in der österreichischen Gegenwartsliteratur, deswegen habe ich mir gedacht, das könnte man als übergreifenden Titel nehmen.

Sie haben einmal im Buch „Wolkenpfleger“ geschrieben: „Glaube nie an Buchstaben, sie lügen wie gedruckt“. Ist das ein Programm?

Das ist als Programm aufgefaßt und als Sprachskepsis mißverstanden worden. Es ist allerdings nur ein Satz, der sich selber aufhebt, so wie der Satz: Alle Kreter lügen, wenn ein Kreter sagt, alle Kreter lügen. Es hat vielmehr mit Sprachlust zu tun als mit Sprachzweifel.

Das Gespräch mit Günter Eichberger führte Wolfgang Kos

man hat eine Sehnsucht, wegzukommen
und benutzt dann andere Städte
als Orte der Sehnsucht

Gerald Szyszkowitz

Schriftsteller-Kollegen wie Peter Turrini oder Gerhard Roth sind in den letzten Monaten immer wieder in die Schlagzeilen geraten, mit Äußerungen wie 50% aller Österreicher wären Nationalsozialisten. Das ist von vielen Leuten als Übertreibung bezeichnet worden. Sind solche Übertreibungen zielführend und sinnvoll in der politischen Auseinandersetzung in Österreich, oder besteht nicht die Gefahr, daß diese nach hinten losgehen?

Jede Auseinandersetzung ist gut. Wir hatten eine Fernsehsendung über ein von Heilern verpfuschtes kleines Mädchen, das Krebs hat. An sich ist es leichtfertig, so etwas im Fernsehen zu bringen. Die Tatsache aber, daß darüber dann sehr viel diskutiert worden ist, halte ich rückwirkend für richtig. Ich glaube, jede als Skandal gemeinte Äußerung ist gut, wenn sie eine Voraussetzung für Gespräche bringt. Und wieviel Prozent jetzt Nazis sind in Österreich, ist lächerlich zu untersuchen, aber daß es zuviele gibt, ist richtig.

Michael Scharang hat Sie mit der Formulierung gelobt, daß Sie - Gerald Szyszkowitz - heute der einzige in Österreich sind, der „unbestechlich mit den Mitteln des bürgerlichen Realismus' erzählt". Sehen Sie das auch so, sind Sie ein bürgerlicher Realist?

Aus einer bürgerlichen Familie und ein kritischer Realist, das will ich schon sein. Der einzige bin ich sicher nicht; vielleicht der einzige, den er kennt.

Welche bürgerlichen Realisten kennen Sie sonst noch?

Ich würde Franz Schuh als einen solchen bezeichnen.

Sie sind ein ungemein produktiver Autor. Wie schreiben Sie? Es gibt Autoren, die halten sich fast an fixe Bürozeiten, stehen pünktlich um 7 Uhr auf, beginnen um 8 zu schreiben, lassen um ½12 die Feder sinken, gehen Mittagessen und schreiben nachmittags wieder drei Stunden. Dann gibt es Autoren, die schreiben rauschartig und unregelmäßig - wie ist es bei Ihnen?

Bei mir hat sich vor einem Jahr einiges verändert. Bis dahin war ich im ORF angestellt, saß von 9 Uhr früh bis 9 Uhr abends im Büro und konnte nur in der Nacht, am Wochenende oder im Urlaub schreiben. Das habe ich auch getan, zum Schrecken meiner Familie. Jetzt ist es etwas lockerer, jetzt bin ich nicht mehr im ORF und kann mich an ruhige Schreibzeiten halten.

Sie haben es gerade angesprochen. Sie waren lange Zeit beim österreichischen Fernsehen in führender Position tätig, zuständig für das Fernsehspiel. Sie haben viel von dem ermöglicht und mitverant-

wortet, was in den siebziger und achtziger Jahren entstanden ist, die Alpensaga und viele andere Dinge. Das Fernsehen ist dabei, sich zu verändern - viele Leute haben das Gefühl, es wird immer mehr zum Häppchen-Fernsehen. Die Beiträge werden immer kürzer. Jetzt möchte ich Sie fragen als einen, der das heute aus der Distanz betrachtet: Ist Kultur im Fernsehen noch vermittelbar? Ist das Fernsehen ein Medium, das man sich als halbwegs intelligenter Mensch eigentlich noch anschauen muß?

Seitdem ich nicht mehr beim Fernsehen bin, sehe ich fast nur noch die Nachrichten - anderen wird es auch so gehen, aber ich glaube, daß es nicht am Fernsehen liegt, sondern an denen, die das Fernsehen machen. Es gibt zum Beispiel in Deutschland und in Frankreich einen wunderbaren Sender, den ich sehr häufig sehen würde, wenn er bei uns im Kabel wäre, nämlich ARTE, und darin sieht man, wenn Verantwortliche ein intelligentes Fernsehen wollen, ist es zu machen, das kann man herstellen. Wenn es aber nur um Werbung und ein Massenmedium geht, dann darf man das nicht mit Qualität verwechseln. Es kommt darauf an, wer Fernsehen macht. Am Medium Fernsehen liegt es nicht. Genau wie bei den Verlagen. Wir brauchen nur hier herumgehen, da gibt es Verlage, die machen Millionenauflagen, und es gibt Verlage, die machen kleinere Auflagen.

Welche Autoren, welche Schriftsteller, welche literarischen Traditionen sind für Sie wichtig?

Mir ist vor allem die Gegenwart wichtig, und ich liebe so einen bügerlich realistischen Autor wie Updike. Historisch liebe ich seltsamerweise die Journalisten, also die Autoren, die selbst ihr Leben lang Journalisten gewesen sind und gewohnt waren, mit wenig Platz viel auszudrücken, wie zum Beispiel Fontane oder Joseph Roth. Leute, die ihr Leben lang jeden Tag für Zeitungen geschrieben haben, die aber wußten, wenn sie Geschichten geschrieben haben, wie man ebenso interessant und interessierend schreibt, auch wenn man in der Versuchung ist, 300 oder 400 Seiten brauchen zu dürfen.

Sie sind ein Grazer. Gerhard Roth hat gesagt, er ist froh, daß er aus Graz weggezogen ist. Er bekommt immer, wenn er in Graz umsteigen muß, Beklemmungen, wenn er Graz nur sieht. Wie ist denn das bei Ihnen?

Der Gerhard Roth kriegt überall Beklemmungen, wo immer er gerade ist. Ich kann das mit Graz schon verstehen, aber mir geht es mit Wien so, mit Österreich so, mit Frankfurt so. Man hat eben eine Sehnsucht, wegzukommen und benutzt dann andere Städte als Orte der Sehnsucht. Ich würde, glaube ich, auch nicht mehr nach Graz zurückgehen, obwohl es eine herrliche Stadt ist, um von ihr zu kommen. Es ist ein anregendes Klima dort, aber Wien hat doch eine andere Dimension, und eigentlich will man in Paris und New York leben.

Gerhard Roth hat das Graz der fünfziger Jahre beschrieben, in dem er seine Kindheit und Jugend verbracht hat, als ein unglaublich milchiges, autoritäres Klima, das dort geherrscht hat. Haben Sie es so ähnlich empfunden?

Ich kann mich erinnern, daß ich mit ihm im Gefängnis war, als der Peter Handke verhaftet wurde, weil er unseren Landesrat geohrfeigt hat. Da konnte man in dieser Nacht, in der wir dort saßen und gewartet haben, bis Peter Handke wieder entlassen wird, schon das Gefühl haben, da ist ein Obrigkeitsstaat heftig gegen Dichter und Unruhe unterwegs. Aber das war eben ein Abend, und den Rest der Zeit ist es auch nicht so heiß gegessen worden.

Das Gespräch mit Gerald Szyszkowitz führte Wolfgang Kos

ich möchte nicht in New York sein und
dort in einer Schuhschachtel übernachten.
Mir ist Wien lieber

Georg Biron

Georg Biron ist Journalist und Schriftsteller, geboren 1958 in Wien. Bis jetzt haben Sie 14 Bücher publiziert, unter anderem den Roman „Höchste Zeit", einen Lyrikband „Glück und Glas", einen Roman mit dem Titel „Frauen bei Vollmond". Jetzt sind zwei neue Bücher auf den Markt gekommen. Das erste ist der Band „Rot ist die Sünde", eine Geschichte aus Wien, die im Verlag Der Apfel erschienen ist. Georg Biron, das ist eine Geschichte, die in der Wiener Boheme spielt, in einem Milieu, das Sie selber auch sehr gut kennen.

Also, ich weiß nicht, ob es in Wien eine Boheme gibt, aber es spielt in einem Milieu, das ich sehr gut kenne. Es ist eine Geschichte, die, wenn man sie reißerisch ankündigen will, eine „Sex and Crime"-Geschichte ist, ein kurzer Roman oder eine längere Erzählung, je nachdem, wie Sie wollen. Wien ist eben mein Thema, ich bin dieser Stadt hoffnungslos verfallen. Ich habe schon mehrere Anläufe gemacht, auch in anderen Städten zu leben, aber mir geht es da anders als dem Herrn Szyszkowitz. Ich möchte nicht in New York sein und dort in einer Schuhschachtel übernachten. Mir ist Wien lieber.

Aber es übernachten ja nicht alle New Yorker in Schuhschachteln.

Ich habe relativ viele Autoren in New York getroffen, die knapp vor der Schachtel stehen, möchte ich nur sagen.

„Rot ist die Sünde" ist auch eine Art Kriminalroman.

Richtig, „Rot ist die Sünde" *ist* ein Kriminalroman, den ich ganz bewußt in einer sehr schnellen, knappen Sprache geschrieben habe. Er erinnert etliche Leute an eine Videoclip-Technik, obwohl es ganz bewußt ein Text ist und kein Fernsehfilm. Dennoch bildete die Geschichte die Grundlage zu einem Fernsehfilm. „Rot ist die Sünde" wurde unter dem Titel „Und das Glück liegt in Wikiki" von Peter Patzak für das ZDF verfilmt. Der Film gehorcht natürlich anderen dramaturgischen Gesetzen, und daher sind etliche Dinge, die im Film vorkommen, im Buch nicht zu finden - und umgekehrt.

„Rot ist die Sünde" ist in einer hastigen, atemlosen, schnellen Sprache geschrieben. Es klingt auch immer wieder ein Wiener Dialekt an. Wien ist das Biotop, in dem Sie auch literarisch leben.

Wien ist ein Biotop, in dem ich auf verschiedene Arten und Weisen lebe, auch literarisch. Es stimmt, daß die Sprachmelodie seine Wurzeln beim Wiener Dialekt hat. Man muß dazu wissen, daß es in der deutschen Sprache einmal so etwas wie eine Lautverschiebung gab und der Wiener Dialekt heute dem Mittelhochdeutschen weitaus näher ist als das, was hier in Frankfurt gesprochen wird. Mich hat es fasziniert, die Sprachmelodie des Wiener Dialekts zu verwenden, ohne jetzt Dialekt lautschriftlich zu schreiben. Es heißt zum Beispiel immer „ich war", aber nicht „ich bin gewesen". Niemand in Wien sagt, „ich bin gewesen". „Ich war" und diese Kleinigkeiten bestimmen eben die Technik des Textes.

Sie sind in Wien geboren und in Wien aufgewachsen. Aus welchem Bezirk kommen Sie? Sie sind 1958 geboren, das heißt, Sie haben in den frühen siebziger Jahren Ihre Pubertät erlebt. Wie war denn das damals in Wien?

Ich bin am Stadtrand von Wien aufgewachsen, im Westen. Das ist dort, wo ein Auto zuerst durchfährt, wenn es aus Deutschland kommt, knapp vor Hütteldorf, im 14. Wiener Bezirk, beim Westbahnhof. Dort gibt es Arbeitersiedlungen, in diesen Arbeitersiedlungen bin ich aufgewachsen. Viele meiner Freunde sind heute schon tot oder zu lebenslänglicher Haft verurteilt, und ich habe den Weg des Schreibens gewählt.

Sie haben mit fünfzehn zu schreiben begonnen. Wie waren diese ersten Versuche?

Ich habe schon mit fünf Jahren zu schreiben angefangen. Erst waren es nur einzelne Buchstaben, dann wurden Worte daraus. Mit fünfzehn habe ich dann Gedichte geschrieben. Sie haben vorhin den Begriff „Pubertät" erwähnt. Natürlich wichst man sich vieles von der Seele, und irgendwann kommt dann der Punkt, wo einem das nicht mehr genügt, wo man dann versucht, Geschichten zu erzählen. Ich bin ein Geschichtenerzähler und verstehe mich auch als solcher. Es liegt daher nahe, daß etliche Themen, über die ich schreibe, auch im Medium Film oder Fernsehen umgesetzt werden können.

Ich habe das Gefühl, es gibt bei Ihnen, bei den Dingen, die Sie schreiben, einen starken Einfluß der amerikanischen Literatur, auch der amerikanischen Herangehensweise an das Verfertigen von Romanen und Erzählungen. Gibt es da Einflüsse?

Es gibt wahrscheinlich auf der ganzen Welt kein Gebiet, in dem es keine amerikanischen Einflüsse gibt. Aber es ist nicht so, daß ich sie gesucht hätte, sondern meine Einflüsse sind wirklich Wien, die Sprache in Wien, vor allem die Milieus, die normalerweise in der Kultur gerne vergessen werden. Mein persönliches Motto beim Schreiben war immer „Nix scheißen, durchbeißen". Das heißt, gerade seinen Weg zu gehen, gerade eine Geschichte zu erzählen und zu versuchen, diese Figuren

Der Qualtinger hat gesagt: „In Österreich mußt' erst sterben, damit's dich leben lassen". Wir erleben jetzt eine Qualtinger-Renaissance, eine kleine. Sein Gesamtwerk wird verlegt, und es gibt eben dieses Buch. Es gibt andere Zeitzeugen, die sich zu Wort melden und über die sogenannte „Goldene Zeit des Wiener Kabaretts" sprechen. Das ist eine Glorifizierung, weil man sicher leichter mit einem toten Qualtinger auskommt als mit einem lebenden Qualtinger. Ähnliches gilt ja auch von Thomas Bernhard.

Aber ich weiß nicht, ob man das so vergleichen kann. Thomas Bernhard ist ein Star des Literaturbetriebes geworden, egal was er gesagt hat, und hat doch zum Establishment des Literaturbetriebes gehört, vor allem in Deutschland, aber nicht zu seinen Lebzeiten zum Establishment des offiziellen Österreich. Ich denke da an die Uraufführung vom „Heldenplatz", zum Beispiel.

Das stimmt natürlich, aber das Establishment des offiziellen Österreich ist auch für einen Autor nicht wirklich bedeutend. Man weiß, daß der Buchmarkt in Österreich 1% des Gesamtumsatzes ausmacht und daß man 99% in Deutschland verdient. Es ist völlig wurscht, ob man zum österreichischen Establishment gehört oder nicht.

Helmut Qualtinger hat sich zu Tode gesoffen, das kann man sagen. Ist es eine romantische Übertreibung, wenn man sagt, das war aus Leiden an Österreich?

Es gibt mehrere Möglichkeiten, es zu interpretieren. Ich weiß nicht, ob man sagen kann, er hat sich zu Tode gesoffen. Er hat sich eher zu Tode gelebt, würde ich behaupten. Sein Leben war dermaßen intensiv, seine Anteilnahme an allen Dingen rund um ihn war dermaßen groß und seine Liebe zu den Menschen dermaßen kräfteraubend, daß er sicherlich etlichen Treibstoff Alkohol gebraucht hat, um da durchzukommen. Gestorben ist er an den Spätfolgen der Dreharbeiten zu dem Film „Im Namen der Rose". Er hat dort diesen Mönch gespielt, mußte stundenlang barfuß durch den Schnee gehen und hat sich dabei große Erfrierungen zugezogen, die abgestrahlt haben auf verschiedene Organe, bis es ihn letztlich umgeworfen hat.

Das Gespräch mit Georg Biron führte Wolfgang Kos

Konstanze Fliedl

Germanistin

Konstanze Fliedl, Wissenschaftlerin, Germanistin, Jurorin beim Bachmann-Preis und Expertin für Arthur Schnitzler, ist mit der Herausgabe diverser Publikationen zu Schnitzler befaßt. Sie arbeitete in der Österreichischen Akademie der Wissenschaften an der Edition der Schnitzlerschen Tagebücher mit. Unter großem Medienecho ist bereits dieser Band erschienen, der hier liegt „Tagebücher 1920 - ´22“. Was bedeuten die Tagebücher für unser Schnitzlerbild? Muß man da etwas ändern, oder bestätigt es das, was man ohnehin weiß?

Also zunächst muß ich einmal sagen, dieser Band ist einer von sieben, die erschienen sind. Das Schnitzler-Tagebuch ist ein halbes Jahrhundertunternehmen, weil es wirklich fünfzig Jahre umfaßt, insofern ist dieses Tagebuch einzigartig. Schnitzler hat es konsequent geführt, von 1879 bis in sein Todesjahr 1931, und dieses Tagebuch ist ein kulturhistorischer und sozialgeschichtlicher Steinbruch - das ist er auch für die Schnitzler-Forschung immer schon gewesen. Es kommen noch drei Bände, insgesamt werden es zehn Bände, bis ´99 wird die Edition abgeschlossen sein. Das Schnitzler-Bild hat sich insgesamt ein bißchen verändert, von diesem folkloristischen Jahrhundertwende-Schnitzler, der nur „Das süße Mädel“ und „Anatol“ erfunden hat, ist man gottseidank inzwischen abgekommen. Das Tagebuch zeigt die ungeheure, kontinuierliche Arbeit eines Schriftstellers, eine unglaublich ernsthafte Bemühung um Disziplin im Tagebuchschreiben und die Konsequenz einer ungemeinen Erinnerungsanstrengung, mit der jeder Tag einzeln dokumentiert wird. Sein Motto war tatsächlich, daß nichts verloren gehen darf. Die Edition selbst hat alle Tücken gehabt, die ein autobiographischer Text wie ein Tagebuch haben kann, der eben nicht schon von einem Schriftsteller zur Editon eingerichtet wird. Dazu kommt, daß Schnitzler eine richtige Ärztehandschrift hat, also die Entzifferungsphase war das allerschwierigste. Schnitzlers Sohn hat einmal gesagt: „Mein Vater schreibt eine Mischung aus Kurrent, Latein und Ungeduld.“ Das war die größte Hürde bei dieser Edition. Jetzt ist der Text fertig; es wird nur mehr für die einzelnen Bände recherchiert, was auch eine immense Arbeit ist, weil Schnitzler das Tagebuch wirklich als Chronik geführt hat und über Schauspieler, Theateraufführungen auch unbekannterer Autoren, über den gesamten kulturellen Kreis in der ausgehenden Monarchie und der Zwischenkriegszeit Rechenschaft abgelegt hat.

Sie haben im Residenz Verlag auch eine Neu-Ausgabe von „Weg ins Freie“ herausgegeben. Das erweist sich doch, wenn man diesen Schnitzler-Roman wieder liest, als ein politisch sehr hellsichtiges Buch, auch in der Analyse des Wienerischen Antisemitismus'.

Ja, das ist der Grund, warum ich diesen Roman für die Edition gewählt habe. Es ist auch ein kleines bißchen unheimlich, zu welchen Déjà-vu-Erlebnissen es da kommen kann. Schnitzler beschreibt eine politische Apathie und eine nicht so sehr haßerfüllte Atmosphäre, als eine Atmosphäre der Gleichgültigkeit und des Laissez-Faire, die übersehen will, was sich an politischen Entwicklungen tut. Insofern habe ich diesen Roman tatsächlich als ungemein aktuell empfunden in der Beobachtung einer gesellschaftlichen Haltung, die offenbar nicht ausgestorben ist.

Schriftsteller, wenn sie schreiben, Journalisten, wenn sie schreiben, auch Herausgeber, wenn sie arbeiten, denken bei der Arbeit an ein imaginäres Publikum, an das sie sich wenden wollen. Nun ist das bei einem Menschen, der Bestseller-Romane schreibt, relativ einfach, an wen er denkt. An wen denken Sie bei der Arbeit, an welches Publikum wenden Sie sich? Ist es mehr ein wissenschaftliches Publikum, ein hochspezialisiertes Fachpublikum? Ist das, was man Markt nennt, für Sie unwichtig?

Ich denke, daß eine kritische Ausgabe nicht den Leser-Erwartungen verpflichtet ist, sondern wirklich in erster Linie dem Wort des Autors dienen muß. Das Ethos einer solchen Ausgabe ist eben, alle Manipulationen zurückzustellen zugunsten einer Idealform der Annäherung an den Willen oder das Wort des Autors. Aber es gibt Überlegungen, die lauten müssen, wie helfe ich denn den Lesern in den Text hinein? Gerade bei sehr komplizierten Nachlaß-Situationen ist es oft so, daß man als nichtprofessioneller Leser verdattert vor der Tatsache steht, daß es zu einem Satz 25 Varianten gibt. Wie sollen denn die nun präsentiert werden? Solche Überlegungen müssen schon eine ganz massive Rolle spielen, damit die kritischen Ausgaben nicht von vornherein ihre Leser abschrecken. Bei Schnitzler war das so, daß der Text an und für sich nicht schwer zugänglich ist, aber ein derart reiches kulturhistorisches Material birgt, daß sich Kommentarprobleme ergeben hätten und wir uns fragen mußten, wer kann denn das verstehen, wenn er nicht eine Handreichung durch einen Kommentar kriegt - aber wir haben dann darauf verzichtet. Der Kommentar wäre dermaßen umfangreich gewesen und wohl auch eine eindeutige Leseanleitung geworden, sodaß wir davon Abstand genommen haben. Das Tagebuch wird jetzt bloß durch ein Register erschlossen, das sozusagen noch

Handreichungen liefern kann, aber die nötige Neutralität dem Text gegenüber wahrt.

Die Frage nach den Finanzen und nach Finanzierungen ist eine Frage, die auf einer Messe legitim ist. Wie schaut denn das bei so aufwendigen, zum Teil auch monumentalen Editionen aus? Läßt sich so etwas über den Verkauf finanzieren?

Dazu muß ich sagen, daß der Preis mit der Arbeit, die dafür geleistet worden ist, nichts zu tun hat. Das kann sich niemand vorstellen, was das bedeutet, wenn fünf, sechs Leute praktisch Stunden mit einem Satz beschäftigt sind. Wenn man das hochrechnen würde, was das finanziell bedeutet, diese Arbeit zu bezahlen, das würde nicht gehen, das kann so nicht gerechnet werden. Das Buch hat einen noch erträglichen Preis für den Buchhandel, aber es finanziert die Arbeit, die Editionsarbeiten nicht.

Wenn man sich so intensiv mit Autoren auseinandersetzt, da muß es doch auch persönliche Beziehungen geben. Die muß es schon am Anfang gegeben haben, und die müssen sich auch im Laufe der Arbeit entwickeln.

Ja, ich liebe ihn noch immer. Ich werde das auch immer wieder gefragt, weil ich mich wirklich schon viele Jahre mit ihm befasse und außer der Mitarbeit am Tagebuch noch einen Briefwechsel und die Roman-Editon gemacht habe und über ihn schreibe. Er hatte natürlich auch seine unangenehmeren Seiten, die gerade im Tagebuch zum Vorschein kommen. In den ersten Jahren, als Schnitzler noch zwischen Medizin und Dichten und Schriftstellerei geschwankt hat, da ist das Tagebuch eine posierende Selbstinszenierung eines Autors, der noch nicht recht weiß, ob er einer ist. Es ist auch eine männliche Selbstinszenierung; die amouröse Seite des Tagebuchs spielt gerade in den frühen Jahrgängen eine wichtige und manchmal zu wichtige Rolle. Aber später wird dann klar, daß das ein ungemein integerer und wahrhaftiger Mensch ist, der da schreibt und sich in seinen Werken und in den privaten Schriften immerfort auch Rechenschaft zu geben sucht. Schnitzler ist einer der wahrhaftigsten Autoren, die ich kenne - deswegen habe ich noch nie Haßgefühle gegen ihn verspürt.

Das Gespräch mit Konstanze Fliedl führte Günter Kaindlstorfer

Österreich hat sich ein bißchen wie ein
Ochsenfrosch hier benommen,
d.h. sich sehr aufgeblasen,
damit man ihn als Frosch
überhaupt wahrnimmt

Robert Schindel

Robert Schindel, 1944 in Oberösterreich als Kind jüdischer Eltern, die im Untergrund lebten, geboren. Der Vater ist im KZ Dachau ermordet worden, die Mutter überlebte den Holocaust und fand ihren Sohn im August 1945 wieder. Was so nach trockenen Daten klingt, bestimmt Robert Schindels Leben und Schreiben. Nach drei Gedichtbänden, „Ohne Land“, zum Beispiel oder „Geier sind pünktliche Tiere“, erscheint 1992 sein großer Roman „Gebürtig“. Dessen Held teilt mit dem Autor das komplizierte Los, heute als Jude in Wien zu leben. Wie geht es jetzt für Sie drei Jahre nach Ihrem großen Romanerfolg?

Formidabel.

Das klingt so ironisch.

Ja, mir persönlich geht es ganz gut, ich bin gerade dabei, einen neuen Roman zu schreiben. Ich bin relativ am Anfang, und das bringt natürlich Turbulenzen mit sich. Politisch schaut es momentan ein bißchen schwierig aus in Österreich, aber persönlich geht es mir gut.

„Gebürtig“ ist quasi ein Sittenbild aus dem Wien der Gegenwart - soll der neue Roman auch wieder so werden?

Ich möchte über den neuen Roman noch nicht sprechen. Es ist natürlich ein Roman über Wien, handelt von Wien, aber nicht nur von Wien. Er spielt zwischen ‘86 und ‘89, in der sogenannten Waldheimzeit.

Sie haben in „Gebürtig“ Figuren des realen Lebens, der realen Geschichte verarbeitet. Zum Beispiel die Figur des Sternredakteurs Niklas Frank, der einen Vater hatte, der Generalgouverneur des besetzten Polens war. Werden Sie wieder geschichtliche Figuren im neuen Roman verarbeiten?

Naja, es war schon Niklas Frank, nicht eigentlich Niklas Frank als Konrad Sax, sondern ich habe mir von Niklas Frank, den ich persönlich gut kenne und sehr gern habe, die Biographie ausgeborgt, seine ursprüngliche Biographie. Es gab eben nur einen Generalgouverneur von Polen, und es gibt sehr wenige Kinder so hochrangiger Nazis, die so konsequente Antinazi wurden wie Niklas. Von da habe ich mir diese Figur genommen, aber das, was Konrad Sax erlebt, hat mit Niklas Frank wenig zu tun.

Sie betonen immer wieder in Interviews, aber auch beim Schreiben, Sie wären kein „hauptberuflicher Jude“. Werden Sie in Österreich oder auch im Ausland, wo wir jetzt sind, als solcher benützt, als Vorzeigejude?

Ja, das hängt von Ihnen, von den Medien ab. Auf die Medien habe ich einen homoöpathischen Einfluß, das heißt, wenn man mich natürlich anspricht, nicht als Schriftsteller, sondern als Jude, dann bin ich nolens volens auch ein Berufsjude als Schriftsteller, wenn man mich dazu macht. Dagegen kann man sich schlecht wehren, man kann immer nur sagen: Das ist ein Text, der liegt vor, der hat, hoffe ich, auch literarische Qualitäten und behandelt darüber hinaus ein Thema, das natürlich nicht vergeht. Von daher ist es wohl legitim, über das Thema zu reden, aber mich tät´ es schon freuen, wenn gelegentlich - und das passiert auch - über den Text gesprochen wird, so, als hätte ich eine Liebesgeschichte geschrieben.

Das haben Sie auch.

Als hätte ich *nur* eine Liebesgeschichte geschrieben.

Nur *wäre zu eindimensional. Wir gehen aber gleich zum nächsten Buch. Zu den zwölf Prosastücken. „Die Nacht der Harlekine" ist wie alle Bücher Robert Schindels beim Suhrkamp Verlag erschienen. Balladen in rhythmischer Prosa, Bänkellieder aus der Wiener Vorstadt, musikalisch sinnlich, ein bißchen ordinär, sehr melanchonisch. Ist das ihre Grundstimmung?*

Meine Grundstimmung... Ich bin ein unausrottbarer Optimist, wie man mir gelegentlich vorwirft. Melancholisch bin ich in der Literatur in der Hinsicht, wenn ich Angst banne. Dann kommt eine gewisse Melanchonie hinein, die aber auch ihre witzigen Stellen hat, wie ich hoffe. Ansonsten gehöre ich der sanguinischen, wie auch der masochistischen Internationale an und bin von daher eigentlich, wie man auf Neu-Deutsch sagt, gut drauf.

Gut drauf... Es sind sehr viele wienerische Ausdrücke in den Büchern von Robert Schindel zu finden. Ich zitiere ein bißchen: A Gaudi, wir sind auf Gaude, a Watschen, das ist ein Steiger, was würde man da auf Hoch-Deutsch sagen, das ist ein Frauen-Anmacher?

Ein Frauenlob.

Ein Steiger?

Ja.

Da gehen unsere Interpretationen vielleicht doch ein bißchen auseinander. Diese Art Ausdrücke findet man zum Beispiel in dem Buch „Die Nacht der Harlekine" in einem Anhang, wo man die wienerischen Wörter genau übersetzt. Vielleicht können Sie das noch ein bißchen ausführen, diese Diskrepanz des Wienerischen zum Hochdeutschen, wann Sie das als Schriftsteller besonders einsetzen?

Ich setze es vor allem dann ein, wenn es sich um eine wienerische Figur handelt. Es klingt ein bißchen merkwürdig, wenn ein Typ aus der Wiener Vorstadt wie ein „Marmeladinger" spricht, also wie jemand aus Deutschland, aus Norddeutschland. Marmeladinger deshalb, weil die Deutschen zwischen ´33 und ´38 Marmelade-Stullen nach Österreich brachten. Die Österreicher hatten nicht einmal Marmelade damals, daher hatten sie den Ausdruck Marmeladinger bekommen. Ein viel freundlicherer Ausdruck als andere, die es für die Deutschen gibt. Wenn ein Typ in Wien in einem Beisel beginnt, von „der Keks" zu sprechen oder ähnliches, dann klingt das außerordentlich komisch, unfreiwillig. Daher muß man dort österreichische und wienerische Ausdrücke verwenden.

Sie haben einen Lektor bei Suhrkamp, Christian Dörr, der eng und intensiv mit Ihnen arbeitet. Wie sehr geht er auf Ihre Sprache ein? Wie sehr verändert er das Österreichische dann, um diese Bücher im Suhrkamp Verlag herauszubringen?

Das ist das Angenehme: er hat vielleicht bei mir ein bißchen Österreichisch oder Wienerisch gelernt und toleriert es - außer den österreichischen Ausdruck, der ja wirklich scheußlich klingt, den man aber bei uns immer sagt: er liegt am Rücken, den die Deutschen überhaupt nicht aushalten, da mußte ich statt *am* Rücken *auf dem* Rücken schreiben, aber ansonsten ist alles so geblieben, wie es war.

Vollkommene Freiheit.

Ja, das kann man so sagen.

Hier liegt ein neues Buch von Robert Schindel: „Gott schütze uns vor den guten Menschen", Untertitel „Jüdisches Gedächtnis, Auskunftsbüro der Angst". Es ist in der Edition Suhrkamp erschienen und enthält Reden und Vorträge der letzten Jahre, zum Beispiel Ihre Rede, die Sie 1993 zum Erich Fried-Preis im Wiener Akademietheater gehalten haben. Warum jetzt dieser Band? Ist es ein Band, der extra für den Österreich-Schwerpunkt entstanden ist?

Ich bin nicht sicher, vielleicht wäre das Buch auch so herausgekommen, ich hoffe es. Es hat sich eben im Laufe der Zeit einiges angesammelt - nicht direkt Literarisches, eher Essayistisches -, und ich wollte es auch gern loswerden. Ich finde, darüber sollen sich dann die Leser ärgern, und nicht mehr ich.

Die Rede, die Sie in Frankfurt im Mai dieses Jahres gehalten haben, ist auch drinnen. Was waren dabei Ihre wichtigsten Gedanken? War es schon eine Vorrede für die Frankfurter Buchmesse?

„Der Friede wird 50" war der Titel dieser sehr bemerkenswerten Rede, die auch in Österreich großes Echo gefunden hat.

Nun, bei dieser Rede ging es mir um das „Blutsäufer-Jahrhundert", vor allem um den Zweiten Weltkrieg. Es ging mir darum, die Krankheit der Ideologie-Infektion zu untersuchen, die junge Menschen befallen hat und vielleicht auch wieder befällt, und wie gefährlich diese Krankheit ist. Das ist keine reine Kinderkrankheit. Was ich persönlich getan habe, um mich aus dieser Ideologie-Infektion herauszubringen - darüber rede ich. Die Rede ist eben leider, leider sehr persönlich gehalten und zeigt einiges von mir und meiner Biographie, aber ich hoffe, da ich nur ein Jahr älter bin als der kleine, europäische Friede, der 50 wurde, *mitteleuropäische,* kann man fast nur mehr sagen,...

Sehr westlich europäisch.

...der westliche Frieden, spreche ich sozusagen vom Frieden als meinem älteren Bruder, und ich denke, wenn ich das über mich sage, sage ich auch etwas über den Frieden.

Warum sagen Sie „leider, leider ist es sehr persönlich geworden"? Gibt es, glauben Sie, etwas Interessanteres als persönliches Schreiben eines Schriftstellers? Ich denke, daß das die Leser am meisten interessiert, meistens. Das unterscheidet sich natürlich vom literarischen Werk, vom wissenschaftlichen Werk.

Das „leider, leider" war ein bißchen kokett gemeint.

So habe ich das auch empfunden. Genauso. Es wird doch hoffentlich so bleiben, daß Sie weiter sehr persönlich schreiben?

Naja, so persönlich wie genötigt, und so allgemein wie möglich.

Wie ist es mit der Lyrik? Über die Lyrik haben wir noch gar nicht gesprochen. Es gibt doch ein paar sehr schöne Bände von Ihnen?

Ja, Lyrik entsteht eben immer wieder und sammelt sich so an, und wenn ein gewisser Pegel erreicht ist, dann könnte man sagen, daraus macht man ein Buch. So schätze ich, daß in zwei oder drei Jahren wieder ein Lyrikband herauskommen wird. Möglicherweise wird er sich ein bißchen mit der Sinnlichkeit im Alltag beschäftigen, mit dem, was einem alltäglich vor Augen springt.

Wie beurteilen Sie, ob dieser Österreich-Schwerpunkt aufgegangen ist?

Es gab unlängst eine Hörfunksendung beim Südwestfunk, die der Redakteur in Anlehnung an mein Buch „Gott schütz' uns von den Österreichern" betitelt hat. Es ist also vielleicht des Guten etwas zu viel gewesen. Es kann des Guten manchmal zu viel sein, man kann sich überfressen. Österreich hat sich einerseits ein bißchen wie ein Ochsenfrosch hier benommen, d.h. sich sehr aufgeblasen, damit man ihn als Frosch überhaupt wahrnimmt, aber schuld sind hier nicht so sehr die Österreicher, im großen und ganzen ist es auch gelungen. Der Pavillon gefällt mir sehr gut, ich glaube, die Präsentation war im ganzen und großen sehr gut - nur, wie gesagt, zu viel. Schuld sind unter anderem, glaube ich, die Deutschen, denn schon wieder und immer wieder sieht man, daß sie in der Germanistik offensichtlich aus der Geschichte nicht gelernt haben und auch nicht bereit sind zu lernen und nach wie vor die österreichische Literatur vollkommen uneinsichtig und stur als deutsche Literatur ansehen, so ähnlich, wie wenn ein argentinischer Literat die peruanische und die kolumbianische Literatur, die alle spanischsprachig sind, als argentinische Literatur vereinnahmen würde. Es ist den Deutschen hier nicht zu helfen. Aus der Geschichte lernen werden sie wohl nie können. Vor allem die Abteilung der Germanisten.

Das Gespräch mit Robert Schindel führte Brigitte Hofer

Friedbert Aspetsberger

Germanist

Friedbert Aspetsberger ist Universitätsprofessor für Germanistik in Klagenfurt in Kärnten. Seine wissenschaftlichen Interessen gelten vor allem der klassischen Literatur, er arbeitet zum Beispiel über Hölderlin, außerdem gab er den literarischen Nachlaß von Robert Musil heraus, auf CD-ROM übrigens. Er ist auf der Buchmesse mit einer umfassenden Bronnen-Biographie vertreten, erschienen im Böhlau Verlag. Mit rund 900 Seiten über Arnolt Bronnen, dem Erfolgs- und Skandalautor, einem Avantgardisten, der 1959 64-jährig gestorben ist, nach einem sehr bewegt gelebten Leben, in politischer wie in privater Hinsicht. Was fasziniert Sie an Arnolt Bronnen?

Ursprünglich hat mich fasziniert, daß ich ihn, obwohl ich beruflich mit Literatur beschäftigt bin, nicht gekannt habe. Und als ich ihn vor ca. 15, 17 Jahren kennengelernt habe, ist mir die Fama seines Lebens aufgestoßen, diese totale Verurteilung eines Menschen, daß er ein Schwein wäre, ein schleimiger Auswurf, hunderte von Rezensionen dieser Art auf seine Selbstbiographie, und das hat mich veranlaßt, mich eingehend mit ihm zu beschäftigen.

Warum diese Reaktion auf Arnolt Bronnen?

Am einfachsten ist das mit dem bekannten äußeren Daten zu beschreiben. Herr Schindel wurde darauf angesprochen, ob er als Berufsjude funktionieren wolle. Bronnen wollte als Berufsdeutscher funktionieren, obwohl er aus einer jüdischen Familie stammte. Er ist aber vielleicht von einem anderen Vater, vom Pfarrer von Görz, gezeugt worden, das läßt sich heute nicht mehr genau nachvollziehen.

Wie dachte er darüber? Wußte er über diesen Verdacht?

Er hat den einen Vater bestritten, der andere war 1913 tot. Also ein Objekt, das man benützen konnte. Allerdings hat seine Mutter zu ihm gehalten. Er wurde im Gymnasium als Jude identifiziert. Man kann sich vorstellen, welcher Druck in diesem Wiener Jahrhundertwende-Gymnasium geherrscht haben muß, daß jemand sich so vorbehaltslos einem Deutschtum zuwendet und von seinem Judentum, das vielleicht nicht seines war, wegwill. Sein Vater, sein gesetzlicher Vater, hat das gleiche Modell einer solchen Vaterverleugnung durchgeführt, was auf diese Schwierigkeiten des wirtschaftlichen Aufstiegs, der religiösen Assimilation anderer Akkulturationsformen hinweist. Die nächste Skandalstation war seine Hinwendung zu Goebbels, mit dem er intim befreundet war und der tatsächlich, so weit ich das heute sehe, sehr faszinierende Seiten gehabt haben muß. Nicht nur als Massenredner, sondern auch als kleiner, persönlich redender Mann. Also von einer ganz anderen Perspektive. Bronnen hat eine Rundfunkdiskussion zwischen Piscator und Goebbels arrangiert.

Piscator war ein großer Theatermann.

Linker Ausrichtung. Goebbels schreibt nachher in seinen Tagesbüchern: „Piscator ist gar kein Kommunist mehr, der gehört längst zu uns." Und Piscator schreibt: „Dieser Goebbels ist doch faszinierend." Sie haben statt einer Viertelstunde über eine Stunde gestritten. Das wurde übrigens nie gesendet. Nun, nach dem Krieg ist er für viele als Kommunist aufgetaucht, die nicht gewußt haben, daß er ab 1943 zum österreichischen Widerstand gehört hat und aus Berlin geflohen war. Das sind nur einige Hinweise auf die Fama, von der ich ausgegangen bin, Bronnen sei ein Schwein, sei nichts als schmutzige Wäsche.

Wie zeigen Sie ihn dann weiter, in seiner persönlichen und in seiner politischen Entwicklung?

Ich versuche zu zeigen, was sich zeigen läßt. Es ist nicht so leicht, an einen solchen Menschen heranzukommen; ich versuche, zeitgeschichtliche Materialien, Zeitungsartikel, Auschnitte, Tagebücher, heranzuziehen, um ein Mosaik zusammenzustellen, das beweist, daß es ohne weiteres möglich ist, einen solchen Lebensweg zu nehmen und daß wir nicht so geschlossene Strukturen sind, sondern meistens mit unserer Lebensgeschichte Glück haben oder zu feig sind, um zu solchen Bekenntnissen wie Bronnen zu kommen.

Vielleicht können Sie noch etwas Biographisches erwähnen.

Ich sage vielleicht vorher noch, daß er nicht so verdrängt ist wie es den Anschein hat. Er ist in den letzten Jahren auf deutschen Bühnen öfter als Wedekind aufgeführt worden. Bekannt ist vielleicht auch geworden, daß Frank Castorf 1992 das nationalistisch-mythologische Stück „Rheinische Rebellen" von Bronnen auf die Wiedervereinigung Deutschland angewendet und auf der Freien Bühne aufgeführt hat. Er ist im Kohlhammer Verlag mit seiner homosexuellen Novelle aus dem Jahre 1923, „Die September-Novelle", präsent, es gibt ihn auf dem Markt zu kaufen. Nun aber ist das Skandalbuch „O.S." bei Ritter erschienen. Man findet andere Zugänge zu ihm. Der Ritter Verlag hat es so dargestellt, daß diese ganzen nationalistischen Phantasien nach dem Urteil eines polnischen Literaturwissenschaftlers auf Karl May projiziert werden. Daß das Grenzland Oberschlesien eben Merdistan ist, daß es sich um Knabenphantasien handle und daß Bronnen die auch als Kitsch geschrieben hat. Das ist vielleicht eine Parallele zu unserer literarischen Situation, daß er mit dem gesunkenen Kulturgut des Bürgertums nationalistisch gearbeitet hat und deswegen dem nationalistisch durchaus ansprechbaren Bürgertum nicht in den Kram gepaßt hat. Es wurden ja diese nationalistischen Romane, die knapp vor den dreißiger Jahren erschienen sind, schon von der Weltbühne, von Tucholsky, von Ossietzky, von allen abgeschmettert, weil sie vor allem auch ein ästhetisches Ärgernis darstellen. Aber Sie wollten etwas Biographisches...

Ich finde, man kann das nicht trennen, daß diese eine Novelle seine homoerotischen Phantasien darstellt, man kann wie bei den meisten Schriftstellern, aber bei ihm ganz besonders, seine pesönliche Entwicklung, sein persönliches Älterwerden von seinem Werk überhaupt nicht trennen.

Für Bronnen mag das sehr bezeichnend sein. Er hat bis 1933 eine sehr instabile Geschlechtsposition gehabt, also etwas, was die Regel sein kann bei diesen radikalen Jünglingen der Jahrhundertwende, Kokoschka, Ehrenstein, Schiele oder Weininger...

Bei der Hitlerjugend hat man ebenfalls oft von solchen Dingen gehörrt, auch bei der SS.

In Goebbels dürfte Bronnen verliebt gewesen sein, genauso wie in Ernst Jünger. Bekannt ist die homoerotische Struktur seines Verhältnisses zu Bertolt Brecht, 1922, 1924, als sie sehr eng zusammengearbeitet haben. Also keine homo*sexuelle,* sondern eine homo*erotische* Struktur, die sich mit der Machtübernahme des Faschismus' klärt. Er tritt dann seine Sexualität sozusagen an Goebbels ab, an den er seine Frau, seine frisch angetraute Frau abtritt. In Goebbels Tagesbüchern finden sich Hinweise. Es zeigen sich sehr komplizierte, interessante Strukturen, die gewiß auch in uns wirken, die aber bei Bronnen alle ausformuliert und ausgelebt sind, daher ist er das Schwein, das wir nicht sind und nicht sein wollen. Daß wir aber auch sehr gut sein könnten, wenn wir mutig genug wären.

Ist es das, was Sie so fasziniert hat, so eine lange schwere Arbeit zu beginnen?

Nein, ich will ja kein Schwein sein, ich will lieber darüber reden.

Es ist ein faszinierendes Werk. Wie man sieht, ist es auch sehr dick geworden.

Ich habe mein Motto von der Frau Renate Bronnen, der letzten Frau von Bronnen, übernommen: „Was die Tuchent zu lang ist, ist die Mehlspeis zu süß.“

Wie ging es dann weiter? Wir waren erst Mitte der vierziger Jahre.

Dann ist die Machtübernahme gekommen, natürlich wurde er beschlagnahmt, natürlich war er ein Asphalt-Literat, und natürlich war er für die Nazis - mit Ausnahme von Goebbels - Jude. Goebbels hat sich vor ihn gestellt, Goebbels war da nicht so heikel, trotzdem er zum Teil zur Verschärfung der Judengesetze beigetragen hat.

„Wer Jude ist, bestimme ich".

Bronnen verdiente auch schlecht und konnte nicht Mitglied der Reichsschrifttumskammer sein, sodaß ihm die absurde Konstruktion dieses Nationalismus', dieses Rassismus' immer deutlicher wurde. Er versuchte dann, sich zu distanzieren. '42 versuchte er noch, auf die Bühne zu kommen. Aber Rosenberg ist sein Intimfeind, einer der bürokratischsten, unzureichendsten Figuren unter den Nazis. Der verpfeift ihn bei Hitler, und dann ist Schluß. Hitler sagt: „Nachdem unsere Jünglinge bei Stalingrad verblutet sind, soll Kästner, soll Bronnen noch als Literatur gelten?" Bronnen zieht sich ins Salzkammergut zurück, wo es einen starken österreichischen, bewaffneten Widerstand gab, dem er sich anschließt, darüber gibt es Zeugnisse - ich sage es, weil es angezweifelt wurde. Er kommt über diesen katholisch-kommunistisch-landständischen Widerstand zum Kommunismus, den er nun wirklich vorbehaltslos bekennt. So wie er eine neue Rasse von den Nazis erwartet hat, nicht Nazionalsozialisten, sondern eine neue Rasse, so erwartet er von den Kommunisten eine neue Rasse und geht nach dem Staatsvertrag nach Ostberlin zurück, nach Berlin, der Stadt seiner Erfolge. Er war erfolgreicher und bekannter als Brecht in den zwanziger Jahren, wird dort aber nicht mehr als Künstler akzeptiert. Als Zeitungsschreiber wird ihm ein Lebensabend genehmigt. Er stirbt dann 1954 ziemlich sang- und klanglos nach dem großen Skandal seiner Autobiographie.

Ein gescheitertes Leben?

Vermutlich, es ist nicht meine Sache, das festzustellen. Mich interessieren die einzelnen Stationen, wie gesagt. Es wäre Anmaßung, an Stelle von Bronnen einen Rückblick zu machen.

Oder eine Beurteilung.

Er hat einen Rückblick zurückgelassen, einen spätgriechischen Roman, einen Abenteuer- und Seefahrer-Roman, in dem er ein Lebensresümee zieht.

Das Gespräch mit Friedbert Aspetsberger führte Brigitte Hofer

das ist der einzige Roman,
der jemals auf Englisch geschrieben wurde,
der ausschließlich in Hernals spielt

Frederic Morton

Frederic Morton, prominenter amerikanischer Schriftsteller, in Wien geboren, als Kind rechtzeitig aus dieser Stadt geflüchtet - sonst säße er mir nicht lebend gegenüber -, lebt heute in New York und publiziert sowohl in den Vereinigten Staaten als auch wieder in Österreich. Sein neues Buch ist eben auf den Markt gekommen. Es heißt „Schokolade“ und ist im Deuticke Verlag erschienen. Das ist eine Kulturgeschichte mit Bildern, der ich entnehme, daß der erste Europäer, der Schokolade genossen hat, ein übler Massenmörder war, nämlich der spanische Conquistador Cortez.

Ja, das stimmt. Der erste Europäer, der die Schokolade genoß - eben jener Cortez -, dem wurde als Zeremonientrunk der Azteken am Hof des Königs Montezuma feierlich eine Schale (ob es eine Schale war, wissen wir nicht genau), jedenfalls dieser Schokoladetrunk verabreicht, der jedoch bitter war. Trotzdem hat es dem Montezuma gut gefallen. Durch diesen üblen Konquistador wurde die Schokolade nach Spanien gebracht und im Laufe der Zeit versüßt. So ist sie dann in solider Form als Schokolade ein Jahrhundert später in die europäische gastronomische Kulturgeschichte eingegangen.

Das war in Mexiko eine Götterspeise. Ich habe Ihrem Buch entnommen, sie hieß mexikanisch tschokolatl, das heißt, der Name hat sich in allen Kulturen und über alle Traditionen hinweg erhalten. Und in Spanien war das Rezept dann ein Staatsgeheimnis.

Ja, ich glaube, eine Zeitlang. Und natürlich gab es dann Schokoladehäuser, im Sinne von Kaffeehäusern, wo Schokolade verabreicht wurde. In England war das sehr populär. Die Schokoladehäuser waren eigentlich die Vorgänger der Tea-Rooms, und der Tea-Room als solcher ist wieder der Vorgänger des Kaffeehauses. Das Schokoladehaus war sozusagen der Großvater des Kaffeehauses, wie es in Wien besonders zur Blüte kam.

Wobei die Schokolade, was ich nicht wußte, bis Mitte des 19. Jahrhunderts ausschließlich ein Getränk war, also Trinkschokolade, und nicht in fester Form, zum In-den-Mund-Stecken?

Das war dann ein englisches Rezept. Aber ein Grund, warum diese Schokoladehäuser so populär wurden, war, weil es ein gesellschaftlicher Trunk war, genauso wie jetzt der Kaffee. Die Leute sind in diese Lokale gegangen, um dort Schokolade zu genießen, um zusammenzukommen und zu sprechen; es war ein gesellschaftlicher Anlaß.

Welche Fähigkeiten sind denn der Schokolade zugeschrieben worden? Cortez hat zunächst einmal festgestellt, sie mache die Män-

ner stark. Die Pompadour, habe ich dem Buch entnommen, sei durch Schokolade sexuell angeregt worden. Und Sie haben festgestellt, es gibt eine medizinische Untersuchung, die besagt, warum Schokolade gegen Enttäuschung und Liebeskummer hilfreich sei.

Es gibt scheinbar gewisse medizinische Hinweise - das hat meine Frau recherchiert; ich muß sagen, das Buch ist eigentlich mindestens zu 60% ihres, denn die Gastronomie ist an sich nicht meine gewöhnliche Sparte -, es gibt medizinische Recherchen, vor allem in Amerika, daß die sogenannten Endomorphine durch die Schokolade im Körper in Bewegung gesetzt werden, und diese Hormone geben dem Menschen ein Vergnügens- und ein Lustgefühl. In dieser Hinsicht ist die Schokolade das, was man in Amerika einen „Upper" nennt, etwas, das das Gemüt hebt. Das ist medizinisch festgestellt worden.

Gut, insofern kann sie gegen Kummer helfen. Und man mag ihr auch zuschreiben, daß sie Stärke verleiht und sexuell anregend wirken kann. Eines scheint allerdings medizinisch unbestritten zu sein; nämlich, daß sie dick macht

Ja, das schon. Da gibt es eine berühmte Kurzgeschichte von Dahl. Der Held der Geschichte heiratet eine sehr reiche, aber sehr unangenehme Frau. Um deren Geld zu erben, ermordet sie der Mann einfach dadurch, daß er ein Schokoladerezept erfindet, das so unwiderstehlich ist, daß sie sich buchstäblich zu Tode frißt.

Als Gegenbeispiel führen Sie im Buch die Katherine Hepburn an, die, wie wir alle wissen, wirklich eine schlanke Dame ist, und die an Schokophilie - ich glaube, so heißt das - laboriert.

Es gibt Ausnahmen. Ich esse auch viel Schokolade und habe keine Dickheitsbeschwerden.

Vielleicht erzählen Sie noch vom gesellschaftlichen Status der Schokolade. Sie haben das ja schon angesprochen. Wie ein koreanischer Kleinhändler auf der Park Avenue einen Laden aufmachen wollte, was dort niemand schätzt, weil auf der Park Avenue grundsätzlich keine Kleinläden aufgemacht werden sollen.

Ja, und wie ich mich erinnern kann - das Buch wurde auf Englisch vor Jahren geschrieben -, hat er dann Schokolade eingeführt, und zwar sehr gute und vornehme Sorten. Das hat es ihm ermöglicht, weiter dortzubleiben. Auf der Park Avenue ist man sehr snobistisch. Aber ich muß hinzufügen, daß die Schokolade auch in die Literaturgeschichte eingegangen ist. Bei Goethe gibt es einige Zitate über Schokolade, die sind in diesem Buch, ich kann mich momentan nicht erinnern, da muß ich das Publikum auffordern, das Buch zu kaufen und sie zu finden. Der größte Roman unserer Zeit - sagen viele - ist Ulysses von James Joyce. Einer der Höhepunkte in Ulysses ist die Stelle, wo sich die zwei Hauptfiguren des Romans, Leopold Bloom und Steven Daedalus, treffen. Leopold Bloom lädt Steven Daedalus zu sich nach Hause ein und serviert ihm in der Küche eine heiße Schokolade. Da entwickelt sich ein sehr witziger Dialog zwischen den beiden, und das ist eine der wirklich schönen Stellen in Ulysses. Die Schokolade hat die literarischen Schöngeister schon oft inspiriert.

Ich habe am Anfang gesagt, daß Sie nun auch wieder in Österreich publizieren, es werden im nächsten Jahr zwei Bücher von Ihnen neu aufgelegt werden.

Das erste wird mein Roman „The Forever Street", auf Deutsch heißt es „Ewigkeitsgasse". Das ist so eine mythologische Wiederfindung meiner eigenen Familiengeschichte, die sich in Hernals abspielt. Ich glaube, das ist der einzige Roman, der jemals auf Englisch geschrieben wurde, der ausschließlich in Hernals spielt.

Sind Sie von der Bezirksvertretung von Hernals dafür schon gewürdigt worden?

Ja, und am 23. Oktober wird in jener Ewigkeitsgasse, die in Wirklichkeit Thelemangasse heißt, wo ich noch immer ein Hausbesitzer bin, eine Gedenktafel vom Bürgermeister Häupl enthüllt. Ich bin mit dem Bezirksvorsteher von Hernals, Herrn Pfleger, im regen Kontakt. Ich pflege noch mein Hernalsertum sozusagen.

Wir müssen jetzt für die deutschen Zuhörer hinzufügen, daß Hernals ein eher proletarischer Wiener Gemeindebezirk ist.

Genau. Ein sehr volkstümlicher Bezirk.

Und was erscheint dann noch?

Dann erscheint ein Buch, auf Englisch heißt es „Nervous Splender", das hieß auf Deutsch „Herbstwalzer", auch im Deuticke Verlag. Dieses Buch „Nervous Splender" spielt in den Jahren 1888/89, im Jahr Mayerling, und behandelt, was in diesem Jahr in dieser Stadt passierte, vom Straßenleben bis zum Leben von Freud, Mahler, Johann Strauß, Theodor Herzl, Klimt usw. Dann das Schwesterbuch dazu, das hieß auf Englisch „Thunder with Twilight", ich weiß nicht, ob der deutsche Titel „Wetterleuchten" beibehalten wird.

Das Gespräch mit Ferderic Morton führte Peter Huemer

man ist von denen abhängig,
die man auf der anderen Seite bekämpft

wofür ich plädiere:
in der unbequemen Position zu verharren

Wolfgang Müller-Funk

Wolfgang Müller-Funk, "Der Intellektuelle als Souverän". Was interessiert Sie am Intellektuellen?

Was mich insbesonders interessiert hat, ist diesen Intellektuellen vom Ausdruck einer Doppelperspektive zu betrachten, und dabei kommt man natürlich zu einer ambivalenten Einschätzung der Gestalt. Und zwar insofern, als in der Ohnmächtigkeit im Hinblick auf reale, politische Herrschaftsprozesse vielleicht die indirekte Macht, der indirekte Einfluß von Intellektuellen zu suchen ist.

Gerade das hat den Intellektuellen auch Haß in der Gesellschaft eingetragen.

Das ist richtig. Intellektuelle werden natürlich auch beneidet, für die Tätigkeiten, die sie ausüben. „Intellektueller" ist ja kein Beruf, Intellektuelle sind meistens Menschen, die im künstlerischen, kulturellen und ideellen Bereich tätig sind. Aufgrund dieser kulturellen Bedeutung gewinnen sie dann auch intellektuelle Bedeutung, sie unterschreiben Manifeste, sie mischen sich in die Politik ein. Es ist kein Zufall, daß den Arbeitern das Bewußtsein gewissermaßen von außen gebracht werden muß, durch eine Avantgarde zum Beispiel, die intellektuell gedacht wurde. Der Intellektuelle hängt sicherlich mit bestimmten geschichtlichen Konzepten, mit dem Fortschritt, mit dem Pathos der Aufklärung zusammen, aber es gibt eine Krise des Intellektuellen, weil es eine Krise des Fortschritt-Paradigmas gibt.

Bleiben wir noch bei den Prämissen. Sie haben zwischendurch gesagt: „Intellektueller ist ja kein Beruf". Versuchen wir kurz zu klären, was Sie unter einem Intellektuellen verstehen, wie Sie ihn definieren, oder wie er sich selbst definieren mag.

Der Intellektuelle ist jemand, der etwas in Frage stellt. Das ist auch vielleicht ein Grund, warum er gehaßt wird. Denn die meisten Menschen möchten sich's eigentlich bequem richten. Ich habe das am Beispiel von Tolstoi dargestellt. Da sieht jemand, daß ein Unteroffizier schikaniert wird. Und daraufhin sagt ein anderer: „Aber das ist ja unmenschlich", und der sagt: „Das steht in der Militärordnung." Also diese Art, unbequeme Fragen an Ordnungen zu stellen, ist eine nach wie vor aktuelle Funktion des Intellektuellen. Mit der Krise wollte ich nicht ausdrücken, daß es keine Intellektuellen mehr gibt, sondern daß Intellektuelle sich ändern. Sie ändern sich unter anderem auch deshalb, weil sich die Medien und die Öffentlichkeit ändern.

Dieses unbequeme Fragenstellen ist ja eine schöne Eigenschaft. Gleichzeitig ist aber unbestreitbar, und Sie weisen auch in Ih-

rem Buch darauf hin, daß die Intellektuellen führend, - federführend und zum Teil auch im praktischen Handeln führend - in die großen Irrtümer und Verbrechen des 20. Jahrhunderts zutiefst involviert waren.

Das stimmt. Ich glaube, daß das auch noch nicht ganz aufgearbeitet ist. Das hat verschiedene Gründe. Ein Grund dürfte wohl in der Kompromißlosigkeit liegen - eine schöne Eigenschaft. Kompromißlosigkeit vor allem im Ästhetischen, im Literarischen. Ein Autor, der Kompromisse macht, gilt uns zu Recht als suspekt. Aber das Feld der Politik, das Feld einer Massendemokratie ist so geartet, daß es mit Kompromissen arbeitet. Oder ein anderer Punkt: Es hat sich herausgestellt, daß die Vorstellung einer durch und durch rationalen Ordnung sehr sympathisch und einleuchtend erscheint. Das war sozusagen die eine Versuchung. Und dann gibt es noch eine Versuchung. Der Intellektuelle ist etwas Abgetrenntes. Vom Volkskörper. Wir haben diesen merkwürdigen Begriff - er hat den Faschismus überdauert -, daß wir uns Politik und Gesellschaft als etwas Organisches vorstellen. Diese Rolle ist unbequem. Es gibt immer wieder die Sehnsucht, sich mit dem Volkskörper zu vereinigen. Das kann 'mal nach links ausschlagen, und es ist auch häufig nach rechts ausgeschlagen, wie wir an Beispielen von Heidegger bis Gottfried Benn wissen. Wofür ich plädiere, ist, in der unbequemen Position zu verharren. Das ist vielleicht eine stoische Aufforderung, aber ich glaube, sie ist für die Aufrechterhaltung des politischen Lebens enorm wichtig. Sie ist auch für die Schaffung einer nationalen Öffentlichkeit wichtig, das sieht man z.B. daran, daß sich nicht zuletzt auf Grund intellektueller Interventionen in den letzten 10 Jahren so etwas wie eine kritische Öffentlichkeit auch hier in Österreich etabliert hat - mit einer gewissen Verspätung, sodaß wir eine Ungleichzeitigkeit haben. Auf der einen Seite werden traditionelle Paradigmen - der Hochintellektuelle als Humanist, als Propagandist des Fortschritts - in Frage gestellt, und auf der anderen Seite erfahren wir in Österreich eine vollkommene Normalisierung, sodaß wir den Typus des Intellektuellen, der noch immer angefeindet ist, in Österreich extrem, zum Teil als Novum in unserer Geschichte haben.

Weil wir diese Widersprüchlichkeit durchgängig in der Geschichte haben. Wir haben jene Intellektuellen, die Macht vorausgedacht und mit ihr kooperiert haben und sich dann auch, nennen wir es so, die Hände schmutzig gemacht haben, und auf der anderen Seite haben wir - und das ergibt das heroische Bild, auf das sich die Intel-

lektuellen ständig berufen - den Intellektuellen als Aufständischen, wie z.B. die Göttinger Sieben, die Professoren, die 1837 gegen den König in Hannover wegen Verfassungsbruches aufgetreten sind, die ermordete Rosa Luxemburg, die Charta 77 und die antiislamistischen Intellektuellen in Algerien, die heute von den Islamisten umgebracht werden. Das heißt, es gibt eine heroische Tradition.

Das gibt es, und dabei wird Pierre Mondieu unterschlagen, der eine große soziologische Analyse geschrieben und zu Recht darauf hingewiesen hat, daß es ja nicht nur diesen Intellektuellen gibt, auf den wir uns so gerne berufen, sondern es gibt auch den Intellektuellen, der sozusagen ein Staatsintellektueller ist. Nachdem Österreich meiner Auffassung nach eine sehr verstaatlichte Gesellschaft ist, ist die Gefahr des Staatsintellektuellen hier immer latent vorhanden. Wofür man plädieren muß, ob man das Wort „postmodern" mag oder nicht, ist ein Vorschlag zur Entpathetisierung. Weniger Pathos, mehr Nüchternheit und mehr intellektuelle Professionalität. Diese Auswirkungen würde ich mir von dem Buch erwarten und wünschen, vielleicht auch eine Aufarbeitung all dieser Dinge, die Sie angesprochen haben, dieser Verfehlungen, die im Grund genommen schon, wenn man es geistesgeschichtlich sieht, auf Platon zurückgehen, wo die Philosophen eine ganz renommierte Rolle spielen sollten, indem sie Seite an Seite mit dem gütigen Herrscher das Gemeinwesen führen. Also von solchen Omnipotenzphantasien Abstand zu nehmen und sich in dieser - ja nicht nur unbequemen - Nische einzurichten und sie zu gestalten.

Weniger Pathos im Selbstverständnis der Intellektuellen.

Es gibt schon eine Besonderheit des österreichischen Intellektuellen, würde ich sagen, aus der Innen- sowie aus der Außenperspektive: das ist eine merkwürdige Freund/Feindschaft gegenüber der Welt der Politik, des Staates, der Republik. Mein Verdacht ist, daß da ein gewisses Abhängigkeitsverhältnis besteht, und es käme meiner Ansicht nach darauf an, eine gewisse Unabhängigkeit von diesem Spiel zu gewinnen. Dieses Spiel ist aber abgekartet. Ich schrei' laut, dann schreit's laut zurück, und dann bin ich ein armes Opfer. Ich plädiere eher dafür, dieses Spiel nicht weiterzuspielen, sondern ein anderes Spiel zu spielen, das die Politik als einen getrennten Bereich ansieht, in dem man praktisch hineininterveniert, an dem man sich aber nicht mißt und abreagiert und abreagiert wird. Warum dieses Verhältnis der österreichischen Schriftsteller zu ihrem Staat so turbulent ist, darüber kann ich nur Vermutungen anstellen. Eines dürfte aber sicher sein, daß dieser Staat relativ viel Geld für Kultur ausgibt und damit natürlich die Staatsbürokratie zu einer mächtigen Einrichtung macht, das heißt, man ist von denen abhängig, die man auf der anderen Seite bekämpft. Ein nicht unbekanntes Verhältnis.

Das war die Definition des „Staatskünstlers", dem könnte man den „Staatsintellektuellen" gegenüberstellen. Ich glaube, in dieses geschilderte Spektrum paßt gut ein weiteres Spezifikum der österreichischen Intellektuellen, nämlich, daß sie wehleidiger sind als im allgemeinen bei Intellektuellen üblich.

Dieser Diagnose würde ich bei allen Freundschaften, die ich mit vielen Autoren in diesem Land unterhalte, zustimmen. Wie gesagt, meine Erklärung ist nicht hinreichend, natürlich spielt die ganze Geschichte dieser Republik eine wichtige Rolle dabei. Es spielt sicher auch die Sehnsucht eine Rolle - wenn ich zum Beispiel Robert Menasses Essay über Österreich lese -, eine gewisse, tiefe Sehnsucht, dieses Österreich möge ein normales Land, ein normaler Nationalstaat sein. Wenn ich das Schöne an diesem Land sehe, bei allen Problemen und Problematiken, finde ich, daß es nicht so normal ist, daß es eben eine verquere Geschichte hat, daß es eine multi-ethnische Geschichte und Tradition hat, daß es ein Staat ist, der nicht gewollt und erst im nachhinein bejaht worden ist usw. Dieses Provisorische schätze ich an dem Land... Ich habe den Eindruck, es steckt auch eine tiefe Sehnsucht dahinter, der Intellektuelle eines ganz normalen Landes sein zu wollen. Das wäre noch ein zweiter Erklärungsversuch. Sicher gibt es eine ganze Reihe anderer Dinge. Das problematische Verhältnis zur Heimat, der Anti-Heimatroman - etwas, was es in ganz Europa in dieser Form sicher nicht gibt und wofür die österreichische Literatur zu Recht bekannt ist.

Das Gespräch mit Wolfgang Müller-Funk führte Peter Huemer

wenn man von der Unwirksamkeit und
Sinnlosigkeit der Literatur überzeugt wäre,
würde und müßte man den Mund halten

Peter Turrini

Vor einigen Wochen schrieb Elfriede Jelinek über Peter Turrini: „Peter Turrini setzt seine Apparate an die Wirklichkeit an, klopft hier ein bißchen, kratzt dort den Verputz ab, holt an einer verborgenen Stelle etwas heraus und knallt es uns hin, um uns zu befragen und die Antworten dann gleich selber zu geben, die er uns um die Ohren schlägt." Ist es so?

Ich finde, Elfriede Jelinek hat das schön formuliert. Für mich ist es so, daß sich meine Arbeitslust - und manchmal auch Arbeits*wut* - in Bewegung setzt durch viele Vorfindungen. Anders ausgedrückt, ich kann nichts erfinden, wenn nicht ein erhebliches Maß an *Vorfindungen*, das heißt an Wirklichkeitsbeobachtungen und Erfahrung, vorliegt. Das war immer so, es heißt aber nicht, daß meine Literatur eine Wiedergabe des Vorgefundenen ist. Das Vorgefundene ist ihr Ausgangspunkt, ihr Phantasiermaterial. Ich hoffe, daß ich mich dann im Schreiben möglichst weit wegbewege, weil es mein Wunsch, meine literarische Zielvorstellung ist, Geschichten zu erfinden, die ganz und gar erfunden sind und gleichzeitig ganz und gar einen Blick auf die Wirklichkeit freigeben.

Nun hat dieser Satz von Elfriede Jelinek aber noch einen zweiten Aspekt. Es geht nicht nur um den Prozeß *des Schreibens, es geht auch um die* Absicht *des Schreibens. Was ich da herauslese, ist die Beschreibung eines Moralisten. Das hat für Peter Turrini früher ohne Zweifel zugetroffen. Trifft es noch immer zu?*

Naja. Die Tatsache, daß man schreibt, daß man sich über Wortbrücken und Satzbauten begibt, daß man formuliert, hat ja neben dem Selbstzweck, den es auch darstellt, immer noch einen zusätzlichen Sinn, nämlich, daß diese Worte und Sätze jemanden erreichen mögen. Wenn man von der Unwirksamkeit und Sinnlosigkeit der Literatur überzeugt wäre, würde und müßte man ja den Mund halten.

Es gibt eine Vielzahl von Literaten, ...

Ich weiß...

...die das nicht so gemeint haben. Ich glaube nicht, daß Arno Schmidt oder Baudelaire oder...

Ich bin trotzdem nicht Ihrer Meinung. Ich glaube, daß nicht nur das literarische Formulieren, auch das Sprechen, das Wort-Ergreifen und Worte-Erheben immer ein Versuch ist, sein Gegenüber zu finden. Ob dieser Versuch eingestanden ist, ob er wegen anhaltenden Mißerfolgs verdrängt ist, ob er wegen größter Enttäuschung in sein verbittertes Gegenteil umgekehrt wird, das ist eine andere Frage. Aber man würde nicht schreiben, und man würde nicht reden, wenn es nicht auch eine Erwartung dem anderen gegenüber gäbe. Und man würde das Geschriebene und Geredete nicht drucken und vervielfältigen lassen und zur Frankfurter Buchmesse bringen, wenn es nicht auch andere Menschen erreichen sollte. Ich bin für jeden Zynismus, der diese Idee lächerlich macht, zu haben, und trotzdem glaube ich an diese Idee.

Gut. Nur das Schreiben, das Vervielfältigen, etwas auf die Frankfurter Buchmesse zu bringen, das kann auch einen ausschließlich - und das ist absolut legitim - kommerziellen Zweck haben. Das ist etwas völlig anderes als die Attitüde des Moralisten, der sich - nennen wir es so - an der Wirklichkeit wundreibt und diese daher zu verändern versucht. Das ist, wie wir wissen, in den letzten Jahren ein wenig in Mißkredit geraten und hat einen Anstrich von Lächerlichkeit gekriegt. Das hängt mit vielem zusammen, sicherlich auch damit, daß das fanatische Moralisieren in erster Linie zu einem integralen Bestandteil der österreichischen Hetz- und Boulevard-Presse geworden ist.

Ich kann mich nur wiederholen oder versuchen, es mit anderen Worten zu sagen. Ich weiß, daß sich gegen die Position des Moralisten - oder des mit Moral schreibenden Autors - vieles vorbringen läßt, zum Beispiel auch die Tatsache, daß in einer arbeitsteiligen Gesellschaft immer jemand für Moral zuständig ist, damit die anderen umso leichter der Unmoral frönen können, oder damit wir einen Fachmann für moralische Bemerkungen, für moralisches Schrifttum haben. Alle diese Einwände sind mir klar, und sie sind auch richtig. Trotzdem wiederhole ich meine Position. Die Einmischung, das sich zu Wort Melden, Worte niederzuschreiben inkludiert für mich - und ich denke generell - eine moralische Position. Selbst eine vorgegebene *unmoralische* Position ist nur die Erbitterung und die Verzweiflung darüber, daß moralische Positionen so selten bis nie zum Tragen kommen. Ich bleibe also bei dieser Haltung, auch wenn sie außer Konjunktur und in Lächerlichkeit geraten sollte.

Gleichzeitig ist Ihr Schreiben, gerade in „Alpenglühen" und „Schlacht um Wien", auch die Beschreibung des eigenen Wirklichkeitsverlustes geworden. Das ist das Spezifische, das für mich in diesen Stücken spürbar geworden ist.

Ja. Jemand, der seinen literarischen Ausgangspunkt von der Wirklichkeit nimmt, muß sich natürlich ständig fragen, wie diese Wirklichkeit aussieht und ob sie überhaupt eine solche ist. Wir beide haben einmal lange darüber diskutiert, wie sehr wir das eine vom anderen kaum mehr trennen können, wie sehr zum Beispiel die Bilder des Krieges auch für Nachrichtensendungen *gemachte* Bilder sein könnten, wie sehr unsere Generation in den sechziger und siebziger Jahren ihre ganze politische und moralische Entrüstung aus der Gläubigkeit gegenüber dem Bild empfangen hat. Weil wir diese Bilder vom Vietnamkrieg so empfunden haben, wie wir sie übermittelt bekamen, haben wir politisch und moralisch darauf reagiert. Ich kann heute bei dem Zustand der Medienwelt, in der wir leben, die Bilder nicht mehr als klaren und überzeugenden und glaubwürdigen Anlaßfall für meine Überzeugung und für meine Entrüstung nehmen. Die Bilder könnten *getürkt* sein, sie könnten *gemacht* werden, die Medien könnten sich Wirklichkeiten, die sie beschreiben, *hergestellt* haben oder zu günstigen Sendezeitpunkten injiziert haben, das heißt, das, was uns als Wiedergabe der Wirklichkeit vorgegeben wird, kann auch ein leeres, gekauftes, gestohlenes oder gefälschtes Bild sein. Die Debatte, was wirklich oder unwirklich ist, ist damit zum zentralen Thema meiner Literatur geworden, auch aus dem Grund, weil wir nicht empfinden und glauben oder Überzeugungen haben können, wenn nicht irgendetwas für uns verläßlich oder stabil ist. Das gilt für politische Bilder genauso wie für persönliche Bilder.

Wann ist dieser Sprung erfolgt?

Für mich war das nachdrücklichste und einschneidendste Erlebnis, das meine literarische Entwicklung am meisten verändert hat, die erste Woche des Golfkriegs. Ich erinnere mich, daß fast jeden Tag ein anderes Bild von den Ereignissen vermittelt wurde. Am ersten, daß dieser verrückte Saddam Hussein unsere ganze Welt in Brand setzen könnte, und tatsächlich waren Bilder zu sehen, in denen der Rauch bereits den Himmel verdüsterte. Am nächsten Tag war plötzlich davon die Rede, daß die amerikanischen Soldaten diesem Spuk in kürzester Zeit ein Ende machen werden, daß es sich bei Saddam Hussein um einen kriegerischen Papiertiger handle. Am dritten Tag, erinnere ich mich, wurden im Fernsehen Ledertaschen als Särge gezeigt, und es wurde darauf aufmerksam gemacht, daß die bevorstehende Panzerschlacht unglaublich vielen amerikanischen Soldaten das Leben kosten würde. Und am vierten Tage sah man in den Cockpits der Flugpiloten Videoaufnahmen ihrer Angriffsziele und hatte das Gefühl, das Ganze sei nur ein Film. Das heißt, daß sich innerhalb von vier Tagen die Bilder von der Welt ständig veränderten, einmal lösten sie die vollkommene Angst und Katastrophe aus, einmal die Beruhigung, dann beinhalteten sie das Menschenabschlachten und zum Schluß die Virtualität. Als ich am Ende dieser Woche von den Proben am Schillertheater weggegangen bin, habe ich auf der Straße Gymnasiasten gesehen, die bei der Gedächtniskirche demonstrierten - aber das einzig Verbindliche damals, in diesem Jänner, waren sozusagen die kalten Füße, die ich mir mit den Gymnasiasten geholt habe.

Es ist dieser unglaubliche Druck der Bilder, der uns niederzwingt. Wenn wir aber darüber reden und reflektieren - und das tun nicht nur wir zwei, das tun unzählige Medienkonsumenten: Es ist natürlich nicht so, daß wir dagegen nicht auch eine Chance hätten. Es sollte nicht der Eindruck entstehen, als wären wir dem wehrlos ausgeliefert.

Ich bin - wie beinahe immer - nicht Ihrer Meinung. Natürlich können wir über den Realitätsgehalt von Bildern diskutieren, wir können reflektieren, wir können sogar den Fernseher abschalten oder drei Tage keine Zeitung lesen. Aber die Flut erreicht uns doch und was hängenbleibt, ist nicht unsere Meinung, sondern die Angst. Ich halte dieses Übermaß an Bildern für den entscheidenden Verursacher dieser Angst - in der wir alle mehr oder weniger leben - und der daraus resultierenden Gefühllosigkeit. Wenn Sie einfach nicht mehr wissen, im politischen wie im persönlichen Bereich, den wir jetzt so konstant ausklammern in unserem Gespräch, auf wen Sie sich eigentlich beziehen, welches Bild, welche Vorstellung, welche Einordnung, welche *Anlehnung* Sie an dem, was vor Ihnen ist, machen können, dann entsteht eine vollkommene Bodenlosigkeit. Sie haben mich gefragt, warum in meiner Literatur die Frage nach dem Wirklichen hinter dem ständig vorgegebenen Unwirklichen immer wesentlicher wird. Ich sage Ihnen, das ist deshalb so, weil ich - wie viele hier - Gefahr laufe, den Bildern gegenüber immer gefühlloser und gleichgültiger zu werden, sie nur noch aufzunehmen, um sie gleich wieder abzugeben und zu vergessen. Ich empfinde mich streckenweise als einen sehr veräußerten und äußerlichen Teilnehmer an der Antikriegsdebatte, zum Beispiel. Ich kann den Zustand von Krieg nicht mehr über Medien aufnehmen, ich kann auch sehr oft den persönlichen Krieg nicht mehr über Beschreibungen aufnehmen, er ist mir nur mehr gegenwärtig über Erfahrungen oder Überprüfungen. Deshalb insistiere ich auf diesem Punkt.

Letzte Frage: Morgen gibt es in einem Schultheater-Studio in Frankfurt eine Turrini-Präsentation. Was wird das?

Das ist etwas Schönes für einen Schriftsteller, daß sich junge Leute mit seiner Arbeit beschäftigen. Ich habe eine dieser Produktionen in Wien gesehen, da haben junge Buchhändler aus meinen Werken ein eigenes Stück gemacht, eine Art Collage, sie haben meine Texte genommen und daraus ihre Vorstellung von der heutigen Welt gebaut, und darüber freue ich mich. Als älter werdender Schriftsteller hat man ja das Gefühl - mit Recht - daß man zwischendurch sein Publikum verliert, daß man aus Bedingungen argumentiert, von Vorstellungen ausgeht, mit Prägungen behaftet und geschlagen ist, die viele Nachkommende einfach nicht mehr interessieren. Es ist einfach schön für mich, daß wieder ein paar 18-Jährige, ähnliche „Fieberköpfe“ wie ich, so respektlos mit meiner Literatur umgehen.

Das Gespräch mit Peter Turrini führte Peter Huemer

in dem Augenblick,
wo man sich mit Kunst beschäftigt,
beschäftigt man sich
mit dem sinnlichen Material

Gerhard Rühm

Gerhard Rühms Bücher „BRAVO - ein sittenbild aus den fünfziger jahren" und „auf messers schneide", sind im Haymon Verlag erschienen. In Kindler's neuem Literaturlexikon, herausgegeben von Walters Jens, lese ich, Gerhard Rühm sei ein Klassiker des sprachexperimentellen Dichtens und einer der letzten Vertreter der literarischen Avantgarde.

Ich hoffe, daß das nicht so ist, nämlich daß ich nicht einer der letzten Vertreter der sogenannten Avantgarde bin. Es passiert immer wieder, daß gerade Dinge, die sehr weit „vorpreschen", von Leuten, die im Grunde konservativ, also rückwärts gewandt sind, als passé angesehen werden. Das haben schon in den zwanziger Jahren Schönberg und die „Wiener Schule" erfahren. Es gibt in Deutschland eine politisch ganz lesbare Zeitung, das ist „Die Woche", da hat ein Österreicher - ich glaube, er heißt Michael Braun - die provokante Kritik geäußert: in keinem Lande - ich zitiere nicht wörtlich - werden die verstaubten Programme der Avantgarde oder der experimentellen Poesie so intensiv weiterentwickelt wie in Österreich. Also, das finde ich wirklich eine ziemlich harte Sache.

Was sind denn das für verstaubte Programme, wie dieser Herr Braun sie genannt hat?

Die kennt er wahrscheinlich selbst nicht, denn sonst würde er nicht diesen Unsinn schreiben. Grundsätzlich ist es so, daß die meisten, die in dieser Richtung arbeiten, ihre eigene Art zu schreiben haben. Er hat sich allerdings nicht auf mich bezogen - meine Art zu schreiben hat sich in vier Jahrzehnten natürlich auch öfter gewandelt. Ich bin in Österreich vielleicht zu sehr durch den Begriff „Wiener Gruppe" abgestempelt, wozu ich bis heute stehe, nicht zum Abgestempeltsein, sondern zur „Wiener Gruppe". 1964 bin ich nach Berlin gegangen und habe seither außerordentlich viel produziert, teilweise ganz Anderes als das, was in den fünfziger und sechziger Jahren in Wien entstanden ist. Und das wird leider viel zu wenig zur Kenntnis genommen, habe ich den Eindruck.

Da es sich hier um Texte handelt, die auf die fünfziger Jahre zurückgreifen, möchte ich doch mit einer persönlichen Erinnerung einsetzen. Anfang der sechziger Jahre haben wir in der Studentenbühne „Die Arche" einen Rühm-Bayer-Abend mit dem Titel „Kosmologie" gebracht.

Ich kann mich noch ganz genau daran erinnern.

Da gab es unter anderem ein Konservationsstück „Der Weg nach Bern", eine Konversation zwischen zwei Personen, bei uns ein Mann und eine Frau. Ich glaube, die Geschlechter sind im Text nicht angegeben. Es handelt sich um eine sehr spezifische Konversation, in der nicht nur eine Sinnzertrümmerung, sondern auch eine Sprachzertrümmerung stattgefunden hat - der Text ist in Laute zerfallen.

Daran kann ich mich nicht erinnern.

O ja.

Erstens einmal hat das ganze Stück eine Handlung, und zweitens besteht es nicht aus Lauten, sondern aus Wörtern, auch aus Sätzen, ganzen Sätzen.

„Der Weg nach Bern"?

Sie müssen das mit irgendetwas anderem verwechseln. Das Stück hat durchaus eine Handlung, natürlich nicht eine Handlung, die ein jedes Kind gleich mitverfolgen kann, aber es sind ganz normale Sätze. Darum heißt es auch „Konversationsstück", eben weil sich die Personen auf gängige Art miteinander unterhalten, allerdings in einem Stil, den wir „Montage-Stil" genannt haben. Zwar habe ich auch Stükke geschrieben, die nur aus Lauten bestehen, wie die „Vereinigung", aber das können Sie wohl nicht gemeint haben.

Wir haben an diesem Abend acht Texte gebracht. Ich kann mich an eine Szene bei den Proben erinnern. Beide Schauspieler standen einander gegenüber und haben, von Lachkrämpfen geschüttelt, einander Vokale und Konsonanten zugerufen ...

Das ist die „Vereinigung". Aber auch dieses Stück hat eine Handlung. Man kann sogar mit Lauten eine Handlung entwickeln. Die Frau sagt nur Vokale, was für die Frau spricht, und der Mann die Konsonanten.

Ja, so wars.

Sie stehen an zwei ganz entfernten Stellen der Bühne und kommen langsam aufeinander zu. Ich habe das Stück auch als Schattentheater realisiert, da wirkt es besonders gut, weil so eine Verschmelzung von Frau und Mann suggeriert wird. Fast alle meine Arbeiten haben, mehr oder weniger, auch mit Erotik zu tun. In dem Augenblick, wo die beiden sich getroffen haben, werden aus den Konsonanten und Vokalen Silben. Das heißt, es kommt etwas Sprachähnliches zustande, die Vereinigung vollzieht sich auch in der Sprache. Von daher betrachtet, entwickelt sich durchaus etwas, das man als Handlung bezeichnen kann. Natürlich nicht eine Handlung im Sinne einer Story, sonders eher einer thematischen Idee.

Die Tradition der „Wiener Gruppe", die Sprachexperimente in den fünfziger Jahren - könnte man eine historische Kausalität herstellen, zu Nationalsozialismus und Krieg, so wie man den Dadaismus mit dem Ersten Weltkrieg zumindest teilweise erklären kann?

Die Situation nach 1945 war so, daß viele künstlerisch wichtige Bewegungen, die die Nazis unterdrückt hatten, nicht mehr vorhanden waren. Es gab da einen absoluten Bruch, und das betraf die gesamte moderne Kunst. Ich glaube, es war eine entscheidende Leistung der „Wiener Gruppe" und ihres engsten Umkreises, zu dem auch Friederike Mayröcker und Ernst Jandl gehörten, daß wir die abgebrochene Tradition der literarischen Moderne wieder aufgenommen haben, ähnlich wie man sich in der Musik wieder auf Schönberg, Berg und Webern berufen hat, die in der Nazizeit als „entartete" Künstler verfemt waren. Wir haben damals diese verschüttete Tradition wieder aufgegriffen und auf unsere Weise weiterentwickelt. Zu meinem Literaturbegriff möchte ich noch sagen, daß ich zwischen Poesie und Literatur in dem Sinn unterscheide, daß Literatur der übergeordnete Begriff ist, der alles Geschriebene umfaßt, was immer das sei, während Poesie den speziellen Bereich von Literatur bezeichnet, der Kunst ist. Wenn man sich mit Kunst beschäftigt, beschäftigt man sich mit dem sinnlichen Material. Das ist in der bildenden Kunst so, das ist in der Musik so, und in der Dichtung sollte es meiner Meinung nach genauso sein. Es ist ein Unterschied, ob ich Dichtung schreibe oder ob ich Dichtung spreche. Ich vertrete daher den Standpunkt, daß man mit dem Material Sprache in der Dichtung ebenso eigengesetzlich verfahren kann, wie es bildende Künstler mit dem Material Farbe, Linie und Form tun oder Musiker mit dem Material Töne. Natürlich kommt in der Dichtung, wenn man Wörter oder Sätze verwendet, noch eine Dimensionen hinzu, nämlich die semantische Dimension. Ich habe mich immer dagegen gewehrt, das muß ich ganz deutlich sagen, als Formalist bezeichnet zu werden. Sicher gibt es einen Formalismus in der Literatur, aber ich bin kein Formalist, denn ich versuche immer eine Relation herzustellen zwischen dem Wortmaterial, das ich verwende, und der Form, die ich ihm gebe.

Die Dichter im Wien der fünfziger Jahren insbesondere die „Wiener Gruppe" waren verständlicherweise gesellschaftliche Außenseiter - das ist auch nichts, was man beklagen muß. Jetzt sind Sie Hochschulprofessor in Hamburg, Sie haben den großen österreichi-

schen Staatspreis für Literatur gekriegt. Das ist eine logische und auch höchst erfreuliche Entwicklung; trotzdem, wenn Sie an jene Zeit zurückdenken, kommt es Ihnen manchmal komisch vor?

Ja, es kommt mir ein bißchen historisch vor, muß ich sagen. Wir hatten damals große Schwierigkeiten, denn die Vorstellung von „entarteter" Kunst war in einigen Köpfen noch durchaus lebendig, auch in Köpfen, die mit Kunstförderung zu tun hatten. Ich glaube, inzwischen hat sich doch Grundsätzliches geändert. Das Österreich von heute ist nicht mehr - gottseidank - das muffige Österreich der fünfziger Jahre, es hat sich eine Öffnung vollzogen. Wien ist eine außerordentlich lebendige Stadt geworden. Ich lebe zwar auch noch in Köln, aber ich habe nach wie vor meine Wohnung in Wien behalten, und ich sehe mich nicht als Auslandsösterreicher. Ich bin sehr gerne in Wien.

Gut, und wir haben kein schlechtes Gewissen, wenn wir so positiv aufhören.

Das Gespräch mit Gerhard Rühm führte Peter Huemer

alle Künste haben es in sich,
daß sie den Hervorbringer,
also den Künstler
kaputtmachen
und gleichzeitig
in die höchsten Höhen
der Glückseligkeit heben

Friederike Mayröcker

Friederike Mayröcker, „Lection" ist ihr neuestes Buch, erschienen im Suhrkamp Verlag. Drei Texte habe ich auch in einer Anthologie gefunden. „Fuszspuren: Füsze. Texte und Zeichen von Wien nach Berlin", in der Januspress und „Magische Blätter IV" bei Suhrkamp. „Österreichs radikalste Dichterin" hat Sigrid Löffler Friederike Mayröcker einmal genannt. In einem Interview haben Sie gesagt: „Ich lehne Literatur als Unterhaltung vollkommen ab." Warum?

Ich glaube, daß die Poesie, so wie ich sie sehe, wie ich sie handhabe und praktiziere, generell mit der modernen Kunst zu vergleichen ist. Ich habe eine große Affinität zur bildenden Kunst und empfinde auch meine Arbeit als ein Objekt von Kunst. Für mich ist die Sprache ein Objekt der Kunst. Das hat nichts mit Unterhaltung zu tun. Das heißt aber jetzt nicht, daß alles todernst ist, sondern es gibt auch bei mir sehr viele Dinge, die absurd und grotesk sind. Aber ich befinde mich sozusagen in einer anderen Region als das, was man gemeinhin als Unterhaltung innerhalb der Literatur ansieht.

Aber die Literatur ist doch von ihren Wurzeln her etwas, das uns Geschichten erzählt, die des Odysseus oder des Werther oder der Madame Bovary... Geschichten, die natürlich auch unterhaltend sind. Und das ist nicht das schlechteste an ihnen.

Das stimmt genau, trotzdem muß ich wieder dagegensprechen. Ich selbst kann keine Geschichten mehr lesen, schon lange nicht mehr, weil ich es anachronistisch finde. Ich glaube, daß das heutige Literaturmachen eben anders aussieht. Für mich sieht es so aus, daß ich die Innenseite, wenn ich das so großspurig oder grob oder wie immer man will, sagen darf, daß ich die Innenseite der Sprache angehe, daß ich auf die Innenseite der Sprache ziele, daß ich mit der Innenseite der Sprache arbeite, während die Außenseite der Sprache das überkommene Erzählen wäre, die überkommene Story, die überkommene Strategie von Unterhaltung.

Bleiben wir noch einen Moment dabei. Bezieht sich dieses Nicht-Lesenwollen von Geschichten auch auf die historischen Texte der Weltliteratur? Dieser in Ihren Augen absurd gewordene Versuch, eine Geschichte erzählen zu wollen, das ist doch etwas, das Sie auf die Gegenwart beziehen und nicht auf den Literaturprozeß insgesamt?

Sicher, das bleibt alles bestehen, so wie in der Musik alles bestehen bleibt, in der Bildhauerei und in der Malerei. Wir haben die große, alte Kunst, wir haben die große, alte Musik. Das ist alles unberührt.

Haben Sie für diese Tradition überhaupt noch Interesse??

Ja, sicher.

Lesen Sie etwa Romane des 19. Jahrhunderts?

Sicher. Ich verehre und liebe zum Beispiel Jean Paul. Mein Lieblingsdichter ist Samuel Beckett. Und in der Malerei ist es genauso. Ich liebe Goya, zum Beispiel.

Tasten wir uns noch einen Schritt weiter vor, obwohl ich weiß, es ist unendlich schwierig. Sie haben unterschieden zwischen der Außenseite der Sprache und der Innenseite der Sprache. Das ist, glaube ich, ein Bild, das uns zugänglich ist. Wir ahnen zumindest, was damit gemeint ist. Und wenn wir Mayröcker gelesen haben, können wir eine konkrete Vorstellung davon entwickeln. Könnten Sie trotzdem versuchen, das noch eine Spur weiter auszuführen? Die Innenseite der Sprache...

Ich arbeite an einer neuen, langen Prosa, und da geht es mir wieder nicht um irgendwelches Erzählen von Vorgängen, sondern es geht um einen inneren Ablauf.

Dieser innere Ablauf ist aber, wenn ich es recht verstanden habe, ausschließlich durch die Sprachlogik bestimmt. Also, sofern man eine Logik darin suchen will, ist es die der Sprachlogik.

Das glaube ich nicht, das ist natürlich ein innerer Ablauf, der total mit der Realität arbeitet. Sonst wäre es abstrakt, und ich bin ja keine abstrakte Autorin.

Das heißt ein hochsubjektiver Ablauf?

Ich würde eher sagen, die Realität, die ununterbrochen um uns herum ist, ob gesprochen, gelesen, gesehen, verwandelt sich in Sprache.

Ich probiere es von einem anderen Ende her. Wenn Sie ein Gedicht schreiben, wissen Sie, was dabei herauskommen wird oder wie es ausgeht? Haben Sie eine Vorstellung des Gedichts, bevor Sie es schreiben? Oder macht es sich selber?

Ich würde eher sagen, es ist eine Körperverfassung, die dem vorausgeht, es ist eine körperliche Verfassung, die vor allem in der Früh passiert, oft auch schon sehr sehr zeitig; eine körperliche Verfassung, die sich dann allmählich zu einer verbalen Gestalt formt.

Darf ich Sie bitten, dieses Gedicht „Tod durch Musen“...

Das kann ich nicht lesen, das ist eines der wenigen Gedichte, die ich überhaupt nicht lesen kann.Das Gedicht ist vor ungefähr 30 oder 35 Jahren entstanden, und ich habe inzwischen einige 500 andere geschrieben.

Ich bin beim Blättern auf dieses Gedicht gestoßen, und es läuft in einer gewissen Weise auf eine Pointe hinaus. Und jetzt wollte ich wissen, als Sie es geschrieben haben, ob Sie diese Pointe vorher wußten, oder ob die im Prozeß der Arbeit entstanden ist. Das heißt, ob es ein Konzept gegeben hat für das Gedicht?

Das Konzept, das ist eine Gedichtfolge, „Tod durch Musen" heißt es, und die Idee war damals, daß die Musen, also in diesem Fall die Musen der Dichtung, den Dichter total zugrunderichten. Das sehen wir auch auf allen Seiten. Wir gehen alle kaputt, die wir schreiben.

Am Schreiben?

Am Schreiben. Wir gehen kaputt, weil wir uns total, also 150%, für das Schreiben zerreißen. Wir zerreißen uns für das Schreiben.

Sie sitzen mir gegenüber, ich freue mich, daß Sie hier sind - ich habe im Augenblick nicht den Eindruck, daß Sie kaputtgegangen sind. Worin besteht dieses Kaputtgehen?

Das Kaputtgehen besteht vor allem darin, daß der Korpus nicht mehr mitmacht, wenn man es sehr lange betreibt und daß man sich mit der Welt immer weniger zurechtfindet. Ich komme mir oft vor wie ein dreijähriges Kind, das irgendwo losgelassen wird und einfach verschwindet und verlorengeht.

Das mag aber auch mit Ihrer spezifischen Form von Dichtung zusammenhängen. Sie haben uns erklärt, daß Sie eine ausdrückliche Realitätsverweigerung in Ihrer Dichtung betreiben. Wenn man das Jahrzehnte lang betreibt, dann hat man möglicherweise an einer verkehrsreichen Kreuzung Schwierigkeiten.

Ich glaube, daß ich immer mehr Realität aufzunehmen imstande bin, aber daß die Verwandlung immer wieder eine andere ist. Die Verwandlung von Realität war vor zwanzig Jahren eine andere als heute.

Sie reden von dem speziellen Berufsrisiko, nennen wir es so, von Dichtern. Jedenfalls das Ihre, aber nicht nur das Ihre, wenn ich Sie recht verstehe.

Ich meine, nicht nur die Dichtung hat es in sich, sondern alle Künste haben es in sich, daß sie den Hervorbringer, also den Künstler, gleichzeitig kaputtmachen und gleichzeitig in die höchsten Höhen der Glückseligkeit heben. Das ist das Interessante daran, daß man gleichzeitig kaputtgeht und gleichzeitig eine ungehörige Seligkeit empfindet dabei, daß man schreiben kann.

Das Gespräch mit Friederike Mayröcker führte Peter Huemer

Anselm Glück

Im Vorjahr ist „mit der erde fliegen“ und heuer „die letzte jahreszeit“, beide im Literaturverlag Droschl, erschienen. Anselm Glück ist Dichter und Maler. Die beiden Bücher, so wie viele seiner früheren, sind Bilderbücher mit Text. Um es mit Glücks eigenen Worten zu sagen: „in den letzten jahren ist eine reihe von büchern erschienen, zum teil reich bebildert. eines haben sie alle gemeinsam: sie befassen sich kaum.“ Das Zitat stammt aus: „ich muß immer daran denken, geschichte“. Gibt es zwischen dem Text auf der linken und den Bildern auf der rechten Seite eine Beziehung, oder sind Bilder und Texte austauschbar untereinander?

Die Beziehung, denk´ ich, stellt sich dadurch her, daß Bild und Text zusammenkommen. Ich habe nicht vorher ein Bild, das ich mit dem Text beschreibe, und ich habe keinen Text, den ich mit dem Bild illustriere.

Das heißt, es ist auch keine parallele Arbeit?

Es ist keine parallele Arbeit, aber besonders in dem letzten Heft, das Sie erwähnt haben, „die letzte jahreszeit“, haben viele Leue gefunden, daß Text und Bild gut zusammenpassen. Ich denke, daß sowohl in den Bildern wie in den Worten eine assoziative Methode zum Tragen kommt, die letztlich schlüssig erscheint.

Ich verstehe. Jetzt haben Sie zwei voneinander unabhängige Arbeitsprozesse. Dann kommt ein Prozeß der Entscheidung, und die trifft ja nicht ein Zufallsgenerator, sondern...

Fast.

Fast. Das Glück entscheidet, welcher Glück-Text zu welchem Glück-Bild kommt?

Nicht unbedingt, aber es ist fast so.

Ich möchte es noch mit einer anderen Formulierung von Anselm Glück probieren. „Die abbildungen ent- und widersprechen den wechselbefunden meiner aufmerksamkeit.“ Kann man das auch anders sagen?

Schon, aber nicht so gut.

Nicht so gut. Ich habe gelesen, Sie hätten Sinologie studiert, und die chinesischen Zeichen seien für Ihre frühe Arbeit beim Malen ein wesentlicher Anlaß gewesen.

Ich habe natürlich auch sehr früh gezeichnet, bin aber dann aus verschiedenen Gründen vom Zeichnen sehr enttäuscht gewesen und habe im Zuge des Studiums unzählige Stunden in Wien auf der Nationalbibliothek und auf der Universitätsbibliothek verbracht. Die einzelnen

Zeichen bestehen aus Strichabfolgen. Wenn man sie 50-, 100mal oder noch öfter wiederholt, bis man sie wirklich kann, kommt man in einen eigenen Duktus. Diesen Duktus habe ich dann zu Hause weitergezeichnet.

Beim Anschauen Ihrer Bilder stellt sich die Frage: Waren aus dem abendländischen Fundus Künstler der Klassischen Moderne wie Kandinsky und Miró für Sie wichtig?

Natürlich, vor allem aber Dubuffet, Chaissac usw. und die ganze Moderne.

Das ist, glaube ich, ein wesentliches Element von Avantgarde, daß sie sich gleichzeitig auf den Fundus, auf das Vorhandene bezieht, und daß die Versuche, diesen Fundus abschneiden zu wollen, eigentlich immer in Lächerlichkeit geendet haben.

Ich glaube auch, daß es keinen Sinn hat, denn wenn man von solchen Dingen erreicht wird, entsteht eine Art Beziehung und dann erreichen einen starke Sachen stärker als schwächere. Also ich denke nicht, daß es nur ein Improvisieren darüber oder ein bloßes Folgen ist, sondern eher persönlicher Einsatz, persönliche Prägung.

Ich habe einen Satz von Ihnen gelesen: „das bild macht, was es will." Das heißt, wenn Sie vor der Leinwand stehen, so haben Sie keine Vorstellungen, was herauskommt? Es gibt auch keine Skizze und keinen Entwurf?

Ich sehe mich in erster Linie als jemand, der Bilder herstellt. Ich stelle diese Bilder mit Worten her und stelle sie mit Farben und Bleistift usw. her. In beiden Vorgangsweisen weiß ich vorher nicht, was am Ende herauskommen soll, was es heißen soll oder wie es ausschauen soll, aber letztlich komme ich immer wieder in meine Schneisen und durch meine Tunnels auf ein Endergebnis, das mir entspricht.

Ich nehme an, Sie sind nicht mit jedem Produkt zufrieden?

Kommt es zu keinem Ergebnis, dann wird es verworfen oder übermalt.

Gibt es einen Weg, der für Sie der wichtigere ist, oder hängt es jeweils von dem ab, was Sie mitteilen wollen, ob Sie sich bei der Produktion des Bildes für´s Malen oder für´s Dichten entscheiden?

Nein, ich arbeite über Wochen, oft über Monate im Atelier und male. Wenn das erschöpft ist, kann ich nach kurzer Zeit schreiben oder umgekehrt zeichnen. Ich lebe in Wien, ich bin sozusagen begeisterter Wiener und fahre jeden Tag bestimmt 4 bis 5 Stunden mit der U-Bahn oder mit der Straßenbahn herum - das heißt, ich arbeite zwei Stunden und gehe dann wieder zwei Stunden spazieren oder U-Bahn fahren. Genauso wechseln sich das Malen und Schreiben ab.

Wenn Sie sagen, Sie verfertigen Bilder auf zwei Wegen, dann stelle ich eine vielleicht absurde Frage: Haben Sie jemals dasselbe Bild auf beiden Wegen hergestellt?

Nein, natürlich nicht.

Ginge es denn?

Das gibt es nicht. Das ist unmöglich.

Es hat, meine ich, bei Ihren Texten keinen Sinn, nach einem Sinn im konventionellen Sinn zu fragen. Da kommt nichts 'raus, wir haben ja schon darüber geredet. So wie es gesagt ist, so ist es gesagt. Ich bin aber beim Blättern auf einen Text gestoßen, den ich kurz vorlesen möchte. Er stammt aus „die eingeborenen sind ausgestorben", und er ist mir deswegen aufgefallen, weil wir hier in Frankfurt einen Österreich-Schwerpunkt haben. Dieser Text lautet: „erziehung ist das wichtigste. die eltern dürfen mithelfen unsere jugend zu erziehen. unsere kinder müssen tüchtige kleine österreicher sein um einmal tüchtige große österreicher zu werden. unsere vorfahren haben europa beschützt und ohne uns wäre die menschheit lange nicht das, was sie ist. wir haben die pflicht, kleinbeizutragen". Das klingt aber verdammt a) nach Sinn, und b) nach literarischer Österreich-Kritik.

Beides klingt natürlich mit. Ich denke aber grundsätzlich, daß auch Texte von mir, die nicht auf dem ersten Blick gleich nach Mitteilung oder Erzählung ausschauen, einen Sinn haben und sozusagen verständlich sind.

Wie geht es Ihnen mit dem Österreich-Schwerpunkt auf der Buchmesse? Oder mit der Frage, wie Österreich mit seinen Literaten in diesem Zusammenhang umgeht? Sie können die Frage auch umdrehen: wie die Literaten mit Österreich umgehen. Oder ist das ein Komplex, der Sie insgesamt nicht interessiert?

Natürlich interessiert mich der Komplex. Ich denke, daß das schön ist, wenn es einen Österreich-Schwerpunkt gibt, weil letztlich auch ich so mehr Aufmerksamkeit habe als ich normalerweise hätte.

Abgesehen davon, daß erfreulicherweise Anselm Glück auf der Buchmesse und im Radio auftritt...

Wenn Sie jetzt hören wollen, ich hoffe, daß besonders österreichische Verlage viel Geschäft machen, damit das österreichische Steueraufkommen zunimmt, so ist auch das für mich in Ordnung.

Das wollte ich nicht hören, aber... Aus Ihrem Text gewinnt man den Eindruck, es gibt Rudimente einer Beziehung zu Österreich, die ja von vielen österreichischen Literaten wirklich in extenso gepflogen worden ist und gelegentlich auch noch heute gepflogen wird. Ist das bei Ihnen der Fall?

Nein, überhaupt nicht. Ich denke grundsätzlich, daß ich sehr schnell Themen wechsle, sobald ich das Gefühl habe, sie sind insofern ausgeschöpft, daß ich nichts Spannendes mehr damit machen kann. Dann verlasse ich sie wieder und suche ein neues Thema.

Wie suchen Sie ein Thema, bzw. wie kommen Sie auf eines?

Oft drängt sich eines auf, manchmal passiert es dadurch, daß ich irgendwo ein Stück Papier finde, auf dem ein Kind Aufgabenzettel verloren hat, oder daß ich irgendwie auf ein Wort stoße, das ich dann immer wieder gerne verwende.

Gibt es eine Art von Archiv der gefundenen Gegenstände?

Archiv wäre übertrieben, meine Wohnung verkommt ziemlich, und das liegt alles irgendwo, kreuz und quer.

Wahrscheinlich verkommt sie deswegen.

Höchstwahrscheinlich. Ja.

Aber Aufräumen wäre in diesem Zusammenhang ein absolut kunstwidriger Akt?

Das wäre eine Katastrophe.

Und Sie lassen daher auch keinen darüber?

Nein, im Gegenteil, es ist mittlerweile so geworden, daß ich auch niemand 'reinlassen kann, und es wird schwer, weil man in Wien den Rauchfangkehrer und gewisse andere Leute von Zeit zu Zeit hereinlassen muß, und das steht mir demnächst bevor.

Und wie gedenken Sie das Problem zu lösen?

Ich weiß es noch nicht.

Ist die Wohnung so, daß man vorsorglich die Fenster schließen muß, wenn man die Tür aufmacht, sonst bläst es die Kunst hinaus oder genauer: die Quellen der Kunst?

Da ich mir keine Lebensmitteln mehr in die Wohnung hole, bleibt es nur bei Staub, vorerst.

Das Gespräch mit Anselm Glück führte Peter Huemer

weibliches Schreiben,
österreichisches Schreiben -
das sind Verfassungen,
die tief in der Sprache keine Rolle spielen

Evelyn Schlag

Evelyn Schlag, „Unsichtbare Frauen. Drei Erzählungen". Unsichtbar sind sie deswegen, weil sie von den Männern versteckt werden, und weil sie sich auch von ihnen verstecken lassen?

Diese drei Erzählungen wirken nach außen hin vielleicht so, als handelt es sich um eine feministische Ehrenrettung von verschwiegenen Frauen. So ist es nicht gemeint, nicht ganz. Es geht darum, daß sich Frauen meines Erachtens eher dazu bereitfinden, zu gewissen Entscheidungen in ihrer persönlichen Geschichte nach außen zu stehen, als Männer das tun. Es sind im Grunde sehr private Geschichten, auch wenn eine Geschichte zum Beispiel eine historische Figur zum Mittelpunkt nimmt, Catharina Regina von Greiffenberg.

In der Beilage der Süddeutschen Zeitung heißt es in einer ausführlichen Rezension Ihres Buches: „Evelyn Schlag schildert eine kompromißlose Liebe und erinnert damit an Ingeborg Bachmann, die als Bezugspunkt in diesem Buch immer zu spüren ist." Und gleich darunter heißt es: „Die Lust an der Sprache, Ironie und Witz sind Mittel, den Schmerz auf Distanz zu halten." Ehe wir von Lust und Sprache reden, wie ist das mit der Bachmann? Würden Sie dieser Einschätzung zustimmen?

Jede Autorin, die über Beziehungen zwischen Männern und Frauen schreibt, wird an Ingeborg Bachmann nicht vorbeikommen, im positiven Sinn. Der Text „Undine geht" ist wahrscheinlich den meisten bekannt, das ist für mich immer ein sehr wichtiger Text gewesen. Ich bin einige Male mit Ingeborg Bachmann verglichen worden. Das ist eine sehr große Ehre, und ich weiß gar nicht, ob mir das zusteht. Das andere mit der Sprache als...

Bezugspunkt. Würden Sie dem Begriff „Bezugspunkt" zustimmen?

Ich würde nicht Bezugspunkt. sagen. Das würde ein gewisses Programm implizieren, so etwas wie ein Leuchtstern in der Nacht, so ist das nicht gemeint. Aber ich denke, das ist einfach eine Beeinflussung und eine Integration von Gedanken.

Und die Sprache?

Die Sprache als Mittel der Distanz. In dem dritten, sprachspielerischen Text, der auch mit Sprachmitteln des 17. Jahrhunderts arbeitet, passiert sehr viel an erotischer Annäherung durch die Sprache. Daß Figuren einander sprachlich auf Distanz halten, so hätte ich das eher nicht gesehen, ich würde es eher umgekehrt meinen, daß Sprache ein Anziehungsmittel ist.

Wir haben es in diesem Buch mit der weiblichen Sichtweise von drei Beziehungen zu tun. Man könnte das daher definieren als einen „weiblichen“ Text. Die Frage ist nur, ob das Sinn ergibt. Sie erinnern sich, es hat in den späten siebziger Jahren diese Auseinandersetzung um Männer- und Frauensprache gegeben. Besonders viel - wie wir wissen - ist nicht dabei herauskommen, es hat einige spannende Symposien dazu gegeben, zum Beispiel eine Steirische Akademie, bei der ich mich an einen wütenden Erich Fried erinnern kann. Die hat geheißen „Männer-Sprache, Frauen-Sprache“. Können Sie mit dieser Terminologie etwas anfangen?

Solange man nicht dazu übergeht, Ransmayr, Roth, Menasse usw. als männliches Schreiben zu bezeichnen, würde ich mich weigern, das, was ich schreibe, als weibliches Schreiben zu bezeichnen. In meinen Augen sind diese Kategorien wirklich für den Großteil der Literatur nicht zutreffend. Sie treffen dort zu, wo sich Literatur selbst einen explizit ideologischen Auftrag gibt. Das mache ich nicht. Ich fühle mich nicht als feministische Autorin. Überhaupt nicht. Weibliches Schreiben ist ungefähr so wichtig wie österreichisches Schreiben. Das sind Verfassungen, die tief in der Sprache keine Rolle spielen.

Wir sind uns einig, daß es von Dingen, Ereignissen und speziell von Beziehungen eine männliche und weibliche Sicht gibt. Man kann schon sagen, da gibt es generelle Unterschiede, auch wenn Frauen einen männlichen Blick haben können und umgekehrt, das ist natürlich möglich. Aber diese unterschiedliche Sicht, die sich auch in der Literatur niederschlägt, die würden Sie nicht auf das Medium der Sprache übertragen? Da würden Sie diesen geschlechtspezifischen Unterschied nicht sehen und auch nicht akzeptieren wollen?

Genau, für mich endet diese Unterscheidung dort, wo es in die Sprache hineingeht. Ich denke nicht, daß man mir an Hand von Satzkonstruktionen, stilistischen Einzelheiten oder sonst irgendwelchen Details ein weibliches Schreiben nachweisen könnte. Ich kann vielleicht die Sicht fälschen, ich kann aus männlicher Sicht schreiben und einen Text produzieren, der eine bestimmte Situation zwischen den Geschlechtern abhandelt, aber ich finde das nicht zielführend.

Ich probiere es mit einem Satz aus dem Buch: „Seine Bestimmheit fuhr ihr in die Glieder und fühlte sich dort am richtigen Platz.“ Ist das sozusagen ein Frauensatz?

Vielleicht sollten wir im Publikum abstimmen lassen?

Sie wollen sich dem entziehen?

Ich entziehe mich dem.

Es sind drei Geschichten mit jeweils einer Frau im Mittelpunkt, die Geschichten von drei Heimlichkeiten. Diese Heimlichkeiten haben jeweils die Frauen, wenn auch aus sehr verschiedenen Gründen.

Ich will die Gesprächsituation nicht umdrehen, aber mich würde interessieren, was Sie als die Heimlichkeiten der Frauen empfinden.

Die erste hat ein Verhältnis mit einem verheirateten Mann, der ihr die Heimlichkeit aufgetragen hat. Die zweite hat einen Elch zu Hause sitzen, der ein Vorleben hat, das Sie vielleicht schildern werden und die über das Vorleben des Elchs nichts sagen will. Die dritte lebt in einer hochbrisanten politischen Situation im Österreich der Gegenreformation, im 17. Jahrhundert: eine protestantische Dichterin, die dem Traum nachhängt, den Kaiser zu bekehren. Protestantische Dichterin zu sein und auch noch den Kaiser in Wien bekehren wollen, ist lebensgefährlich. Daher muß auch sie verschweigen.

Insofern haben Sie natürlich recht. Diese Verrücktheit, das wäre vielleicht etwas Weibliches.

Na gut, so selbstzerstörerische messianische Züge, da könnte ich Ihnen auch Männer nennen, die das haben. Weibliches Heldentum ist, aber da kommen wir auf eine eigene Debatte, häufig stiller. Die Heldin Ihrer ersten Geschichte, die leidet still. Gleichzeitig meint sie aber, daß Liebe und Heimlichkeit einander ausschließen.

Sie spielen da auf ein Zitat an, das diese Frau bringt: „Liebe, Armut und Husten kann man nicht verbergen", das ist ein osmanisches Sprichwort. Und sie denkt sich dann: „Wenn es Liebe ist, kannst du es nicht verbergen". Nun kann der Mann in der Geschichte das sehr wohl verbergen. Der logische Schluß wäre, also handelte es sich nicht um Liebe. Das ist dann eben weibliche Logik oder die Logik eines osmanischen Sprichworts.

Sagen Sie mir schlicht und einfach: Ist es so?

Ich habe vergessen, was Sie mich gefragt haben.

Sie haben eben gesagt, die Heldin meint: „Wenn er es verbergen kann, dann ist es keine Liebe" und das sei weibliche Logik. Und ich frage, damit ich ein bißchen gescheiter bin danach: Ist es so?

Was ist so?

Wenn es der Mann verbergen kann, dann ist es keine Liebe.

Das müssen die Männer entscheiden, vielleicht können es Männer verbergen, und es ist trotzdem Liebe. Da gehört die männliche Sichtweise dazu. Von einer Frau aus gesehen, wenn sie es als wichtigen

Parameter in einer Beziehung betrachtet, ist es so, dann bedingt Liebe auch: das Bekenntnis dazu und eine gewisse Art von Öffentlichkeit.

Gleichzeitig ist dieses Buch eines über Literatur und Literaturwissenschaft. Sie haben selbst Germanistik studiert, und wenn ich Ihrem Buch folge, vor allem der zweiten Erzählung mit dem Elch, dann ist Germanistik eine relativ komische Wissenschaft.

Ich kann jetzt relativ unbefangen dazu antworten, weil ich weiß, daß Professor Schmidt-Dengler noch beim Residenz-Stand weilt. Ich habe die Germanistik schon als merkwürdige Wissenschaft erlebt und zugleich als eine sehr einschränkende. Ich würde nicht sagen, daß die Germanistik mich zum Schreiben gebracht hat, sie hat mich aber auch nicht besonders daran gehindert. Das soll keine Germanistenschelte werden. Die Erzählung mit dem Elch, da geht es im wesentlichen um Biographie, um das Herstellen von Biographien. Aus der Sicht des Biographieautors, aber auch aus der Sicht des Objekts einer Biographie. Ich denke, das ist ein lohnendes Thema, das die Germanistik weit überschreitet, ein Grenzgebiet zwischen Fiktion und Sachgebiet.

Bleiben wir noch einen Augenblick beim Elch, weil wir ihn mehrmals angesprochen haben, wie sind Sie auf den Elch gekommen?

Ich würde sagen, der Elch ist auf mich gekommen. Ich habe ein wichtiges Elchs-Erlebnis gehabt, das muß ich schon so sagen, vor 15 Jahren in Kanada. Ich habe mich sehr bemüht, *keine* Geschichte darüber zu schreiben, habe aber vor einigen Jahren ein Elchs-Gedicht verfaßt, das in dieser Geschichte als heimliches Gedicht zitiert wird. Ich mag Elche einfach wahnsinnig gern und wollte einmal eine Geschichte schreiben, in der verschiedene Obsessionen zusammentreffen. Das ist einerseits eine Geschichte über die Grazer Literaturszene, über die Germanistenszene, über meine Elche und über das Biographieschreiben. Und ich denke, ich habe es einigermaßen geschafft, alles unter ein Geweih zu bringen.

Ich weiß nicht; sollen wir verraten, was das Geheimnis des Elchs ist?

Natürlich nicht.

Ich sage nur: die mittlere der drei Erzählungen „Unsichtbare Frauen", da gibt es ein schönes Geheimnis.

Ja, ein sehr schönes Geheimnis.

Kommen wir noch einen Augenblick auf die Germanistik zurück, meinetwegen unter Ausklammerung von Professor Schmidt-Dengler. Ich habe auch einmal Germanistik studiert - in den sechzi-

ger Jahren - und hatte damals den Eindruck, das ist ein Studium, das verhindert. Ich habe damit aufgehört.

Ich denke, daß das in den sechziger Jahren noch eine ganz andere Situation war. Ich habe das Glück gehabt, in den Genuß der Vorlesungen von Professor Schmidt-Dengler zu kommen, der als erster österreichische Gegenwartsliteratur an der Uni angeboten hat. Für diese Geschichte war eigentlich die Anglistik weitaus wichtiger für mich. Besonders was den Bereich der Biographie betrifft, besteht - glaube ich - im deutschsprachigen Raum ein Defizit. Biographien werden nur der Unterhaltungsliteratur zugeordnet, es gibt lange nicht dieses Interesse an Schriftstellerbiographien. Auch daß zum Beispiel über einen Autor gleichzeitig zwei oder drei Biographien geschrieben werden, wie das in England durchaus vorkommt, kann man bei uns kaum finden. Es gibt im englischen Sprachraum sehr viele Erzählungen und Romane, die sich mit den Biographen und ihrem Verhältnis zu dem Objekt ihrer Biographien beschäftigen. Man kann sagen, es ist ein eigenes Genre.

Letzter Hinweis: Dieses Buch ist ein sehr gebildetes Buch, das in verschiedene Bereiche ausufert, die ich jetzt nicht aufzählen will. Unter anderem enthält es eine absolut vernichtende Kritik des Mundes von Heimito von Doderer. Warum?

Ich finde den Mund von Heimito von Doderer unsagbar häßlich. Und ich kann mir nicht vorstellen, daß jemand - es kommt in der Geschichte auch so vor - eine Biographie Doderers schreibt und sich die ganze Zeit vergegenwärtigen muß, daß diese Sätze, die er geschrieben hat, alle durch diesen Mund gegangen sind. Wie Sie wissen, war Doderer ein begeisterter Bogenschütze. Der Bogen kommt auch in meiner Geschichte vor. Er ist, glaube ich, auch in der Ausstellung hier in Frankfurt zu sehen, oder er war zumindest angekündigt für die Ausstellung, vielleicht ist er wegen seiner Häßlichkeit wieder abgezogen worden. Aber das war als Witz gemeint, für das pathologische Verhältnis eines Biographen zu seinem Biographieobjekt, mit dem er sich jahrelang beschäftigen muß und das er doch in gewissem Sinn lieben muß.

Vor kurzem ist eine Doderer-Bildbiographie herausgekommen, und nachdem ich die Schlag gelesen hatte, habe ich die Biographie zur Hand genommen und nachgeschaut; also der Doderer-Mund ist wirklich problematisch.

Das Gespräch mit Evelyn Schlag führte Peter Huemer

wir probieren immer etwas neues
und haben es immer wieder schwierig

Renate Daimler

Renate Daimler, „Die unsichtbaren Mitspieler - Warum wir streiten, wenn wir lieben", erschienen bei Econ. Der Titel wirft gleich drei Fragen auf. Erstens, wer sind die unsichtbaren Mitspieler, zweitens, streiten wir, weil wir lieben oder obwohl wir lieben und drittens, was ist, wenn wir uns lieben und nicht streiten?

Wer sind die unsichtbaren Mitspieler? Das sind unsere Eltern, unsere Urgroßeltern, unsere Ururgroßeltern, alle Menschen, die uns geheime Botschaften übermitteln und die uns, sobald wir uns in Beziehungen begeben, zuflüstern: „Tu' dies oder jenes, sei so oder so". Selbst die Art, wie wir streiten, ob wir schreien oder beschwichtigen oder gar nicht streiten, auch das ist ein Beziehungsmuster.

Das ist eine zwanghafte Wiederholung von Familienmustern, deren wir uns zunächst nicht bewußt sind, wenn ich recht verstehe.

Wir kennen einzelne Muster in der Geschichte der Familie, aber das meiste ist uns völlig unbekannt. Wir wissen nicht, in welcher Weise wir die Geschichte unserer Eltern wiederholen, welche geheimen Botschaften uns unsere unsichtbaren Mitspieler mitgeben. Zum Beispiel: Nur, wer arbeitet darf essen - das werden dann die besonders fleißigen Menschen. Oder: Du mußt charmant sein, um geliebt zu werden. Oder: Heirate nie einen schönen Mann, der gehört dir nie alleine. Das alles sind Geheimbotschaften, die wir mitnehmen und nach denen wir auch unsere Partner wählen.

Diese zwanghafte Wiederholung von Familienmustern - inwieweit stimmt das zum Beispiel bei Ihnen selbst? Sie werden ja Ihre eigene Biographie überprüft haben.

Diese Muster sind nicht schlecht, wenn man sie kennt und die positiven Seiten davon nützt - dann können sie uns auch helfen. Ich komme aus einer Familie, in der es die geheime Botschaft gab: „Nur wer arbeitet, darf essen".

Das ist eine spezifisch Vorarlbergische Botschaft.

Mit dieser Botschaft ausgestattet, bin ich eine sehr fleißige Autorin geworden.

Das ist im Prinzip aber nicht schlecht.

Der Nachteil daran ist, daß ich mich nicht traue, nicht zu arbeiten. Sobald ich nicht arbeite und mich wirklich entspannen will, steht sofort dieses Dogma hinter mir „Nur wer arbeitet, darf essen". Die positive Seite zu nützen und einfach eine fleißige Autorin zu sein, aber trotzdem ein entspanntes Leben zu führen, darin besteht die Kunst.

Nun reden und lesen wir seit 20 Jahren von einer neuen Art von Beziehung, die es zwischen Männern und Frauen gebe. Sie sprechen dagegen vom Rückgriff auf uralte Familienmuster.

Ich glaube, daß in jeder neuen Beziehung, bei jedem neuen Versuch, Beziehung zu definieren oder in Beziehung zu sein, unsere unsichtbaren Mitspieler dabei sind, ob wir es wollen oder nicht. Ob wir jetzt die offene Beziehung, die enge Beziehung oder die großzügige Beziehung wählen - in allen Fällen sprechen unsere Eltern ein Wort mit, unsere Großeltern, unsere Urgroßeltern. Wir probieren immer etwas neues und haben es immer wieder schwierig.

Wenn ich mir selbst und meinem Verhalten auf die Schliche kommen will, dann empfiehlt es sich, die eigene Familiengeschichte anzuschauen und nicht nur die der Eltern, Großeltern, sondern möglicherweise auch die der Tanten, Onkel und Großonkel?

Genau. Es ist ganz sicher so, daß Sie in Ihrer Familie immer wieder Strategien finden, die schon alle vor Ihnen angewandt haben oder aber, daß Sie das Gegenteil von dem tun, was Ihnen Ihr Vater oder Ihr Großvater vorgelebt hat. Das Streiten und das Nicht-Streiten in einer Beziehung - auch das ist ein eklatantes Beziehungsmuster, denn da fehlt der Mut oder der Wunsch nach Auseinandersetzung. Ich glaube nicht, daß eine Beziehung glücklich ist, nur weil man nicht streitet. Im Gegenteil, es kann ein großer heimlicher Konflikt sein.

Sie schreiben in Ihrem Buch über ein therapeutisches Modell, das „Familienrekonstruktion" heißt und das man in diesem Zusammenhang erläutern sollte.

In einer Familienrekonstruktion hat man die Chance, mit Fremden die eigene Familie nachzuspielen, das heißt, ich kann dort hingehen und sagen, du sollst heute mein Vater sein, du meine Mutter, du meine Großmutter, und du meine Schwester. Diese Leute fühlen sich dann ein, spielen für mich und zeigen mir Situationen aus meiner Kindheit, die ich dann, an Fremden gesehen, anders erleben kann. Beispielsweise: Das erste Kind der Mutter ist gestorben, ich bin das zweite und werde unheimlich versorgt, ängstlich behütet usw. Wenn das jemand anderer spielt und ich dem zusehen kann, dann bemerke ich, daß die Rolle, die ich übernommen habe - dieses tote Kind zu ersetzen - ganz belastend für mich gewesen sein muß. Das kann man aber nicht erfahren, wenn man nur darüber nachdenkt.

Ich muß aber selbst die Spielanleitungen geben. Gleichzeitig bin ich der, der aus dem Spiel Erkenntnisse gewinnt. Darin liegt ein gewisser Widerspruch, weil ich doch ein massives Vorwissen haben muß, um überhaupt vernünftige Spielanleitungen geben zu können.

Natürlich, ich glaube, wenn man die unsichtbaren Mitspieler erforschen will, muß man auch bereit sein, seine Familie zu erforschen. Was der Großvater zum Beispiel in der Geschichte dieser Familienrekonstruktion gesagt hat, war einer der Hauptsätze: „Was in der Familie passiert, geht draußen niemand was an". Das heißt, in der Familie wurden über Generationen hinaus ständig Gefühle unterdrückt, und so etwas wird natürlich auch weitergegeben.

Die Basis Ihrer Arbeit ist zunächst einmal geduldiges Zuhören?

Ja. Ich höre Paaren zu, getrennt voneinander und lasse mir erzählen, wie sie streiten, warum sie streiten, was ihr Glück oder Unglück mit dem Partner ist.

Wenn Sie sagen, Sie hören Paaren zu: Wer tut sich leichter beim Reden, die Männer oder die Frauen?

Die Frauen.

Warum?

Meine Vermutung ist, daß Frauen grundsätzlich mehr bereit sind, Beziehungsarbeit zu leisten als Männer, daß Frauen williger sind zu erforschen, worum es geht, und daß wir Frauen es uns auch leichter leisten können, an Gefühle heranzugehen.

Wenn ich aber jetzt der Renate Daimler meine privaten Geschichten erzähle, dann ist das doch ein exhibitionistischer Akt.

Je nachdem. Wenn Ihr Eheproblem schon so groß ist, daß Ihnen das Wasser bis zum Hals steht, sind Sie vielleicht froh, wenn Sie mir das erzählen können und ich etwas dazu weiß.

Die Männer erzählen noch immer weniger leicht als Frauen.

Es liegt in der Natur der Sache, daß die Männer, jedenfalls die ältere Generation, mit der ich mich beschäftigt habe, Männer zwischen 30 und 50, immer noch nach dem Grundsatz „Sei stark, zeige keine Tränen" erzogen wurden. Das Herangehen an die eigenen Schmerzen, die wir aus unserer Geschichte mitbringen, bedeutet auch, daß ich mich meinen eigenen Gefühlen stellen muß, und das ist schwierig.

Trifft es zu, daß Ihre Beziehungsbücher im großen und ganzen traurige Bücher sind? Da sind immer Menschen, die mit ihren Problemen nicht zurande kommen und die zur Daimler weinen kommen. Denen allen steht, wie Sie es formuliert haben, das Wasser bis zum Hals?

Ich glaube, wenn ein Paar bereit ist, wirklich über seine Beziehung so zu reden, wie diese Menschen es getan haben, dann ist die Problematik groß. Außerdem habe ich mir in diesem Fall Problempaare gesucht. Ich glaube, jeder von uns hat Probleme. Die Frage ist natürlich, wer outet sie, wer erzählt sie einer Autorin? Aber ich bin in dem Fall nicht nur Autorin, sondern auch eine Art kostenloser Beichtmutter.

Sie ersparen den Leuten eine Therapie, möglicherweise.

Nicht ganz. Das wäre anmaßend.

Was sind denn die Voraussetzungen, damit man zu Frau Daimler beichten geht? Es muß einem ziemlich schlecht gehen. Das ist daher nur ein bestimmtes, ausgewähltes Publikum, das zu Ihnen kommt, nehme ich an.

Ich verlasse mich auf den Zufall, den es nicht gibt. Ich glaube, die Menschen, die mir zufallen, sind die richtigen; es sind Menschen von nebenan, die ich im Zug treffe, auf der Straße...

Und im Zug entwickelt sich dann ein Gespräch, und die Ihnen gegenüber Sitzende sagt: "Jessas, mein Mann..."?

Nein, so einfach ist das nicht. Im Zug setze ich mich in den Speisewagen oder versuche, mich zu jemandem zu setzen, der mir als Gesprächspartner oder Gesprächspartnerin interessant erscheint und frage dann irgendwann: Wie steht es mit der Beziehung?

Und dann antworten die?

Dann vereinbare ich einen Gesprächstermin. Man kann so etwas Iintimes nicht im Zug erfahren: „Haben Sie Angst?" und „Schlafen Sie noch mit Ihrer Frau?" usw. Ich treffe dann diese Menschen und beschäftige mich oft tagelang mit ihnen.

Und sehr oft, wenn Sie die Fragen gestellt haben, im Zug oder im Kaffeehaus oder hier im Österreich-Pavillon: "Wie steht's mit der Beziehung?", folgt dann kein weiteres Gespräch, weil an dieser Stelle das Gespräch abbricht, nehme ich an.

Nein, überhaupt nicht.

Nein?

Es ist relativ einfach.

Alle beichten?

Fast.

Fast alle beichten. Das ist glaube ich ein schöner und tröstlicher Schluß, der uns zeigt, wie verzweifelt die Leute sind.

Das Gespräch mit Renate Daimler führte Peter Huemer

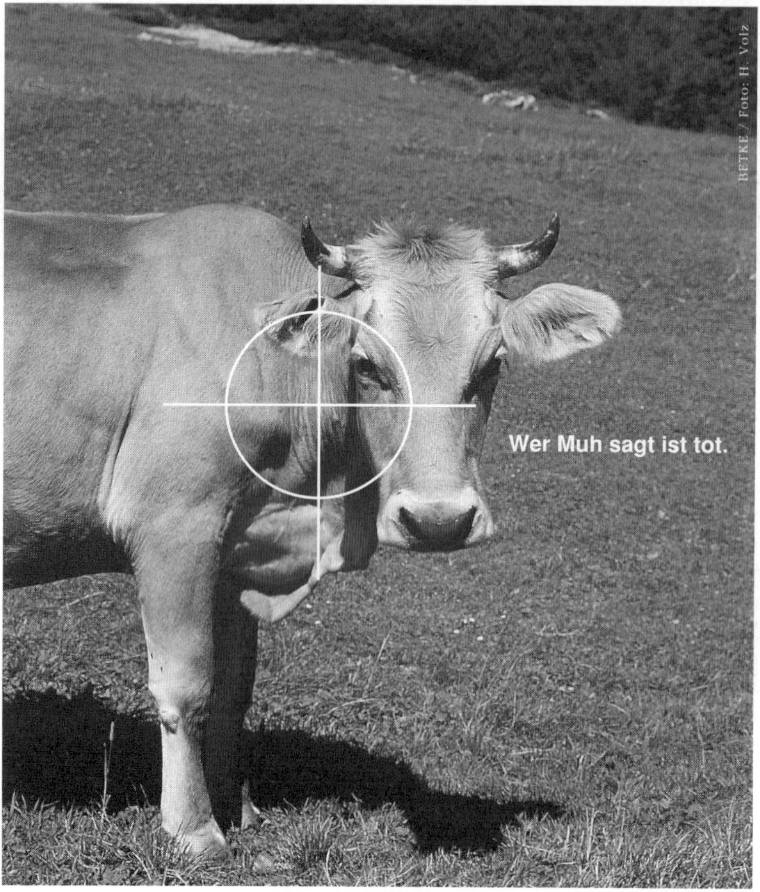

Mord auf Verdacht. Weil einem kolumbianischen Großgrundbesitzer 43 Rinder fehlen, werden 43 Männer verschleppt. 24 konnten gefunden werden – in einem Massengrab. Von den übrigen fehlt jede Spur. Die ermittelnde Staatsanwältin und ihr Leibwächter werden erschossen. Wer Muh sagt ist tot. Fälle wie diese dürfen nicht mehr verkommen. Helfen Sie mit.

ai amnesty international

Freiheit liegt in Ihrer Hand. Vergessen Sie es nicht.

dieses Mißtrauen der Literatur, der Kunst
und dem Spiel und der Lust gegenüber,
die sich auch im Bachmann-Preis ausdrückt -
- das ist wie ein technischer
Überwachungsverein für Literatur

Raoul Schrott

Raoul Schrott ist Jahrgang 1964. Er hat heuer mit zwei Büchern Furore gemacht, kann man sagen. Das war der Gedichtband „Hotels", und jetzt ein Roman, „Finis terrae", beide erschienen im Haymon Verlag, Innsbruck. Über Ihre Gedichte hat Karl-Markus Gauß in der Neuen Zürcher Zeitung geschrieben: „Schrotts Gedichte haben in der deutschsprachigen Gegenwartslyrik kaum ihresgleichen." Sie werden in der österreichischen Literatur ein bißchen als Jungstar gehandelt. Ist das etwas, das Sie belastet oder macht es auch ein bißchen Spaß?

Ich bin kein geborener Exhibitionist, deswegen ist auch immer ein Adrenalinstoß vor Publikum mit dabei. Ich dank' dem Karl-Markus Gauß, denn er war einer der ersten, der mir 'raufgeholfen hat, und zum andern sehe ich es eher von der pragmatischen Seite. Ich schätze es, wenn man Handwerk und Verständnis hat, man weiß aber nie, ob die eigenen Texte gut sind. Und wenn man mich fragt, ob ich ein Schriftsteller bin oder nicht, denk' ich, daß man das mit 50 oder mit 60 beantworten kann. Was den „Shootingstar" betrifft, so ist man so schnell oben, wie man unten ist, da mache ich mir keine Illusionen. Von dem her ist es mir wurscht, von einer anderen Seite überhaupt nicht, weil diese Preise ein bißchen geholfen haben, mit einem österreichischen Verlag auf dem deutschen Markt durchzukommen, und das ist bei diesem ganzen *Suhrkampf* immer ein bißchen schwer...

Schriftsteller und Kritiker haben normalerweise ein gespanntes Verhältnis zueinander. Sie sind von der Kritik bis jetzt eher verwöhnt worden. Ist Literaturkritik wichtig für einen Autor? Ist es wichtig, daß er Feedback bekommt, in gedruckter oder gesendeter Form?

Feedback ist essentiell, auch für das eigene Literaturverständnis. Das einzige, was mir wirklich nicht paßt, ist die deutsche Literaturkritik im allgemeinen. Die deutsche Literaturkritik ist im europäischen Raum ein vollkommenes Unikum; bei den Franzosen etwa werden Kultur und Bücher *präsentiert*, aber nicht *bewertet*, bei den Engländern wird, wenn überhaupt, argumentativ vorgegangen. Aber diese Häme, die es im deutschen Feuilleton gibt, und dieses Mißtrauen der Literatur und der Kunst und dem Spiel und der Lust überhaupt gegenüber, die sich auch im Bachmann-Preis ausdrückt, von dem man behaupten könnte, er ist wie ein technischer Überwachungsverein für Literatur. Wenn man einen Stempel kriegt, dann ist es erst sinnvoll, erst dann kann man es lesen, das ist für mich eine Art Zugang zur Literatur, eine Art Kritik an der Literatur, die ich nicht für tauglich finde, weil sie viel mit Profilierung zu tun hat, aber wenig zur Substanz kommt und wenig argumentativ vorgeht.

Aber Verrisse gibt es auch in englischen und amerikanischen Zeitungen.

Nur sind sie da meist sachlich begründet, von einem Argument begründet und kaum persönlich gehalten. Hier ist es wirklich so eine Frage, als müßte die Literatur die letzte Wahrheit liefern. Da wird dann darüber entschieden, ob jetzt Grass unlesbar ist oder nicht. Es mag ein gutes oder ein schlechtes Buch sein. Aber es ist keine Art, mit einem Autor so umzugehen; keine Art, sich als Kritiker so zu inszenieren.

Raoul Schrott, kommen wir auf Ihren Roman zu sprechen, Ihren Erstlingsroman. Das ist ein ausgesprochen anspruchvolles Projekt. Der Roman umfaßt zweieinhalb Jahrtausende, führt ans Ende der Welt. Stellen Sie das Buch ein bißchen vor.

Ich war sehr gespannt, ob es gut rezensiert wird...

Und wie sind Sie zufrieden?

Mir sind fünf Steine vom Herzen gefallen. Die Konzeption ist folgende: Da gibt es einen Nachlaß, der aus vier verschiedenen Heften besteht, und dieser Nachlaß ist rund um eine Person namens Ludwig Höhnel zentriert, Ludwig Ritter von Höhnel, der vor hundert Jahren den Rudolfssee - den heutigen Tokanasee in Kenia - entdeckt hat. Übrigens jene Gegend, wo man in den fünfziger Jahren die Hominiden entdeckt hat, jene Gegend, von der man sagt, daß die Menschheit dort ihren Ursprung genommen hat. Das vierte Heft handelt von dem Verschwinden zweier Forscher in diesem Rudolfssee, das ist eine wahre, ungeklärte Begebenheit. Das dritte Heft hat mit den Ausgrabungen Höhnels, zusammen mit einem Archäologenkollegen, zu tun. Aber eigentlich fängt das Buch mit einem Logbuch eines gewissen Pytheas von Massalia an. Der ist insofern interessant, weil er der erste Grieche war, der sich durch die Säulen des Herakles, also durch Gibraltar, durchgetraut und den ganzen Nordatlantik besegelt hat, der Nordfrankreich, England und Irland entdeckt hat und bis nach Dänemark und in die Ostsee gekommen ist. Vor allem hat er ein Land entdeckt, von dem man bis heute nicht genau weiß, wo es ist; Thule. Man nimmt an, daß entweder Island oder Norwegen daher kommt, auch der Begriff des „ultima thule", weil Thule immer der äußerste Punkt am Rande der noch bekannten Welt war. Das ist deshalb von Bedeutung, weil dieses Buch am Anfang der Tradition des Romans überhaupt steht. Der Roman beginnt mit der griechischen Tradition. Und die griechische Tradition des Romans beginnt mit einer Reisegattung, die sich als Gattung etabliert, aber bald darauf parodiert wird, worauf wieder der Münchhausen zurückgreift. Münchhausen schreibt von Lukian ab, der schreibt von den „Wundern jenseits von Thule“ ab, und eigentlich schreiben alle von Pytheas von Massalia ab. Dieser Bericht hat lange als verschollen gegolten, ist aber jetzt unter mysteriösen Umständen wieder aufgetaucht, wie das bei der Literatur so ist.

Und wieviel hat der Raoul Schrott abgeschrieben von diesen traditionellen Texten?

Es war ganz lustig. Die ersten drei Rezensenten, die angerufen haben, wollten erstens wissen, wo die schriftstellerische Leistung wäre, weil es nur ein Nachlaß wäre und ich als Herausgeber zeichnen würde, zweitens wo der Originaltext von Pytheas von Massalia abgedruckt ist und drittens, wo sich dieses Archiv befindet, aus dem die Briefe von diesem Höhnel stammen. Ich habe gesagt, mich hat es sehr gefreut, aber es ist alles erfunden, und das einzig Wahre ist das letzte Heft, das nur am Rande. Was mich bei der Arbeit am meisten Zeit gekostet hat, war diesen Pytheas von Massalia-Text zu schreiben, weil ich ihn so unterjubeln wollte, daß er wirklich eine Fiktion, eine perfekte Fälschung darstellt.

Würden Sie sich als einen postmodernen Autor bezeichnen?

Nein. Weder post-, noch modern.

Die Technik, mit der Sie vorgehen, die Vermischung von Fiktionen, Fakten, auch von Fälschung, das geht doch schon eher in postmoderne Richtungen.

Also gut, aber dazu müßte man die Postmoderne definieren, die für mich ein Spiel mit den Versatzstücken ist, das ist für mich eine Art Meta-Literatur, die mit der Literatur, die bereits existiert, wieder spielt.

Aber genau das tun Sie doch.

Nein, ich spiel’ mit der Realität und mit den Fakten, das ist ein wichtiger Unterschied. Für mich war Romanschreiben in diesem postmodernen Kontext ein Problem, weil der Begriff Roman vollkommen zerfleddert ist; das, was ich suchte, war ein wirklich neuer Anfang, es von der Struktur her neu zu definieren, ein Ansatz, der von Null wieder bei den Wurzeln anfangen will. Gerade weil ich mir denke, daß das Problem der ganzen Textbegriffe - Postmoderne und diese Literatur, die nur mehr assoziativ arbeitet - darin besteht, daß sie keine Dinge mehr definieren, sich nicht mehr mit dem Leben auseinandersetzen, sondern sich selbst reproduzieren in ihrem objekt-ästhetischen Kreislauf, aber jetzt wird es vielleicht zu theoretisch...

Kommen wir noch auf die Lyrik zu sprechen. Sie schreiben nicht nur selbst Gedichte, Sie haben auch übersetzt, zum Beispiel Gedichte von Derek Walcott, dem karibischen Nobelpreisträger, für den Hanser Verlag. Ist Walcott für Sie als Lyriker wichtig?

Ich habe viel von ihm gelernt, wie man diese Dichter auch nur dann übersetzt, wenn man das Handwerk lernen will. Walcott war der letzte in einer verhältnismäßig langen Reihe von Übersetzungen, die bei der griechischen Literatur angefangen haben, bei den irischen Mönchen des achten Jahrhunderts, die in St. Paul im Lavanttal Gedichte in die Marginalien geschrieben haben, während sie die Bibel kopierten, oder die Trobadours. Man versucht, zurück zu den Wurzeln zu gehen, um herauszufinden, was die Relevanz war, die Funktion von Poesie, was ihre Strukturen waren, was ihr Mechanismus, um sich einen eigenen Textbegriff zu erarbeiten. Das Schöne an Walcott ist, er war der letzte in einer Reihe, von der man sagen kann, daß das zutagetritt, was ein Gedicht ausmacht, nämlich die Musikalität der Sprache einerseits und das Denken in Bildern andererseits.

Ein anderer Dichter, der wichtig für Sie ist: Der Ire Seamus Heaney, den Sie auch getroffen und öfter besucht haben.

Das ist wirklich ein netter Kerl. Damals war er noch kein Nobelpreisträger, man muß das schon wissen. Es gab in den letzten zehn Jahren vier Nobelpreisträger, die sich alle gegenseitig kennen. Derek Walcott schreibt Gedichte für Oskar Milosz, Milosz schreibt Gedichte an Seamus Heaney, und Seamus Heaney widmet seine Gedichte Josef Brodsky. Eine Art Schule, die sich gegenseitig den Nobelpreis zuschanzt, was in dem Fall ganz in Ordnung ist. Sie sehen sich durchaus als Schule, die man - ich weiß nicht - ein bißchen imaginistisch nennen könnte. Der Seamus Heaney ist der einzige, der nicht den Rhapsoden verkörpern muß. Erstens, weil er es schon war, und zweitens, weil er wirklich ein sehr, sehr... die Iren, die sind anders.

Der Ursprung der Lyrik liegt in der Religion.

Es gibt zwei verschiedene Theorien darüber. Die eine, daß die Lyrik von den Arbeitsliedern kommt, wobei das rhythmische Sprechen dies quasi erleichtert hat, so wie man es sich in den Baumwollfeldern bei Onkel Tom vorstellt. Ich halte diese Hypothese für weniger wahrscheinlich. Eher sieht man, daß es aus dem Griechischen kommt, vom Orakel, wo der Priester früher der Dichter war, der Aiodos, also der göttliche Priester, der Seher und Orakelbetreuer. Die ersten Musen waren auch nicht die neun hübschen Mädels, sondern da gab es am Anfang eine Göttin, die einen chthonischen Unterwelts- und Fruchtbarkeitscharakter hatte, fürchterlich anzusehen war und etwas Gorgonen- und Medusenhaftes hatte. Die Göttin konsultierte man vor allem in einem Zustand des Rausches, nur wenn man berauscht war, war es ein Zeugnis, daß Gott durch einen durchspricht, daher kommt auch der Enthusiasmus, es soll Gott sein. Die ersten Dichter waren Sänger. Dann beginnt sich die Lyrik langsam zu etablieren, obwohl ihre Inhalte noch immer dieselben sind. Ein Gedicht ohne Sonne, Mond und Sterne funktioniert nicht, wie soll ich sonst ein Bild entwerfen? Nur war die Lyrik im Gegensatz zur Religion immer in einer natur-magischen, pantheistischen, gnostischen oder auch agnostischen Tradition verhaftetet, die parallel dazu verläuft, das merkt man auch im Griechischen. Die zweite Bezeichnung, die es bei den Griechen gab, lautete nämlich „poietes". Das kommt vom Griechischen „poein" und heißt Machen, Handwerken. Das dritte waren dann im vierten Jahrhundert v. Chr. die „lyrikoi". Das waren nur mehr die, die zur Klampfe gesungen haben, gewissermaßen schon die Dekadenz der griechischen Richtung.

Raoul Schrott, Sie sind ein Kosmopolit, sowohl von Ihrer Biographie her, als auch von Ihren Büchern her. Wie sehr fühlen Sie sich als Österreicher, als österreichischer Schriftsteller?

Das ist eine Frage, die wirklich schwer zu beantworten ist. Ich bin mit zehn Jahren nach Tirol gekommen, und ich war mit zwanzig mehr oder weniger wieder weg. Ich weiß erstens nicht, was ein österreichischer Schriftsteller ist, außer daß die ganzen österreichischen Schriftsteller eigentlich die deutschsprachige Literatur ausmachen, zweitens, daß es kein Land gibt, in dem es so viele Schriftsteller gibt.

Irland gibt es noch...

Irland, ja das ist gut, aber das sind Barden, Sänger. Die Schriftsteller hier sind ein sehr moralisches Volk, und das, womit man die österreichische Literatur identifizieren kann, dieses dauernde Nationalitätenproblem, ob man jetzt Österreicher ist, und die Nationalbeschimpfungen, Selbstbeschimpfungen und dieses ...

Das ist Ihnen fremd.

Ich habe damit noch nie viel anfangen können. Gut, ich bin auch im Westen Österreichs zur Schule gegangen. Da ist Wien weiter weg als München, Zürich oder Italien. Ich habe mich dann, wenn ich einmal woanders war, zu Hause gefühlt. Auf der anderen Seite ist es auch schwer, mit dieser Literatur fertig zu werden, wenn man an die österreichische Literatur denkt, Kafka, Rilke, Musil, Broch. Sie stellen einen Anspruch, der mindestens für ganz Europa genügen würde, obwohl das Land ziemlich klein ist. Vielleicht kommt daher das Gedränge, dieses gegenseitige Hickhack und diese Cliquen. Ich weiß nicht.

Man hört, daß sich der eine oder andere Großverlag für Sie interessiert und um Sie bemüht. Bis jetzt halten Sie ihrem Stammverlag, dem Haymon Verlag in Innsbruck, die Treue. Ich glaube, Sie haben ein ganz besonderes Verhältnis zu diesem Verlag.

Ja, es war mein erster Verlag, und es war der erste Verlag, der Bücher gemacht hat, die eigentlich sonst kein Verlag macht. Ich habe dort das Handwerk von der Pike auf gelernt, ich war vom ersten Druck an dabei. Damals habe ich überhaupt nichts davon verstanden, wie ein Buch entsteht. Als der Drucker wissen wollte, wieviel Cicero, wieviel Punkt, und was der Durchschuß ist, hatte ich keine Ahnung. Wenn man beim Drucken dabei steht und das Layout langsam lernt, dann bedeutet es ein größeres Vergnügen, das Buch zu realisieren, als es zu schreiben, denn Schreiben ist immer die Arbeit, das andere ist die Lust. Und einen Verlag zu haben, der einem die Möglichkeit gibt, selbst zu entscheiden, wie der Umschlag aussieht, ob er mehr Farben, ein gelbliches, ein weißes Papier haben soll, ob er jetzt zweifarbige Landkarten hineingibt oder nicht, ob er Löcher in die Bücher machen soll, Stanzungen, Prägungen, ob das Buch zweihundert oder fünfhundert Seiten hat, da bleib' ich natürlich lieber da, aber das ist auch ein sehr eigenes Argument, weil ich sagen kann, mir sind schöne Bücher wichtiger als verkaufte Bücher.

Ihr Verleger lacht.

Noch!

Das Gespräch mit Raoul Schrott führte Günter Kaindlstorfer

mEdiA Biz
FILM • TV • RADIO • VIDEO • AUDIO
STRATA SPHERE

Joseph Vilsmaier

Joseph Vilsmaier, Sie haben nach „Herbstmilch" und „Stalingrad" einen dritten großen Film gedreht: "Schlafes Bruder". Vielleicht können Sie etwas über den Film erzählen?

Ich bin auf diesen Roman durch meinen langjährigen Hauskomponisten aufmerksam geworden. Der schickte mir einen Brief und schrieb ungefähr folgendes: „Ich sitze gerade über einem Buch, das ich toll finde, das wäre doch ein Film für uns!" Daraufhin habe ich mir das Buch gekauft, habe es gelesen und war ebenfalls fasziniert. Ich hatte das Glück, daß Robert Schneider die Filmrechte selber behalten hat. Schlauer Vorarlberger! Ich habe ihn dann angerufen und gefragt: „Herr Schneider, können wir das Buch verfilmen?" Er sagte: „Es ist unverfilmbar." Ich lasse in solchen Situationen eigentlich nie los, weil ich so etwas als Aufgabe empfinde. Wenn es nicht geht, reizt es mich umso mehr. Nachdem ich das Buch so großartig fand, habe ich für mich beschlossen, daß ich unbedingt einen Film daraus machen muß. Irgendwann sind wir uns einig geworden. Robert Schneider hat gesagt, er möchte das Drehbuch selber schreiben. Wobei ich für mich gedacht habe, das ist eigentlich gut, vielleicht sogar ein taktischer Schachzug, damit mich danach die Menschheit nicht in den Mülleimer steckt. Wir waren in fünf Alpenregionen und haben dann dieses wunderschöne Tal in Gaschurn Patennen gefunden. Dort hatten wir das Glück, daß wir einen filmbesessenen Bürgermeister getroffen haben, sodaß die ganzen 35 Verträge, Landschaftsschutz, Jägerschutz und was da alles war, über die Bühne gingen und wir nach sechs Monaten alle Genehmigungen hatten. Und dann dieses Dorf! Wir haben in der ganzen Umgebung Dörfer gesucht. Wir haben welche gefunden; aber es war unmöglich, die Menschen, die dort noch lebten, für die Zeit, in der wir drehen wollten, in Hotels zu verpflanzen. Also haben wir gesagt, wir bauen uns das Dorf selber. Die Häuser haben wir im Hochmontafon zusammengetragen - es waren lauter leerstehende Häuser -, haben sie auf 1700 m Höhe wieder aufgebaut und haben dann über sechs Monate gedreht. Als der Film in Österreich gestartet ist, hatten wir in der ersten Woche 150.000 Besucher, was bei einem Film selten vorkommt. Kritiker wollen es oft, wenn Autor und Regisseur total verfeindet sind, das ist bei uns nicht der Fall. Ich glaube, daß ich in den drei Jahren in Robert einen richtigen Freund gefunden habe. Das war mein Vortrag - es heißt *Buchmesse,* nicht Filmmesse, deshalb jetzt zu Robert Schneider.

Das Gespräch mit Joseph Vilsmaier führte Brigitte Hofer

Treue, darum geht es. Treue, Treue

Robert Schneider

Robert Schneider, geboren 1962, mit „Schlafes Bruder" schlagartig im deutschsprachigen Raum bekanntgeworden, kommt ebenso wie Michael Köhlmeier aus Vorarlberg. Sein Roman um den Helden Elias Alder, der einen Märtyrertod aus Liebe stirbt, wurde von Joseph Vilsmaier verfilmt. Zunächst einige Worte über Ihren Roman, der zum Bestseller wurde. Trotz der Bedenken, die Ihre Lektoren im Reclam Leipzig Verlag mit dem Titel hatten. Der Tod - das ist mit „Schlafes Bruder" gemeint.

Ich soll jetzt über meinen Roman reden?

Ja.

Das tu ich nicht.

Sie wollen jetzt nichts reden?

Nein, das Buch kennt man.

Darf ich einmal meine Wünsche äußern?

Muß ich jetzt das Buch erklären?

Nein, das müssen Sie nicht, aber vielleicht ein bißchen. Für die Menschen, die es nicht gelesen haben. Ich bin sicher, es haben nicht alle „Schlafes Bruder" gelesen, wenn es auch schon sehr viele gelesen haben.

Es ist ein Buch, das nun schon ein paar Jahre alt ist und von einem Menschen handelt, der Sehnsucht nach Liebe und Musik hat. Und wie jede große Liebesgeschichte ist auch diese Geschichte unglücklich. Was Joseph Vilsmaier hier ausgeführt hat, in seinem ganz eigenen Idiom, mache ich anders und würde es anders formulieren, allerdings ist eines ganz, ganz richtig. Ich habe mit Joseph Vilsmaier wirklich unglaubliches Glück gehabt, das war so, ich sag' es Ihnen ganz ehrlich. Robert Schneider hat mit Joseph Vilsmaier ein großes Verbrechen begangen, laut deutschem Feuilleton, „er hat sich über den Tisch ziehen lassen", „er hat sich verkauft". Ich sage immer: Was gibt es prinzipiell Schöneres für einen jungen Autor, als daß er sich verkaufen kann. Das ist das eine. Natürlich, Joseph Vilsmaier ist der Regisseur des Films, Robert Schneider der Autor des Buches. Buch ist Buch, Film ist Film. Mir ging es bei dieser Verfilmung, da bin ich ganz ehrlich, um vielleicht zwei, drei Momente. Vielleicht kann der Film zwei, drei Tonarten dieses Buches transportieren, denn dieses Buch ist zum Glück nicht verfilmbar, wie jeder Prosatext zum Glück nicht verfilmbar ist, weil wir viel größere Imaginationen haben als ein Film je haben kann. Es wäre schrecklich - ich habe gehört, der Film wäre besser als das Buch; das ist schrecklich, das ist kein Kompliment für mich. Es muß umgekehrt sein. Joseph Vilsmaier ist eines gelungen, er hat in gewissen Momenten das Buch ins Herz getroffen. Mehr hat eine Verfilmung nicht zu leisten. Ich bin einerseits glücklich und andererseits auch stolz darauf, daß Joseph Vilsmaier nicht einen amerikanischen Autor nimmt und sich die Rechte kauft, sondern daß er den Mut gehabt hat, wirklich den Mut gehabt hat, „Schlafes Bruder“ zu verfilmen. Das finde ich stark für den deutschen Film, toll.

Jetzt wird „Schlafes Bruder“ zur Oper. Sie schreiben ein eigenes Libretto.

Ein Öperchen.

Ein Öperchen. Herbert Willi, auch ein Vorarlberger, wird die Musik dazu machen und Pereira wird es in Zürich 1996 aufführen. Wie sehr wird die Oper abweichen von Ihrem Roman? Wie sehr wird sie ihn ergänzen oder vergrößern?

Wir haben uns bei der Oper folgendes Ziel gesetzt: Kein einziges Zitat aus dem Buch. Und die Oper, wo es wirklich nur um Musik geht, wo Musik gewissermaßen redet, macht folgendes: Dieses Kapitel, das Orgelfest, bei dem der Held dieses Romanes improvisiert - ganz genial -, machen wir in Sprache. Udo Samel wird einen brillanten Monolog halten, in dem es um musikalische Kriterien geht. Was ist ein Accelerando in der Literatur, wie diminuiert man, wie vergrößert man? Das Glück ist ja, daß ich nicht aus der Literatur, sondern von der Musik komme. Und das rettet mich auch vor der Literatur.

Es gibt Theaterstücke von Ihnen, zum Beispiel „Dreck - Monolog eines Rosen-Verkäufers“, das wurde einmal von einem Kritiker mit einem Rondo verglichen. Dann gibt es „Traum und Trauer des jungen H.“, eine Hitler-Phantasie, das wurde mit einer Reihung von Etüden verglichen. Diese musikalischen Formen, diese Vergleiche, lieben Sie das, oder finden Sie das lächerlich?

Ich finde prinzipiell nicht lächerlich, was jemand über mein Buch oder über die Stücke sagt, auch wenn er sie überhaupt nicht mag. Gerade das interessiert mich. In der Tat ist es so, daß der dramatische Monolog über die Angst vor dem Fremden, „Dreck“, sehr viel mit einem Rondo zu tun hat. Wir österreichischen Autoren haben ein immens musikalisches Vorbild, Thomas Bernhard. Thomas Bernhards Wortmusik ist auch für mich unglaublich prägend gewesen. Ich glaube, man versteht ihn erst dann wirklich, wenn man ihn laut liest. Musikalische Formen sind ganz wichtige Kriterien in meinen Texten.

Wie stellen Sie sich das für „Schlafes Bruder" vor? Erarbeiten Sie das mit Herbert Willi gemeinsam? Wie soll dieses Werk sein? Dieses sehr Subtile, sehr Poetische, diese Romanvorlage - das jetzt auf die Bühne gebracht und noch dazu mit Musik, das verändert doch unglaublich.

Wir hatten gestern eine leidenschaftliche Diskussion, in der eine Leserin sagte: „Ich sehe mir diesen Film niemals an". Ich kenne auch Leute, die sagen: „Ich sehe mir diese Oper niemals an". Verabschiedet euch doch von dem einen! Für mich war es am allerschwierigsten, mich von diesem Kind „Schlafes Bruder", das ich liebgewonnen hatte, das gehen konnte, das gut aussah, zu verabschieden. Als ich Vilsmaier kennenlernte, habe ich gesagt: „Okay, ich gebe das Ding aus den Händen". Auch das muß man können, finde ich. Das ist natürlich eine große Übung, bei der viel Schmerz entsteht und sehr viel Leidenschaft. Was glauben Sie, was ich gelitten habe, mit Vilsmaier! Es ist doch ganz klar, wir haben gerungen, wir haben gekämpft. Ich hatte immer das Gefühl, es geht nicht um Eitelkeiten, auch bei Herbert Willi nicht. Auch bei Herbert Willi war es ein großes Ringen, denn es geht wirklich darum, wie faßt es der andere in seiner genuin eigenen Sprache auf. Und dann muß ich als Autor einfach die Stirn haben und sagen: „Okay, das ist jetzt dein Ding. Ich mache mit, aber du darfst entscheiden."

Lesen Sie andere Bücher? Oder interessiert Sie das nicht?

Natürlich lese ich Bücher.

Was?

Der Fußballer Krankl sagte einmal: „Meine Frau und ich lesen auch Bücher." Und dann fragte der Journalist: „Welche Bücher lesen Sie?" Darauf sagte Krankl: „Scheckbücher".

Danke für den Vergleich. Wir wollen aber wieder zu Robert Schneider zurückkehren. Woran schreiben Sie jetzt? Und wieviele Verlage wollen das, was Sie schreiben und belagern Sie Tag und Nacht?

Ich schreibe schon sehr lange an einem neuen Roman. Jetzt liegt natürlich die Latte sehr hoch, und alle warten mit gespitzen Bleistiften. Ich habe klug daran getan, daß ich dieses Dorf, in dem ich lebe, nicht verlassen habe, gerade jetzt, in diesem Trubel. Dieses Dorf hat für mich eine unglaubliche Kraft, eine unglaubliche Aura, es ist Heimat, und Heimat bedeutet für mich immer etwas Hassens- und etwas Liebenswertes zugleich. Da kann ich arbeiten. Das Schöne ist, ich war bei „Schlafes Bruder" völlig allein, und ich bin beim neuen Roman völlig allein - das tröstet. Ich habe keine Angst. Ich sagte damals bei „Schlafes Bruder“: Ihr werdet noch Augen machen. Sie sagten: „Na ja, aber es muß gedruckt werden.“ Ich sage euch, ihr werdet noch Augen machen beim nächsten Buch. Man muß, verdammt noch einmal, sich wenigstens einmal im Leben entscheiden und sagen: „Dazu stehe ich“. Und da können 1000 Leute sagen, es ist ein Scheißdreck und es ist Quatsch, aber ich finde es toll, und ich mache es. Darum geht es. Nicht ums Loslassen, sondern auch darum, daß man zu gewissen Zeiten unendlich festhält, das ist auch wichtig.

Das ist sicher ein wichtiger Prozeß, im Entstehen eines Kunstwerks.

Ich erzähle Ihnen eine schöne Geschichte. Der Film hat Verrisse bekommen, er sei schlecht und furchtbar und ich wäre ein „Almöhi“, ein „müder Hansl“. Am Anfang waren wir sehr verletzt, weil es auch um Dinge ging, wo es ganz persönlich wurde. Das tut weh, das geben wir auch zu. Dann habe ich spontan gesagt: „Sepp, jetzt bin auch ich als Romanautor gefordert, der immerhin dafür die Kohle kassiert hat, jetzt steh' ich dazu“. Ich mache jetzt mit ihm eine Reise durch die Kinos, und wir haben da unendliche Freude. Wir versuchen, die Menschen „anzuzünden“, und das gelingt jedem auf seine eigene Art und Weise.

Wir haben uns sehr gefreut. Leider müssen wir uns jetzt verabschieden.

Frau Hofer, *Treue*, darum geht es, *Treue*, Treue.

Ich werde es mir merken.

Das Gespräch mit Robert Schneider führte Brigitte Hofer

ich habe etwas gegen Selbstfindung
und Selbstsuche -
das riecht so nach Frauenliteratur

Anna Mitgutsch

Anna Mitgutsch, „Abschied von Jerusalem", erschienen bei Rowohlt Berlin. Eine Frau irrt durch Jerusalem, sie ist nicht mehr ganz jung, sie hat als Touristin einen Mann kennengelernt, der viel jünger ist und hat mit ihm geschlafen. Jetzt ist der Mann tot, von der israelischen Polizei erschossen. Vermutlich war er palästinensischer Terrorist, und die Frau ist „...auf der Suche und auf der Flucht zugleich". Nun muß ich eine kurze Vorbemerkung machen. Vor diesem Gespräch habe ich gestern drei Minuten mit Anna Mitgutsch über das Buch geredet, weil sie wissen wollte, was heute sein wird. Alles, was ich gesagt habe, war gänzlich falsch. Unter anderem war besonders falsch, daß ich gesagt habe, für mich hat dieser Roman sehr verschiedene Aspekte: zunächst den eines Polit-Thrillers, dann ist es auch ein Liebesroman, weiters kann man ihn interpretieren als weibliche Selbstsuche, zudem ist es ein Stadtportrait; und wenn man will, kann man auch noch sagen, das ist die Geschichte eines gänzlich entgleisten Urlaubs. Ich meine, das ist es alles zusammen, aber Anna Mitgutsch hat gesagt, das ist falsch.

Absolut. Ich habe schon wieder Probleme mit Ihrer Inhaltsangabe. Eine Frau „irrt" nicht „durch Jerusalem", das ist dieser unselig erste Satz auf dem Waschzettel, den hab' nicht ich verbrochen. Aber der begegnet mir jetzt überall, bei jeder Lesung und überall. Sie irrt nicht durch Jerusalem, sie ist nicht konfus, sie ist total bei sich.

Aber sie ist verängstigt, sie hat Angst.

Fangen wir vom Anfang an.

Gut.

Ich glaube, es ist wichtig, sich bei einem Buch zunächst zu fragen, was ist die Ausgangsposition? Und die Ausgangsposition dieses Buchs ist ein imaginiertes Verhör. Aus dieser Situation heraus kann man das Buch erst erschließen. Denn wenn man nicht davon ausgeht, greift die Liebesgeschichte zu kurz, greift der politische Thriller zu kurz und der Urlaub überhaupt. Was mich an dem Roman, den ich geschrieben habe, fasziniert hat, ist, daß diese Frau etwas erlebt hat. Das können wir verschieden darstellen. Es ist vorbei, und jetzt entsteht diese Diskrepanz, zwischen dem tatsächlich objektiv Geschehenen und dem, wie sie sich daran erinnert. Plötzlich ergeben sich so viele Facetten, wie sie sich daran erinnern könnte, die Realität wird so brüchig, daß die Realität für sie überhaupt nicht mehr erzählbar ist. Diese Nicht-Mehr-Erzählbarkeit der Realität und das Nicht-Mehr-Erinnern-

Können, dieses paranoide Hineinschlittern in ein Wahnsystem, das ist die eigentliche Geschichte.

Wir wollen jetzt nicht um Worte streiten. Ob wir Konfusion sagen oder paranoides Wahnsystem, kommt ungefähr auf das selbe 'raus. Die Verhörsituation ist nicht ganz der Beginn des Romans, aber sie setzt früh ein. Es gibt eine Vorgeschichte, denn schon ganz am Anfang des Romans kriegt sie die ersten Warnungen, bei dem Mann, der vorgibt, ein Armenier zu sein, dürfte es sich um einen Palästinenser handeln, und es sieht so aus, als habe er politische Absichten.

Naja, der Roman beginnt mit dem Augenblick, wo er schon längst verschwunden ist. Das heißt, es wird alles aus der Rückblende erzählt. Alles ist schon geschehen.

Haben Sie es auch als politischen Roman verstanden?

Was ist *nicht* politisch! Jeder Roman ist politisch.

Wir sprechen hier von einer konkreten politischen Situation. Es geht um den Nahost-Konflikt, es geht um die Frage des Terrorismus': das ist ein hochpolitisches Thema. Während nämlich die Barockdichterin und der Ehebruch nicht in den Nachrichten vorkommen, ist das sehr wohl drinnen.

Ja, ja, aber Politik kann man im Roman nie abstrakt darstellen, Politik ist nur erlebbar im Roman. Das heißt, die Politik geht völlig in diese private Beziehung ein. In alle diese Beziehungen, in alle Figuren.

Das ist mir schon klar, daß das untrennbar und unauflösbar ineinander verwoben ist. Drum hab ich auch am Anfang so viele verschiedene Aspekte angeboten und habe gesagt, das sind nur Aspekte, und die sind wie in einer Blutwurst durcheinander gemischt; ich meine, sie sind zu Literatur geworden... Jetzt will ich aber doch noch kurz bei der politischen Frage bleiben, Sie haben in Jerusalem gelebt und gearbeitet. Man merkt aus jeder Zeile des Buches, daß Sie diese Stadt sehr gut kennen und offenbar auch lieben. Das ist eigentlich eine Hommage an Jerusalem, eine Lieberserklärung. Wie lang waren Sie in Jerusalem? Sie hatten eine Gastprofessur an der Universität gehabt?

Nein, hatte ich nicht. Das hat der Verlag wieder einmal verwurstelt.

Ach Gott, der Verlag!

Naja, wenn es einmal am Klappentext steht und das Buch ausgeliefert ist, kann ich nur mehr an die einzelnen Journalisten schreiben, daß ich dort nicht unterrichtet habe.

Gut, jetzt stellen Sie es ein für allemal richtig. Wie war es?

Ich habe in einem Kibbuz gelebt, ein Jahr lang.

Wo war der Kibbuz, weit weg?

In Israel ist nichts weit weg. Fast unten bei Gaza, bei Ashkelon. Der Roman spielt zunächst im ersten, zweiten Sommer der Intifada, da hat es wirklich ziemlich düster ausgesehen. So euphorisch, wie hier in Europa die Entwicklung gesehen wird, sehe ich sie nicht. Nach einem Jahrhundert von Spannungen und Kämpfen kann nicht in einigen Monaten der Friede ausbrechen. Ich ärgere mich immer wieder über die Berichterstattung bei uns, die Israel-Berichterstattung.

Es ist genau, wie Sie gesagt haben: Es kann nicht so schnell gehen, man muß Geduld haben. Das heißt aber gleichzeitig, auch wenn man relativ optimistisch ist: die Schritte werden notwendigerweise nur klein sein können.

Man sollte sich überhaupt irgendwelcher politischer Prognosen enthalten, die gehen sehr oft daneben.

Was soll am Ende für Jerusalem herauskommen, in Ihren Augen?

Ich bin eine Privatperson, ich hänge an Jerusalem, so wie es jetzt ist. Aber ich sehe auch ein, daß eine Lösung gefunden werden muß, die die Araber glücklich macht und die Israelis auch glücklich macht. Es gibt bestimmt eine Lösung.

So, wie es jetzt ist, sagen Sie. Sind Sie im Ostteil der Stadt spazieren gegangen und wenn ja, sind Sie unbeschwert im Ostteil der Stadt spazieren gegangen?

Sicher. Ja. Nur während der Intifada war es ein bißchen kompliziert, während der Intifada war es nicht besonders klug, besonders mit dem Auto dorthin zu fahren. Aber jetzt ist es kein Problem mehr.

Die Stadt war de facto wieder geteilt. Jetzt nicht mehr?

Sie ist noch immer geteilt, es gehen keine Juden hinüber nach Ostjerusalem. Sie haben dort nichts zu tun und sie fühlen sich auch nicht wohl, und es ist auch nicht ganz sicher.

Kommen wir zum Roman zurück. Das ist ein Roman der Geheimnisse. Nicht nur der Mann hat ein Geheimnis, es hat auch die Frau ein Geheimnis, das sie offensichtlich belastet.

Ja.

Er verbirgt seine Abstammung vor ihr, und sie verbirgt ihre Abstammung vor ihm. - Eine Frau sucht sich selber und ihre eben erlebte Geschichte, und gefunden wird sie von der Polizei.

Sie sucht sich nicht selber.

Aber ihre Geschichte sucht sie.

Sie sucht ihre Geschichte und will wissen, was ihr passiert ist. Was ihr jetzt gerade zugestoßen ist.

Diese Geschichte ist aber Teil ihrer selbst. Sie kennen Ihren Roman viel besser als ich, aber Sie erlauben trotzdem, daß ich widerspreche. Wenn sie diese Geschichte sucht, dann sucht sie sich doch auch selbst in dieser Geschichte. Sie fragt sich: War es Liebe oder Betrug? Hat er sie geliebt, oder hat er sie nur aus politischen Gründen mißbraucht und Liebe vorgetäuscht?

Sie hat ihre Identität, nur ist ihre Identität nicht stabil. Und durch dieses Erlebnis wird diese Identität, die sie hat oder glaubt zu haben, völlig aus dem Gleichgewicht gebracht. Aber, ich habe etwas gegen diese Vorstellungen, gegen Selbstfindung und Selbstsuche. Das riecht so nach Frauenliteratur und Selbstfindungsromanen, deswegen wehre ich mich dagegen.

Das verstehe ich schon. Ich wollte Ihnen das gar nicht unterstellen. Jedenfalls, das Ende ist, die Polizei findet sie und wie es ausgeht, wissen wir nicht.

Es ist egal. Wir wissen alles, was wir wissen müssen. Das Verhör hat sie so oft geprobt, das Verhör probt sie fast auf dreihundert Seiten. Wie das Verhör tatsächlich ausschaut, das ist wurscht.

Und was die Polizei damit anfangt.

Das ist auch egal. Wichtig ist *sie*, was sie erlebt hat und ob die Realität, die sie erlebt hat, wirklich auch die Realität ist, die sie erlebt hat.

Ich stelle fest, Sie machen sich um das Weiterleben ihrer Heldin merkwürdig wenig Sorgen. - - Eines der zentralen Themen ist die Frage: Liebe oder Betrug?

Was macht Leidenschaft eigentlich aus? Ist es dazu notwendig, daß man sich kennt, daß man die selbe Kultur besitzt, die selbe Sprache besitzt, was ist das Element, was macht diese starke, nicht nur körperliche Anziehung aus. Die beiden kennen sich überhaupt nicht, sie wissen gar nichts voneinander, weil sie sich belügen. Die Leidenschaft ist möglich, aber die Liebe ist nicht möglich, weil sie sich gegenseitig anlügen.

Würden Sie annehmen, daß Leidenschaft unter allen Bedingungen denkbar und möglich ist? Bei der Liebe ist es wesentlich komplizierter. Wenn die Verschiedenheit sehr groß ist, dann sind die Schwierigkeiten wegen unterschiedlicher Kultur, Bildung, Herkunft voraussehbar. Insofern haben die zwei schon einen schwierigen Start. Aber während ich spreche, schüttelt Anna Mitgutsch die ganze Zeit den Kopf.

Ich glaube, was die Beziehung verhindert, ist, daß sie sich gegenseitig belügen, daß sie Masken tragen. Sie sind einander gegenüber wie zwei Maskierte. Ich glaube nicht, was Sie sagen, an die Ähnlichkeit der Herkunft und so weiter, an das glaube ich nicht.

Sie glauben nicht, daß das ein Hemmnis sein kann...

Wir sind schon aus dem Roman draußen. - Ich meine, daß es in diesem Roman notwendig wäre, sich gegenseitig auszuliefern. Und dieser Betrug, dieses Gefühl, betrogen worden zu sein, ist nicht so sehr, daß er Terrorist ist, sondern daß er sich nicht ausgeliefert hat, als Mensch.

Hätte er das können?

Eben nicht. Sie auch nicht. Diese Situationen müssen nicht lösbar sein.

Es ist also die Geschichte einer unmöglichen Liebe.

Das Gespräch mit Anna Mitgutsch führte Peter Huemer

die deutsche Sprache hindert mich,
in Geschwätzigkeit auszuarten

Milo Dor

Milo Dor war als 18-Jähriger in Belgrad, als die Wehrmacht die damalige jugoslawische Hauptstadt okkupiert hat. Er war Widerstandskämpfer der ersten Stunde, wurde dann nach Österreich verschleppt und hat sich dazu entschlossen, in Österreich zu bleiben. Wieso ist er nicht nach Jugoslawien zurückgekehrt, an dessen Befreiung er am Anfang doch beteiligt war?

Ich war als junger Bursche Kommunist. Ich habe etwas anders gedacht als die anderen und wurde als Trotzkist verschrieen, weil ich gegen den deutsch-sowjetischen Pakt war und galt in den Augen der Genossen als ein bißchen suspekt. Nachdem die Deutschen einmarschiert sind, gab es keine Kritiken, keine Diskussionen mehr. Ich wurde verhaftet und eineinhalb Jahre später nach Wien deportiert, wo ich wieder verhaftet wurde. 1945 habe ich überlegt, nach Jugoslawien zurückzukehren, nur haben mir meine Freunde, meine intimen Freunde geschrieben, die Situation sei nicht sehr günstig. Man vergißt, daß die jugoslawischen Kommunisten damals Erz-Stalinisten waren, sie haben sich erst 48/49 von der Sojwetunion losgelöst. So habe ich beschlossen, in Wien zu bleiben. Für mich war es nicht sehr schwer, weil ich schon als Kind Deutsch gesprochen habe. Ich habe eine Großmutter gehabt, die eine Wienerin war, allerdings eine Griechin aus Wien - in Wien gab es eine große griechische Kolonie -, die hat mein Großvater, der in Temesvar gelebt hat, geheiratet. Von der habe ich Deutsch gelernt, schon als Kind, weil sie nicht Serbisch konnte. So war es für mich nicht schwer, im Jahr ´45 in Wien Fuß zu fassen und in der deutschen Sprache Fuß zu fassen. Ich habe in Wien studiert und gleich begonnen, Deutsch zu schreiben, am Anfang mit großen Schwierigkeiten, aber mit der Zeit habe ich mich daran gewöhnt. Jetzt sind es schon fünfzig Jahre her; also ich bin da in Wien zu Hause.

Milo, du hast tatsächlich von der serbokroatischen Sprache auf die deutsche als Schreibsprache gewechselt. War das ein Entschluß, oder ist das spontan gekommen?

Naja, ursprünglich habe ich in Serbokroatisch geschrieben, Gedichte, wie das üblich ist, mit 16, 17, 18 Jahren, damit habe ich mit 19, 20 aufgehört. Deutsch war für mich nicht fremd, aber doch nicht meine Ausdruckssprache, meine Schreibsprache. Nach dem Krieg war ich Student und mußte Geld verdienen, ich habe bei den Franzosen gearbeitet. Als ich nach Wien gekommen bin, habe ich besser Französisch gesprochen als Deutsch. Ich habe ein Kulturbulletin mitredigiert und aus einer Fremdsprache in eine andere übersetzt, aus dem Französischen ins Deutsche; das war für mich eine sehr, sehr gute Schule. Ich glaube, die Entscheidung, Deutsch zu schreiben, war richtig und wichtig, weil mich die deutsche Sprache daran hindert, in Geschwätzigkeit auszuarten. Ich muß mich konzentrieren, mich präzise auszudrücken, ohne diesen ganzen Schwulst, der da in der Sprache mitschwingt und der einen in der Muttersprache dazu verführt, geschwätzig zu werden, also üppig zu werden. So bin ich, glaube ich, präziser geworden als ich in der serbischen Sprache geworden wäre, hätte ich weiter Serbisch geschrieben.

Was bedeutet das für den Jugoslawen Milo Dor, daß Jugoslawien zerfallen ist?

Ich bin kein Jugo-Nostalgiker, aber ich bin trotzdem sehr, sehr traurig über diese Ereignisse, weil sich da einige Völker, die miteinander verwandt oder verschwistert oder verschwägert sind und in einem gemeinsamen Staatsgebiet gelebt haben - und ich sehe da, daß die Chance für ein Zusammenleben total im Eimer ist -, nicht miteinander vertragen. Ich habe die Illusion verloren, daß es für verschiedene Völker überhaupt möglich ist oder möglich sein könnte, friedlich nebeneinander zu leben. Früher gab es keinen Unterschied, meine Bücher sind seinerzeit sowohl in Kroatien übersetzt worden als auch in Serbien. Ebenso haben die Autoren aus Zagreb oft in Belgrad veröffentlicht oder umgekehrt. Das, was ich von der slowenischen Literatur kenne, kenne ich von den kroatischen oder serbischen Übersetzungen und nicht aus dem Deutschen, es wurde kaum ins Deutsche oder in eine andere Sprache übersetzt. Es war doch ein gemeinsames, nicht nur Staatsgebiet, sondern auch Wirtschaftsgebiet und auch ein kultureller Resonanzboden; man kann sagen, ein gemeinsames kulturelles Gebiet. Das alles ist jetzt durch den Nationalismus, der plötzlich, nach dem Wegfall des Drucks des kommunistischen Staates emporgeschossen ist, kaputtgemacht worden. Und das ist für mich auch ein extrem schlechtes Zeichen, wenn das Schule macht, sehe ich sehr schwarz, für ganz Europa. Gesetzt den Fall, ein Nationalist, ein radikaler Nationalist siegt in Ungarn und will plötzlich alle Ungarn in einem Staat vereinigen, was sogar leichter ginge als in Jugoslawien, wo man Hunderttausende und Millionen Menschen hin- und herschieben muß, um ethnische Staaten zu gründen. Genau das, was Hitler nicht gelungen ist, scheint denen zu gelingen, mit unserer Billigung oder unserem gleichgültigen Blick: die Bildung von ethnischen Staaten. Das könnten die Ungarn etwa auch verlangen, daß die Ungarn aus Rumänien angeschlossen werden, aus

Jugoslawien, aus der Slowakei und ein Teil auch aus Österreich. Aber, Gott sei Dank, die halten sich noch ganz vernünftig. Ich sehe die Chance für ein friedliches Zusammenleben und für einen kulturellen Austausch auf Jahrzehnte verpaßt. Es gibt jetzt zaghafte Versuche von Kontakten zwischen Autoren, zwischen Journalisten, zwischen Kino-Regisseuren, Schauspielern, zwischen den Intellektuellen aus Kroatien und aus Serbien. Aber, wie gesagt, das wird, meiner Ansicht nach, sehr, sehr lange dauern, wenn der Krieg endlich einmal aufgehört hat, formell aufgehört hat. Es wird wahrscheinlich noch lange Scharmützel geben, weil die einzelnen Kommandeure gar nicht darauf hören, was da irgendwo unterschrieben wird, sie werden wahrscheinlich den Krieg weiter auf eigene Rechnung führen, als Räuberbanden, als echte Marodeure. Doch diese zaghaften Kontakte sind ein Keim für die Zukunft, ich hoffe, daß dann auch einmal ein Gegentrend kommen wird, genauso wie dieser Nationalismus ein Gegentrend zum sogenannten kommunistischen Internationalismus war; ein Gegentrend zum Zusammenschluß. Man muß einander nicht um den Hals fallen, aber wenigstems normal miteinander umgehen - nachbarlich. Wirtschaftlich sind sie aufeinander angewiesen und kulturell natürlich auch, aber es wird noch dreißig bis fünfzig Jahre dauern.

Ich kann übrigens Milo Dor versichern, daß es in Ungarn durchaus Politiker gab, die sich als Fürsprecher für alle Ungarn in der Welt verstanden haben. So hat sich der erste Regierungschef Antal am ersten Tag nach seiner Amtsübernahme dahingehend geäußert, er verstehe sich als Ministerpräsident von 15 Millionen Ungarn. Heute sucht man einen Regierungschef, der sich wenigstens als Vertreter von 2 Millionen Rentnern in Ungarn verstehen würde...

Das Gespräch mit Milo Dor führte György Dalos

LEICHTSCHWER

die Art der Präsentation eines Landes
sagt sehr viel
über ein nationales Selbstverständnis aus

Holger Ehling
Pressesprecher der Frankfurter Buchmesse

Herr Ehling, wie läuft die Messe?

Die Messe läuft sehr gut. Wir haben gestern über 52.000 Besucher auf dem Messegelände gehabt, das ist eine Steigerung von 11% gegenüber dem vergangenen Jahr. Wir sind damit sehr zufrieden.

Würden Sie sagen, daß Österreich als Schwerpunktthema gut zur Geltung kommt, nicht zur Geltung kommt, oder neutral?

Österreich kommt als Schwerpunktthema wunderbar zur Geltung. Wir haben noch nie ein Schwerpunkt-Partnerland gehabt, das so viele kulturelle Veranstaltungen der unterschiedlichsten Art und Weise angestoßen hat. Wir ziehen vor dieser Art von intelligenter und mit sehr leichter Hand gemachten Planung den Hut und sagen: „Klasse".

Wie stehen Sie zu dem Österreich-Leichtpunkt?

Der Österreich-Leichtpunkt scheint ein ganz netter Farbtupfer in dem Angebot des Österreich-Schwerpunktes zu sein. Die Leichtigkeit des Seins ist uns ja allen durchaus ein Anliegen. Wenn es dem Bekanntmachen witziger, netter, unterhaltsamer österreichischer Kultur dient, sind mit uns alle Schandtaten möglich.

Sie sehen das quasi als Bereicherung, nicht als Kritik dem offiziellen Österreich gegenüber?

Ja. Das ist sicher keine Kritik. Ich wüßte auch nicht, wo man mit der Kritik in sinnvoller Weise ansetzen sollte. Es gibt in jedem Jahr bei der Vorbereitung der Länderschwerpunkte Diskussionen darüber, wie das in Frankfurt geschehen soll. Es ist auch so: hier ist eine Weltbühne des Buches, eine Weltbühne des Kommerzes und auch des Geistes. Die Art der Präsentation eines Landes sagt natürlich sehr viel über ein nationales Selbstverständnis aus, und diese Art von Integrität muß definiert werden. Wenn es da vollkommen ohne Gedanken abgeht, ohne Anwürfe, dann wäre das schlimm. Denn das hieße, daß es in den einzelnen Ländern ein totalitäres Kultur- und Selbstverständnis gäbe. Daran ist uns so wenig gelegen wie den Schwerpunktländern selber.

Wenn Sie sich etwas wünschen würden, was würden Sie sich dann wünschen?

Ich würde mir jetzt mit Messe-Ende Urlaub wünschen.

Und auf Ihre Arbeit bezogen? Könnte man etwas verbessern auf der Messe, in der Arbeit für die Messe? Ist etwas schiefgelaufen? Was würden Sie sich für nächstes Jahr wünschen?

Wir haben immer unsere kleinen Pannen, aber das ist ganz normal. Die Messe ist ein Riesen-Betrieb. Wir haben in diesem Jahr fast 9.000 Aussteller und über 9.000 Journalisten, die auf der Messe arbeiten. Es ist unglaublich, als Unternehmen dermaßen ausstrahlen zu können. Auf der anderen Seite ist es auch so, daß meine Bemühungen immer nur eine Tagesjournalistik erreichen. Ich würde mir wünschen, daß die Messe - stärker noch als das kommerzielle, professionelle Ereignis, das sie ist - in ihrer wirtschaftlichen Bedeutung für Frankfurt gesehen werden würde.

Wenn ich jetzt österreichische Literatur sage, welche Autoren fallen Ihnen dazu ein?

Menasse.

Er hat geredet. Wer fällt Ihnen noch ein?

Handke, Ransmayr, Haslinger, Schneider, Roth.

Welche haben Sie gelesen?

Ich habe die meisten davon gelesen. Bei vielen weiß man nicht so recht, ist das ein Österreicher oder ein Deutscher? Lebt ein Deutscher zum Beispiel in Wien, finden sich dann auch Austriazismen im Sprachschatz. Ich lese Bücher nicht unbedingt nach nationalen Kriterien, sondern ich lese einfach, was mir in die Finger kommt. Wenn es mir nach zehn Seiten keinen Spaß mehr macht, lege ich das Buch weg. Bisher habe ich mit der österreichischen Literatur noch keine negativen Erfahrungen gemacht.

Kamen Sie zu Ihrer Arbeit über die Literatur oder über die Öffentlichkeitsarbeit?

Ich bin studierter Literaturwissenschaftler und gelernter Journalist. Ich kam hierher, weil ich mich für Literatur interessiere und weil mir der Laden hier gut gefällt. Es ist ein Unternehmen, das sicherlich kommerziell orientiert ist, das aber auch ein ganz großes Herz für den kulturellen Aspekt hat.

Was war Ihr Fachgebiet in der Literaturwissenschaft?

Das Fachgebiet, das ich am intensivsten betrieben habe und betreibe, ist die afrikanische Literatur.

Das Gespräch mit Holger Ehling führte Walter Baco

MICH ZIEHT'S ZU MAGNET
ÖSTERREICHS EINZIGER LEBENSMITTELMARKT MIT INTERNET-BESTELLMÖGLICHKEIT
Netscape:MAGNET
Back
Forward
Home
Reload
Images
Open
Print
Find
Stop
N
http://www.magnetmarkt.co.at/magnet/
Der frische MAGNET

dem Zetteldichter Seethaler
war es auch sehr wichtig,
hier eine entsprechende
Präsentationsmöglichkeit zu finden.
Die haben wir schließlich auch gefunden

Rüdiger Wischenbart

Leiter des Schwerpunktthemas „Österreich“ 1995

Herr Dr. Wischenbart ist Leiter des Schwerpunktthemas Österreich 1995. Wir möchten ihm gerne ein paar persönliche Fragen stellen. Herr Dr. Wischenbart, haben Sie Mut?

Weiß ich nicht.

Herr Dr. Wischenbart, ist Elfriede Jelinek hier?

Frau Jelinek ist bei der Ausstellung vertreten. Sie ist persönlich nicht hier, weil sie zur Zeit keine persönlichen Auftritte macht.

Ist Gerhard Roth hier?

Gerhard Roth hat vorgezogen, nicht teilzunehmen.

Können Sie erläutern, warum gewisse Personen hier im Schwerpunktprogramm nicht vertreten sind?

Das Wichtigste ist, daß klargestellt werden muß, was ein Schwerpunktthema ist. Das ist keine Sportveranstaltung mit Nationalmannschaften, das ist keine staatstragende Veranstaltung. Wir sind auf einer Messe. Eine Messe, das ist ein großer Marktplatz. Es werden Meinungen, Bücher, aktuelle Leute verhandelt, ausgetauscht, und da steht es jedem frei, daran teilzunehmen. Das Schwerpunktthema soll insgesamt ein Land mit seiner Literatur, mit seiner Kulturgeschichte etc. vorstellen. Das haben wir gemacht. Wir wollten es auf eine Art und Weise machen, die sehr stark von den Autoren kommt. Wenn Sie hier in die Vitrinen schauen, sehen Sie insgesamt rund 120 Autoren, die sich im persönlichen Gespräch mit der Ausstellungsgestalterin entschieden haben, welche Objekte, Bücher, Dokumente hier ausgestellt werden. Das zeigt gerade, wie intensiv und wie erfolgreich die Zusammenarbeit mit den Autoren war. Das gibt ein Bild. Es wäre absoluter Unfug, zu glauben, auf einer Messe vollständige, komplette, definitive - das würde auch heißen, nicht mehr aktuelle, nicht mehr offene - Dinge darstellen zu wollen. Das ist ein lebendiges Bild, und lebendige Bilder sind unvollständig. Dazu bekenne ich mich.

Es ist aber nun sehr viel Kritik laut geworden, daß das offizielle Komitee auf eine Weise operierte, die dem Ansehen der Literatur mehr geschadet als genützt hat. So wurden einige Autoren nicht eingeladen oder ausgeladen, nachdem sie schon eingeladen waren - mit der Begründung, es sei kein Geld vorhanden, obwohl wir uns hier in einem Pavillon befinden, der 12 bis 15 Millionen Schilling gekostet hat, zuzüglich der Honorare aller Mitwirkenden. Wäre es nicht angebracht gewesen, mehr Augenmaß walten zu lassen?

Gerade der Pavillon - am heutigen Messetag sind die ersten Architekturkritiken dazu erschienen - hat sehr stark beeindruckt. Ich referiere mit gewissem Stolz, daß ich in der Zeitung lesen konnte: die Leichtigkeit, das Nicht-Pompöse, die intelligente Darstellung - das sind die Epitheta, mit denen unsere Arbeit kommentiert wird. Gleichzeitig scheint uns eines gelungen zu sein: Wir haben bereits jetzt sehr viel qualifizierte Aufmerksamkeit bündeln können. Der Pressesprecher der Frankfurter Buchmesse hat heute gesagt, Österreich ist das Schwerpunktthema, das den größten Effekt von allen Schwerpunktthemen bisher erzielen konnte. Natürlich gibt es Kritik. Und ich bin der erste, der Ihnen sagen kann, das ist nicht die einzige Art, wie man das machen kann. Mir fallen mehrere ganz unterschiedliche Varianten ein. Das ist *eine.* So ganz schlecht können wir nicht liegen, wenn Sie diese positiven Resonanzen heranziehen. Noch ein Satz: Ich schaue da gerade quer durch den Hof hinüber, in den Trakt, der mit Veranstaltungen, Radioübertragungen etc. betraut ist. Da wird gerade ein sehr sprödes Thema verhandelt: Die Rolle der österreichischen Verlage und die Vermittlertätigkeit zwischen Ost und West. Es ist knallvoll.

Nun wissen Sie, daß es mittlerweile einen Österreich-Leichtpunkt gibt, der gewisse Ursachen, gewisse Symptomatiken aufzeigt. Fühlen Sie sich durch den Österreich-Leichtpunkt persönlich angegriffen, gestört, oder in Ihrer Arbeit befremdet?

Überhaupt nicht.

Was würden Sie darüber sagen?

Ich habe noch nicht Gelegenheit oder Zeit gehabt, mich darüber zu informieren; ich habe einen sehr gefüllten Tagesplan. Ich sehe, daß sehr erfolgreich Promotion gemacht wird, daß sich ein Werber, Autor, Performer - ich weiß nicht, wie Sie sich genau verstehen - eben auch auf diesem Marktplatz zu präsentieren bemüht. Und das ist gut. Das gehört zu diesem Messegeschehen dazu.

Nur möchte ich dazu sagen, daß ich zwar Promotion in meiner eigenen Sache betreibe,...

Das tun ja alle Autoren.

...aber ich vertrete auch eine Vielzahl von Autoren, die unzufrieden mit dem offiziellen Österreich-Schwerpunkt sind. Ich möchte Sie auch in dieser Funktion fragen, ob Sie sich dem Österreich-Leichtpunkt - der sich als Gegengewicht, nicht als Gegensatz, der den Österreich-Schwerpunkt bekämpfen will, versteht; denn dazu hätten wir schon bei der Eröffnungs-Pressekonferenz, die wir nicht umfunktioniert haben, Gelegenheit gehabt; wir haben lediglich unseren Standpunkt dargestellt und bekanntgemacht. Es wäre ein Leichtes

gewesen, Negativwerbung zu treiben, aber das ist nicht unsere Art, wir haben uns, glaube ich, sehr kooperativ gezeigt - ob Sie sich dem Österreich-Leichtpunkt gegenüber gleichfalls kooperativ bis humorvoll geneigt zeigen werden.

Was würde das heißen? - Grundsätzlich ja.

Wir haben mit verschiedenen Journalisten gesprochen. Wir haben ein Konzept vorgeschlagen, daß wir hier in der Nähe des Pavillons, außerhalb, ein kleines Objekt anbringen, das eine Pavillon-Ähnlichkeit hat; wo ein Käfig aufgestellt wird, der symbolisch ist für alle Leute, die nicht hier sind, ein Käfig, in dem ein Buch drinnen liegen wird.

Ich weiß nicht, ob Käfig und Literatur kongenial sind.

Den Charakter der Aktion müssen Sie schon dem Österreich-Leicht-Komitee überlassen.

Das ist klar.

Es liegt sozusagen an Ihrem Einverständnis, ob wir das hier machen dürfen oder nicht, denn wir wollen ja den Österreich-Schwerpunkt nicht stören.

Ich erörtere solche Fragen lieber sachlich und ohne Bedrängnis von Kameras. Ich möchte mich hinter nichts verschanzen, aber man muß sich zusammensetzen und darüber reden. Es gibt auch einen Architekten, der zu befragen ist. Dann werden wir sehen. Man merkt, der Pavillon ist offensichtlich Anziehungspunkt, und das ist auch gewollt. Dem Herrn Seethaler, dem Zetteldichter, war es auch sehr wichtig, hier eine entsprechende Präsentationsmöglichkeit zu finden. Die haben wir schließlich auch gefunden.

Das Gespräch mit Rüdiger Wischenbart führte Walter Baco

P.S.: Herr Dr. Wischenbart gab später sein Einverständnis zur Errichtung des „Österreich-Leichtpunkt-Pavillons". Dazu wurde mit Hilfe der lokalen Sendestationen ein „Blitz-Wettbewerb für Design-Genies" ins Leben gerufen. Diesen Wetbewerb gewann die Fotokünstlerin und Designerin Maria Günther aus Frankfurt, die innerhalb weniger Stunden den Ö-Leicht-Pavillon aufbaute und gestaltete.

80 Millionen Volk
gucken neidisch nach Wien

Heinrich Nussbaum

Journalist, rhein-main-presse

Herr Nussbaum, es gibt einen Österreich-Leichtpunk. Was sagen Sie dazu?

Kein Österreich-Schwerpunkt, ohne daß unweigerlich irgendein Schwergewicht Leichtes dazugibt. Ich kenne, solange ich die Buchmesse verfolge, keine Veranstaltung, wo die Österreicher sich nicht selber die beste Opposition machten. Dafür habe ich sehr viel Verständnis, es rührt mich sehr an. Ich bewundere dieses Marketingtalent. Die Publikumsbeschimpfung, mit der sich Handke polternd in die Literaturgeschichte eingeschlichen hat, ist eigentlich ein österreichischer Nationalzug, der sich hier vielleicht ein bißchen erschöpft. Ich gestehe, daß es einen Leichtpunkt geben muß, aber daß er anscheinend einigen Leuten auf den Wecker geht, das irritiert mich. Daß offiziell den Leuten das schon zu viel ist, daß sie es nicht begrüßen als Beweis für die ungeheure Vielfalt dieses kleinen Landes, das uns ja auch immer etwas neidisch macht! 80 Millionen Volk gucken neidisch nach Wien. Ich freue mich einerseits über die Munterkeit und erschrecke manchmal andererseits, wenn ich über Hintergründe informiert werde, daß es hinter Turrini und all diesen Leuten gar nicht so ganz munter aussieht. Wenn ich hier diesen reizenden Pflückliteraten kennenlerne, einen hoch gebildeten, sehr sensiblen Menschen, und ich sehe dann schon wieder einen Offiziellen, der seine Zettelchen abreißt, dann wird mir ein bißchen unheimlich, und ich frage mich eigentlich, warum die Frankfurter Buchmesse, die der Hort des Geistes und der Meinungsfreiheit sein will, sich von irgendwelchen österreichischen, sogenannten Offiziellen hier gefallen läßt, Vorschriften zu ertragen. Das Hausherrenrecht liegt nicht in Österreich, sondern bei der Buchmesse.

Dazu muß ich sagen, daß es uns nach langem Hin und Her gelungen ist, daß sich der Österreich-Leichtpunkt hier öffentlich neben dem Österreich-Pavillon präsentieren darf, aber auch nur, wenn und weil der Herr Wischenbart vom Österreich-Komitee seine Zustimmung gibt. Selbst die mächtige Frankfurter Buchmesse „kniet“ vor dem Österreich-Komitee und der Würde des K.u.K.-Reliktstaates.

Und das doch, obwohl Sie einen Minister vorgezeigt haben, der den glaubwürdigen Eindruck macht, ein liberaler Intellektueller zu sein, der durchaus Sinn für Humor hat und sogar, glaube ich, den Wert einer so bunten Szene sieht.

Wir sind sehr zufrieden mit diesem Minister, das muß ich bei dieser Gelegenheit einmal sagen, und wir hoffen, daß er lange bleibt, denn er tut sehr viel für die Kultur und für die Literatur.

Also ganz zugespitzt kann man doch sagen, für den Österreich-Schwerpunkt brauchen wir eingeweihten Kollegen, Journalisten, Buchhändler keinen Resümee-Zustand - den nehmen wir ohnehin wahr. Gerade der Leichtpunkt ist für uns doch die Neu-Information. Den Herrn Seethaler nehme ich aus der Perspektive Frankfurt - Wien nur dann wahr, wenn ich dort als Tourist bin. Insofern finde ich, die Logik müßte gerade sein: „Leicht-“ ist das eigentliche Informationsthema für uns, nicht Schwergewicht.

Sie meinen, diese Einzelaktivitäten machen den gewissen Pfeffer aus, und die andere Seite, daß sich Österreich bekriegt, ist eben diese Form von Austro-Masochismus.

Ja, anscheinend, leider. Ich erinnere mich noch, als Rühm hier einmal auf die Bemerkung, ich fände Österreich so charmant, sagte: „Das ist das Schlimmste“. Sie müssen doch eigentlich, prozentual auf die Bevölkerung umgelegt, stolz sein, was für ein Kulturleben Sie haben. Daß das aus soviel Messerkämpfen bestehen muß, ist eine andere Sache.

Würden Sie dem inoffiziellen Österreich-Leicht-Komitee beitreten?

Sofort, sofort. Ich weiß zwar nicht ganz genau, aus wem es besteht, aber ich habe den Eindruck, eher bei Leicht als bei Schwer. Und die Schweren brauchen uns auch gar nicht.

Das Gespräch mit Heinrich Nussbaum führte Walter Baco

Maksut Kleemann

Journalist, wdr

Wollen Sie ein kurzes Statement zum Österreich-Leichtpunkt abgeben?

Ich finde es bedauerlich, daß neben dem offiziellen Österreich wenig von dem inoffiziellen präsentiert wird, wie jener junge Mann, der Literatur zum Abreißen produziert. Ich finde die Idee originell. Warum sollte man so etwas nicht zulassen? Solche Streitpunkte sind bedauerlich.

Wie gefällt Ihnen die Präsentation des offiziellen Österreich, der Schwerpunkt?

Er ist angemessen schwer. Aber ein Schwerpunkt zeigt eben nicht die ganze Bandbreite von A - Z. Daher möchte ich das auch nicht bewerten. Es ist schön, was zu sehen ist.

Sie haben mir vorher im informellen Gespräch gesagt, was Ihnen besonders gefallen hat.

Ja. Es handelt sich um ein kleines Lexikon Österreichisch - Deutsch. Originell daran ist, daß man nicht nur die Sprache des Kochens ins richtige Deutsch übersetzt hat, sondern auch ganz normales Umgangsösterreichisch. Ich möchte dazu einen Vorschlag machen, umgekehrt ein Lexikon Deutsch - Österreichisch herzustellen. Das fände ich angebracht, denn beides nebeneinander müßte viel Freude und Spaß bereiten. Das wäre eine dankenswerte Aufgabe für einen österreichischen Verleger, auch dieses noch zustandezubringen.

Würden Sie Veranstaltungen zum Österreich-Leichtpunkt besuchen?

Ja, zweifelsfrei.

Dann sind Sie herzlich eingeladen.

Das Gespräch mit Maksut Kleemann führte Walter Baco

wenn Sie hier einen Auftritt suchen
und dieser von der Messeleitung
genehmigt wird,
und die aus irgendwelchen polizeilichen
oder feuerpolizeilichen Gründen
nichts dagegen hat...

Otto Mang

Leiter des Hauptverbandes des österreichischen Buchhandels

Wir sitzen hier bei Herrn Dr. Otto Mang, Leiter des Hauptverbandes des österreichischen Buchhandels und Mitglied des Komitees für den Österreich-Schwerpunkt bei der Frankfurter Buchmesse 1995. Herr Dr. Mang, wie war die Arbeit in diesem Komitee? Waren Sie zufrieden, oder hat es unterschiedliche Auffassungen oder Grabenkämpfe gegeben?

Es hat überhaupt keine Grabenkämpfe gegeben. Die unterschiedlichen Auffassungen haben die Diskussion belebt. Es ist in allen, in allen wesentlichen Entscheidungen eine Einheit erzielt worden, ohne Schwierigkeit.

Können Sie uns sagen, warum gewisse Autoren nicht hier sind, die man vom Ausland her erwarten würde, wie Gerhard Roth, Elfriede Jelinek, Peter Handke?

Die wollten nicht.

Können Sie vermuten, warum die nicht wollten?

Sicherlich. Zum Beispiel ist Frau Jelinek an und für sich eine eher scheue Person, die keinen offiziellen Auftritt liebt, die auch dazu steht, daß sie das nicht mag. Peter Handke ist x-mal kontaktiert worden, der hat dasselbe gesagt. Er mag den Messerummel nicht, und er mag nicht auf die Buchmesse gehen. Das muß man respektieren, das ist seine persönliche Meinung. Und man kann ja niemanden vergewaltigen.

Nun gibt es aber die Kritikpunkte einiger Autoren, daß sie speziell mit diesem Österreich-Komitee nicht einverstanden waren, mit der Arbeitsweise oder den Selektionsmechanismen, die dieses Komitee angelegt hat. Können Sie dazu etwas sagen?

Das Komitee hat sich zur Aufgabe gestellt, möglichst demokratisch zu handeln. Es wurden Kontakte mit sämtlichen Schriftstellervereinigungen aufgenommen, egal welcher Zugehörigkeit, ob das die Grazer Autorenversammlung war, ob das der Pen-Club war, ob das die IG-Autoren war, die Salzburger, ob das die Innsbrucker Kulturvereinigung war, die burgenländische Kulturvereinigung... Es wurden alle über ein Jahr hindurch kontaktiert und eingeladen, mitzumachen. Es wurden alle Verlage angeschrieben, es wurden alle Verlage x-mal eingeladen, mit ihren österreichischen Autoren hier am Schwerpunkt mitzuwirken; auch deutsche Verlage. Und wenn jemand nach einer dritten Mahnung gesagt hat, er will nicht, konnte man auch nichts machen.

Ein Kritikpunkt war auch, daß Dr. Jochen Jung als Leiter des österreichischen Staatsverlages in diesem Komitee sitzt und daß na-

türlich Residenz-Autoren mehr in den Genuß dieses Schwerpunktes kommen als alle anderen.

Nein, das ist absolut gar nicht wahr. Es sind alle anderen Autoren genauso vorgekommen, und Jochen Jung hat hier zweifellos nicht für seinen Verlag gearbeitet. Daß Menasse zufällig sein Autor war, hat nichts mit der Entscheidung zu tun.

Es ist mir zu Ohren gekommen, daß es innerhalb des Komitees ein gewisses Machtgefälle gab und daß gewisse Entscheidugen sehr einsam getroffen wurden. Haben Sie sich in alle Entscheidungen eingebunden gefühlt, konnten Sie wirklich mitentscheiden?

Ja, absolut.

Auch über Budgetsituationen?

Jeder Schilling, der ausgegeben wurde, ist durch meine Hand gegangen.

Es gibt den Österreich-Leichtpunkt, der sich als Plattform für all jene versteht, die hier nicht sein dürfen, nicht sein können, oder nichts damit zu tun haben. Fühlt sich das Österreich-Schwerpunkt-Komitee durch den Leichtpunkt gestört oder befremdet in seiner Arbeit?

Überhaupt nicht.

Wie stehen Sie zu diesem Österreich-Leichtpunkt?

Persönlich kann ich damit nicht besonders viel anfangen. Aber wenn Sie hier einen Auftritt suchen oder haben wollen und dieser von der Messeleitung genehmigt wird, und die aus irgendwelchen polizeilichen oder feuerpolizeilichen Gründen nichts dagegen haben, dann stört es mich bestimmt nicht.

Es geht darum, wie Sie das auch ideologisch sehen. Der Österreich-Schwerpunkt hat den Geruch gehabt, daß es sehr ernst und würdevoll zugeht. Wir haben gefunden, daß Österreich-Leicht der ideale Ansatzpunkt wäre, da Österreich ja das Land der großen Sartiriker ist, wie Karl Kraus, Herzmanovsky-Orlando usw. Würden Sie das als willkommene Bereicherung sehen, oder finden Sie, das hätten wir nicht gebraucht?

Wenn es intelligent ist, ist es sicher eine willkommene Bereicherung.

Das Gespräch mit Otto Mang führte Walter Baco

Walter Baco

Walter Baco, sag' uns erst einmal, wo dein Kritikansatz liegt. Denn nach dem, was wir bei dem Interview mit Herrn Dr. Mang gehört haben, klingt es ein bißchen so, als ob alles stimmig sein würde.

Die Informationen, die Herr Dr. Mang in dem Interview gegeben hat, sind natürlich etwas einseitig. Es gibt Gegenpositionen, die drastisch davon abweichen. Was mein persönlicher Kritikpunkt ist, und auch die Kritik vieler anderer, die eben nicht hier sein dürfen...

Wer war denn das zum Beispiel, der nicht hier sein darf?

Zum Beispiel war der Kurt Palm eingeladen mit seinem eher prominenteren Phettberg, die gerne hierher gekommen wären. Die waren schon eingeladen, dann wurden sie wieder ausgeladen.

Was war der Grund?

Angeblich zu wenig Geld. Das ist doch etwas seltsam, wenn man bedenkt, daß dieser Glas-Plastik-Pavillon, über dessen Aussehen ich kein Urteil abgeben will,...

Das ist vielleicht auch mehr Geschmackssache.

...über 15 Millionen Schilling gekostet hat, also mehr als 2 Millionen DM, und daß dann vielleicht 2.000 DM fehlen, um einen Phettberg herzubekommen, der das Interesse vieler Leute erweckt hätte. Das scheint mir ein falsches Augenmaß. Es handelt sich einfach um eine gewisse geistige Kurzsichtigkeit, eine schwere Beweglichkeit, eben dieses Schwerpunkt-Denken, das keinen Platz für die leichteren, sinnlichen und freudvolleren Aktionen läßt. Das ist aber nur einer der vielen Kritikpunkte, die es gibt, und auch nur einer der vielen Künstler, die nichts mit dem Österreich-Schwerpunkt zu tun haben wollen oder jetzt schon müde geworden sind. Ich bin sozusagen ein Repräsentant derer, die auf dem Standpunkt stehen: Na trotzdem; wir fahren da hin. Wir sind zwar von dem Komitee nicht eingeladen, aber es gibt eine freie Literaturszene - wir machen es trotzdem. Ich bin letztlich von der Literaturabteilung des österreichischen Ministeriums eingeladen worden, hier eine Performance zur Vorstellung meines Buches „Die Zöglinge der Schwerkraft" zu machen. Deswegen bin ich überhaupt hier.

Was möchtest du denn mit dem Leichtpunkt leichter machen? Sag' uns ein paar Worte zu deinem Werk „Die Zöglinge der Schwerkraft".

Das Buch ist schon vor einigen Jahren entstanden. Es ist eine Auseinandersetzung mit der Sprache auf eine skurrile, aber auch auf eine poetisch-lyrische Weise. Es macht keinerlei Konzessionen, es ist überhaupt nicht marktkonform. Eine anspruchsvolle Literatur, die sicherlich nur einen kleinen Kreis der Leser interessiert, eine abgehobene Sprache mit vielen Neuschöpfungen, aber mit Themenkreisen, die jeden angehen: Das Leben, das Dasein. Ich bin schon ein Mensch, der sich ernst mit dem Leben auseinandersetzt, trotzdem möchte ich eine gewisse Leichtigkeit in meinem Leben nicht missen, einen Genuß.

Du bist nicht vom Österreich-Komitee eingeladen worden. Heute morgen habe ich kurz mit Herrn Wischenbart gesprochen, der diesen Pavillon und den Österreich-Schwerpunkt leitet und organisiert. Er brachte den Gedanken auf, der auch ganz verständlich ist: „Der will sich doch jetzt nur dadurch in den Vordergrund spielen, daß er einen Gegenpol zu uns schafft und will sich dadurch promoten". Was hältst du dagegen?

Da halte ich gar nichts dagegen. Das ist ein Aspekt, der sicher stimmt, der wahr ist, und dazu stehe ich. Die Messe ist ein Markt, und wenn man hier keine Aktionen schafft, die auffallen, dann geht man unter. Denn es gibt 100.000 Neuerscheinungen und soundso viele Bücher. Ich stehe dazu, daß ich mein Buch promoten will, nach bestem Wissen und Gewissen. Das ist aber nur *ein* Aspekt.

Du mußt nun aber auch beweisen, daß du das umsetzen kannst, was du forderst, nämlich die „Leichtigkeit". Am morgigen Tag planst du deine Aktion, eine Performance. Leicht und fröhlich soll es dann sein. Erzähl' etwas darüber.

„Leicht und fröhlich" kann ich nur zum Teil garantieren. Leicht schon, aber verbunden mit einer gewissen Schwere, denn es sind die Zöglinge der *Schwer*kraft. Ich habe eine Theatergruppe gegründet, u.a. auch deshalb, weil ich Lesungen entsetzlich langweilig finde und ich meine Texte gerne von guten, professionellen Schauspielern veredelt sehe. Ich liebe eine schöne Sprache, aber das Sprechen sollte man den Profis überlassen. Es wird eine exzellente Schauspielerin auftreten, Michaela Stankovsky, die Teil der Theatergruppe Carousel ist. Morgen werden wir am Stand der IG-Autoren diese Performance aufführen, und nachher findet die offizielle Gründung des Österreich-Leichtpunktes statt.

Das Gespräch mit Walter Baco führte Michaela Friederix

BÁRCI & PARTNER

die Dämme der Sprache
brechen zu lassen
und dann die Sprachenflut,
die heraustritt,
ausrinnen zu lassen

Franzobel

Sie sind 1967 in Vöcklabruck, Oberösterreich, geboren. Sie haben in Linz Maschinenbau zu studieren begonnen, haben dann Ihre Pläne geändert und in Wien ein Germanistik- und Geschichtsstudium absolviert, mit einer Diplomarbeit zum Thema „Visuelle Poesie". Das Experimentelle in der bildenden Kunst und in der Literatur prägt Ihre Arbeiten. Bisher erschienen sind „Öffentlich Ranken" bei edition selene und „Die Musenpresse" bei Ritter. „Die Krautflut", in der Edition Suhrkamp erschienen, war der große Erfolg beim Bachmann-Wettbewerb. Dafür hat nach langer, langer Zeit wieder ein Österreicher den Bachmann-Wettbewerb gewonnen.

Die Ausgangsmotivation war, eine gegenwärtige Germania zu schreiben, das hat sich dann natürlich verschüttet. Eigentlich gilt dieser Gesellschaftsbericht für alle Menschen. Der Ausgang waren schon die „Krauts", die sich hier recht massiv im Messegelände befinden.

Sollte das jetzt eine Beschimpfung sein?

Nein, das soll keine Beschimpfung sein, denn ich bin natürlich ein Sprachskeptiker und Weltskeptiker, und ich weiß überhaupt nicht, ob diese ganzen Menschen existieren, ob ich überhaupt existiere. Das ist ja alles möglicherweise auch nur ein Eindruck, der einem Hirn, das in einem Aquarium liegt, vorgespiegelt wird.

Also, wenn Sie den Messepavillon hier mit einem Aquarium assoziieren, ist das vielleicht eine mögliche Assoziation.

Ich würde eher das ganze Dasein so assoziieren.

Aber im Moment sind wir keine stummen Fische und wir werden uns weiter unterhalten. Dieser Roman ist auch ein Liebesroman, ein Beziehungsroman. Ein Roman zwischen vier Menschen, zwei Frauen und zwei Männern, die zueinander gehören und die einander betrügen. Es gibt Liebe zwischen Frauen, Tod zwischen den Männern... Sie werden sich wahrscheinlich über meine Interpretation wundern, denn sie ist sehr simpel, aber dieser Roman ist absolut nicht simpel, sondern unglaublich spannend, unglaublich witzig zu lesen. Wenn man sich auf die Sprachgewalt des Franzobel einläßt. Das haben Sie vielleicht jetzt schon mehrfach gehört, zumindest in den hymnischen Kritiken, die Sie für das Buch bekommen haben.

Naja, so viele Kritiken waren es bislang nicht.

Nach dem Bachmann-Wettbewerb hat Sie doch das deutsche Feuilleton sehr geehrt.

Ja, ja. - Ich gehe von einer experimentellen Sprachtradition aus, vor allem von der Wiener Gruppe, oder vom Wiener Sprachskeptizismus. Ich würde mich aber auch zum Wiener Volksstück in Beziehung setzen...

Zu Nestroy

Zu Nestroy in erster Linie, zu Raimund, Bauerle, Meisel usw. Das sind, glaube ich, auch zwei Bunte, die das Typische der österreichischen Literatur ausmachen; den Skeptizismus einerseits - für mich zumindest - und diese Art von Humor andererseits. Mir geht es nicht nur darum, ein reines Experiment transparent zu machen, und auch nicht darum, jetzt einfach experimentelle Methoden einzusetzen, sondern ich versuche, die Sprache oder die Dämme der Sprache brechen zu lassen und dann diese Sprachenflut, die heraustritt, ausrinnen zu lassen.

Trotzdem ist eine Struktur in diesem Roman absolut nachvollziehbar, nicht nur eine sprachliche Struktur, sondern auch eine inhaltliche Struktur. Es flutet nicht, es überflutet nicht.

Es gibt diese großen Themen, von denen man denkt, daß alle Menschen sie interessieren würden. Als Schriftsteller geht man vermutlich, oder ich gehe erst von mir aus, von meinen eigenen Rezeptionstechniken oder von meinen eigenen Dingen, wie ich etwas verstehe, was mich interessiert. Natürlich sind die Liebe und der Tod die ganz großen, schweren Themenkreise. Ich glaube, obwohl wahnsinnig viel darüber geschrieben worden ist, in ganz klischierter Form, kann man das in die Gegenwart retten und für sich selber wieder thematisieren und greifbar machen.

Die Sprachspielereien - Spielereien jetzt als Positives -, die Sie auch in den früheren Büchern schon angewendet haben, diese Sprachsegmente, mit denen Sie gebaut haben, richtige Puzzles, Sprachpuzzles, da nehmen Sie auch sehr viel Sprache aus der Werbung, aus der heutigen Marktwirtschaft. Es gibt in dem Roman Sätze wie: „Sie war mit Marktwirtschaft erzogen", fällt mir gerade ein, oder „Konsum-Aristrokraten". Diese Kritik ist bei Ihnen drinnen, und Gesellschaftskritisches findet man in diesem Roman ebenfalls.

Wir sind alle mit einer Syntax in einer recht normierten Form erzogen. Es gibt Lehrbücher, was man alles nicht tun darf, und ich versuche, gerade das zu machen, was man in der Sprache nicht tun darf, diese Syntax zuerst auf den Kopf zu stellen, um dann zu sehen, wie diese geänderte Sprache in der Lage ist, Welt abzubilden, Geschichten zu erzählen, Gefühle auszudrücken.

Mir gefällt ein Satz, den ich herausgeschrieben habe, der mir passend dazu erscheint: „Hagenau wollte Präzision, er wollte Ursa-

chen und Zusammenhang, oder jemand beuli machen." „Jemand beuli machen", das müssen Sie, glaube ich, einmal erklären, was das heißt. Solche Brechungen gibt es in diesem Roman immer wieder.

Ich bin natürlich bestimmt von der Sprache, die mich umgibt, weil ich von mir ausgehe, und da ich in Wien lebe, von der Sprache des Wienerischen. Viele meiner Freunde sind Wissenschaftler, das heißt, es kommt eine gewisse wissenschaftliche Terminologie hinein. Vom Fernsehen kommt eine gewisse Werbesprache hinein, diese Werbesprache, der man sich nicht entziehen kann, die einen im alltäglichen Leben überflutet. „Beuli machen" verstehe ich in dem Fall so: alles ums Eck bringen, also jemanden töten, aber das ist ein Begriff, der mehrere Bedeutungen haben könnte, glaube ich.

Gibt es in Ihrem Buch auch einen Anhang wie bei Robert Schindel, daß man nachlesen kann, was diese österreichischen oder wienerischen Ausdrücke auf Hochdeutsch bedeuten?

Das gibt es in diesem Fall nicht.

Da ist der Leser ganz allein gelassen mit seiner Phantasie?

Das gibt es in anderen Büchern. Gut, das ist immer eine Entscheidung, Buch für Buch, aber ich sehe das Verstehen auch so - da gehe ich wieder ganz von mir aus -, daß man in jedem Text Wörter entdeckt, die man nicht kennt. Wenn ich Schopenhauer lese, einen Jakob van Hoddis oder wen immer, da finde ich auch Wörter, die ich nicht kenne. Diesen Wörtern ordne ich dann eine Bedeutung zu, eine private Bedeutung. Aber ich ordne auch ganz simplen Wörter wie dem Wort „Baum" irgendeinen speziellen Baum zu. Es ist dann meistens der Baum meiner Eltern im Garten, der Kirschbaum. So ähnlich funktioniert das Verstehen, glaube ich. Man versteht irgend etwas einmal und wendet es dann auf alle anderen Wörter an, und wenn man einmal etwas nicht versteht, hat man zumindest eine Bedeutung. Es ergibt sich aus dem Kontext.

Lyrik und Prosa sind nicht eins für Sie. „Erklärbar am Lyrikschreiben ist alles Sekundäre, alles Technische, alles, was daran machbar ist", sagt Reinhard Priessnitz einmal, der, glaube ich, einen großen Einfluß auf Ihre Arbeit hat.

Ja. Erklärbar ist auch in der Prosa sehr viel. Der Unterschied zwischen Lyrik und Prosa ist der, daß Lyrik mehr für sich selbst stehen muß als Prosa. Prosa lebt mehr aus dem Kontext. Lyrik beansprucht auch mehr Raum, es sind meist nur ein paar Zeilen, die auf einer ganzen Seite stehen. Lyrik liest man vielleicht öfter, und ich glaube auch, daß man ein Gedichtbuch anders konsumiert als Prosa. Prosa muß man durchlesen, von hinten bis vorne, oder man sollte es zumindest, während man Lyrik auch sprungweise lesen kann. Man kann sich in Gedichte verlieben, während man andere überhaupt nicht verstehen kann. Das ist auch von der Rezeption eine andere Sache. Was bei Lyrik hinzukommt, in Bezug auf Reinhard Priessnitz, ist dieser Rückgriff auf einen Kanon, auf eine Tradition, auf eine ganze Reihe von bereits erarbeiteten Formen, mit denen man immer noch operieren kann. Das, was viele junge Dichter Jahrzehnte lang gemacht haben, nämlich in jedem Jahrzehnt eine völlig neue Literatur zu postulieren und zu sagen, wir machen alles anders und sind ganz anders als die Tradition, das stimmt für mich nicht. Man steht drinnen in dem Kanon dessen, was geschrieben worden ist.

Wie sehr hat der Bachmann-Preis Ihr Leben persönlich verändert?

Ich komme mir manchmal vor, wie wenn ich in einer medialen Welt leben würde, oder wenn ich eigentlich außerhalb von mir mich selber konsumieren könnte, quasi. Die meisten Leute, die ich treffe, haben mich zuletzt im Fernsehen gesehen.

Nicht im Radio gehört?

Oder im Radio gehört, aber nicht leiblich gesehen. Ich hoffe, daß es beim Schreiben keine große Veränderung gibt. Die Gefahr, wenn man plötzlich „relativ berühmt“ wird, besteht darin, daß die eigene Selbstkritik etwas abnimmt, wenn man von vielen Leuten hört, das sei gut. Es ist wahnsinnig wichtig beim Schreiben, daß man immer wieder diese erste Fassung, die man aus sich herausschludert, hinterfragt und aufs Strengste untersucht, um dann wirklich zu einer reineren Dichtung zu gelangen und auch weiterzukommen in der Dichtung.

Wann wird es Ihr nächstes Buch geben?

Es ist parallel zur „Krautflut“ noch in einer ganz kleinen Edition ein Buch über die Hundewahrnehmung oder aus einer Hundewahrnehmung erschienen. Das Ganze heißt „Hundshirn“, die Edition heißt Blattwerk. Momentan schreibe ich an zwei Theaterstücken, das eine kommt ins Wiener Schauspielhaus für die Wiener Festwochen, und das andere ist ein Opernlibretto, auch für die Wiener Festwochen.

Wie beurteilen Sie den Österreich-Schwerpunkt? Ist er gelungen?

Wie man es macht, macht man es ohnehin falsch. Ich beneide nicht die Leute, die Verantwortung hier übernommen haben. Ich denke, man sollte eigentlich eher von deutschprachiger Literatur sprechen, und nicht von österreichischer, deutscher und Schweizer Literatur. Die Unterschiede sind sicher faßbar, aber vermutlich ist es das Interesse der Germanistik, diese Unterschiede hervorzukehren. Mir als Autor ist das im Prinzip relativ egal, ob ich als Österreicher gelte oder als deutschsprachiger Literat.

Finden Sie den Schwerpunkt gelungen oder nicht?

Es ist eben eine Verkaufsmesse. Aus Autorensicht komme ich mir schon vor in dieser Einteilung - der Robert Menasse hat es ein bißchen gesagt - zwischen Kleinvieh oder den großen Rindviechern, es ist so ähnlich wie eine Landwirtschaftsmesse. Es geht darum, daß jetzt Marktanteile neu vergeben werden. Vermutlich wird es kaum gelingen, den Marktanteil der Leser oder dieser Leserschaft zu vergrößern - das wäre vermutlich die Aufgabe. Aber ob das gelingen kann, ist eine andere Frage.

Das Gespräch mit Franzobel führte Brigitte Hofer

LEICHT

man ist ein kleines Würschtl
unter größeren Würsten

Franzobel

es wird sich jeder Autor hüten,
irgendwelche Kritiker zu beschimpfen,
denn das führt zu einer blutigen Revanche

Radek Knapp

Die folgenden Autoren wurden im Rahmen der Talk-Show „Die Leicht-Gespräche vol.1" von Walter Baco interviewt. Dieses Gespräch mit Franzobel, Radek Knapp, Burkhard Spinnen und Monika Wogrolly ist auch auf Video erschienen. Bei Interesse wenden Sie sich direkt an den Albatros Verlag.

Was beide Autoren verbindet, ist eine gewisse Distanz zum Literaturbetrieb und ein plötzlicher Erfolg, der beide, wie wir sehen, ins gleißende Licht setzt. Plötzlich, wie aus dem Nichts, sind sie zu Stars geworden. Franzobel, wie verkraftest du diesen Schritt ins Licht?

Ich sehe das weniger als Schritt ins Licht als eine Weiterführung einer ohnehin schon vorhandenen Arbeit. Ich fühle mich auch überhaupt nicht als Star. Ob da jetzt Leute zuschauen - ich weiß ja nicht, ob die echt sind, ich kann niemanden greifen von denen, die stehen da, als wenn sie aus Pappe wären und grinsen manchmal ein bißchen, als ob sie Publikum im Fernsehen wären. Ich bin ja nur in meinem eigenen Leben beheimatet - was da draußen rundherum vorgeht, das kümmert mich nur bis zu einem gewissen Grad, und insofern habe ich weniger Probleme mit dem sogenannten Erfolg Gerade hier auf einer Buchmesse merkt man, daß man ein kleines Würschtl unter größeren Würsten ist - und daneben gibt es eben eine ganze Reihe von literarischem Senf, aber das ist vielleicht nicht unangenehm.

Jetzt würde mich interessieren, was möchtest du eigentlich sprachlich ausdrücken? Du hast eine sehr exzentrische Sprache. Ist das für dich eher eine Sprachspielerei, oder drückt sich in diesen Sprachschöpfungen eine Haltung aus?

Stil ist immer eine Haltung. Ich habe einen sehr großen Sprachskeptizismus, das ist ja in Österreich Tradition. Das heißt, ich mißtraue der Sprache und allen, die uns glauben machen, daß Sprache die Welt abbildet. Das ist das Programm, das dahinter steht, dieses Hinterfragen einer sprachlichen, vorgegebenen Norm. Einmal zu schauen, wie das ist, wenn man mit einer Syntax bricht und in eine neue Syntax geht. Ein neues Sprachverständnis ergibt dann ein neues Weltverständnis, darum geht es unter anderem auch. Das Ganze muß lesbar geschrieben sein, weil das Publikum, sofern es existiert, auch irgendwo unterhalten werden will. Ich reduziere es immer auf Lust; Lust beim Schreiben, aber auch beim Lesen; Lust auch auf potentiell mögliche sprachliche Erkenntnis.

Ein Wort vielleicht noch zum Literaturbetrieb?

Ich denke, daß die Literatur vom Betrieb abhängig ist, um sich behaupten zu können. Daß das Ganze natürlich nichts mit der Literatur selber zu tun hat, ist eine andere Geschichte, die ohnehin jedem klar sein sollte. Es ist einfach eine Messe, und es geht darum, daß hier Bücher präsentiert werden, vielleicht auch verkauft werden, aber das hat dann mit der Qualität der Bücher nichts zu tun, so etwas kann man nicht so schnell erfassen, dafür muß man ein Buch wirklich gelesen haben. Die negative Sache von so einem Betrieb ist, daß es ein paar Leute gibt, die groß im Mittelpunkt stehen, viele andere Autoren aber, die auch wunderbare Literatur schreiben, völlig unbeachtet bleiben. Ich kenne das auch von mir. Mein letztes Buch vor dem Bachmann-Preis, davon haben sie - ich sage das ganz öffentlich - 50 Stück verkauft. Nach dem Bachmann-Preis sind es jetzt so bei 2000 bis 3000. Es ist 'raufgeschnellt durch diesen Event, obwohl das Buch nicht besser oder schlechter geworden ist, es war vorher schon sehr gut und ist es nach wie vor. Das Buch heißt „Die Musenpresse".

Ist das nicht alles fürchterlich anstrengend, diese Messe, dieses Herumgehen, die Termine, diese Journalisten, dieses Gequatsche und das Geschäftemachen?

Mir kommt das Ganze irgendwie so vor, als wenn ich im Fernsehen wäre, wo ich mich ja sehe, und das ist eine eigene mediale Welt, in der man nicht selber drinnen ist. Eben so Smalltalk-Gespräche, pausenlos Interviews, auch mit Kollegen, das ist alles recht schön und für einen gewissen Zeitraum ganz angenehm. Ich bin zum ersten Mal hier, vielleicht nicht zum letzten Mal, aber meinen Urlaub würde ich nicht hier verbringen.

Das kann ich gut verstehen. - - Radek Knapp, du hast vorhin schon eine Bemerkung gemacht, aus der ich schließen mußte, Interviews sind für dich nicht gerade das Gelbe vom Ei, wie die deutschen Brüder das sagen.

Nein, aber sie geben uns immerhin die Möglichkeit zu sagen, daß wir keine Interviews mögen, das ist auch etwas. Zur Literaturbranche oder Kritikbranche: Das ist sicher eine Überlebensgemeinschaft von Kritikern und Autoren und nicht immer eine Liebesgemeinschaft. Das heißt, natürlich wird sich jeder Autor hüten, irgendwelche Kritiker zu beschimpfen, denn das führt dann zu einer blutigen Revanche - so ist das hier oft -, aber dennoch wissen wir, daß wir am selben Fluß stehen, wenn auch an zwei ganz unterschiedlichen Ufern.

Geht dir die Messe eigentlich am Wecker?

Nein, dieses Mal nicht nicht so sehr, denn diesmal habe ich kein Buch mitgehabt. Ich war bei meinem Nachfolger, der vor zwei Tagen den Aspekte-Preis bekommen hat. Am Stand war das Fernsehen, und er wurde gefilmt, interviewt, ich stand irgendwie dahinter. Da drehte sich der Kameramann um und hätte mich schon fast mit dem Rückteil der Kamera getroffen. Ich wäre da in der Ecke gelandet, und dann hätten wohl alle gesagt: „Wer ist denn das, das ist doch der vom letzten Mal oder so“. So sieht es aus, das heißt, wenn Franzobel nächstes Jahr hierherkommt - ich weiß nicht, ob du ihn noch interviewen wirst.

Ich schon, aber ich weiß nicht, ob mich das Team noch einmal interviewen läßt, das kommt darauf an, was ich hier noch alles anstelle. - Kannst du noch von deinem Ruhm zehren, oder mußt du wieder etwas Neues bieten? Das Buch ist ja immerhin schon ein Jahr alt.

Jaja, natürlich. Mein Verleger wird zunehmend ungehalten, weil ich noch kein zweites Buch habe. Ich weiß nicht, wie es bei Franzobel ist, aber es ist natürlich ganz gut, wenn der Autor einmal im Jahr ein Buch abliefert, das sich mindestens so gut wie das letzte verkauft; dann sind alle zufrieden, aber das geht irgendwie nicht. Auch der größte Vorschuß hilft nichts, man muß einfach abwarten - aber das Problem haben wir ja nicht, wir jungen Autoren, daß wir mit großen Vorschüssen bombadiert werden. Wenn mir jemand sagen würde, sieh' mal, du mußt dich in die blonde Frau da drüben verlieben, und zwar um 10.000 DM Vorschuß - es geht aber nicht im Moment. Es ist eine Gefühlssache, das ist das Problem in der Literaturbranche.

Wobei ich nichts gegen blonde Frauen habe, wenn sie hier jetzt sitzen und teilnehmen würden. Wir könnten probieren, uns in sie zu verlieben und wer es als Erster schafft, bekommt einen neugestifteten Blondinen-spontan-verliebt-Preis, und vielleicht können wir damit auch ein Medienspektakel inszenieren, denn das brauchen wir immer, das Spektakel. Es ist absurd, daß wir immer Stars und Spektakel brauchen. Aber ich glaube, du wolltest vorher eine Frage stellen oder dich kritisch äußern, oder wollt ihr euch selbst einmal etwas fragen, oder wollt ihr einmal Open-House haben im akustischen Bereich?

Knapp: Das einzige woran uns liegt, mit Franzobel, daß wir nach Wien kommen und uns richtig betrinken, oder?

Franzobel: Was mich angeht, ich betrinke mich schon seit Dienstag... Bei mir ist es, was das Schreiben anlangt, ganz anders als bei Radek. Ich schreibe unentwegt und wahnsinnig viel. Ich habe nicht das Problem, daß der Verleger kein neues Buch mehr kriegen würde, sondern daß er zuviel bekommt, weil ich im Jahr sicher meine drei, vier, fünf längeren Texte schreibe, die alle Bücher sein könnten.

Knapp: Da siehst du: Franz schreibt ganz anders als ich; ich schreibe auf eine traditionelle Art, er schreibt auf eine moderne, experimentelle Art - und dennoch werden wir uns gemeinsam betrinken.

Frauen sind auch Menschen.
Bücher für Frauen finde ich übertrieben
und unnötig. Menschen schreiben Bücher

Monika Wogrolly

Wir wenden uns jetzt Monika Wogrolly zu. Sie hat einen Roman geschrieben, den ich gleich ins Bild bringen werde. Er heißt „Ins Feuer". Monika, du bis aus Graz. Ist das dein erstes Buch?

Nein, mein zweites.

Wie hat dein erstes Buch geheißen?

„Suche meinen Mörder". Voriges Jahr. Auch im Deuticke Verlag erschienen.

Auch ein Roman?

Ja, ich schreibe eigentlich ausschließlich Romane, ich bin eine Erzählnatur.

Ist „Ins Feuer" ein Krimi?

Nein, beides ist kein Krimi, einfach Prosa, für jeden passend.

Wie würdest du dich literarisch einordnen? Gehörst du einer gewissen Tradition an, oder versuchst du, Traditionen zu vermeiden? Hast du Vorbilder? Versuchst du, Vorbilder zu vermeiden?

Ich versuche, Traditionen zu brechen, bzw. Vorbilder zu haben und keine zu haben, wie es mir gerade beliebt. Ich wechsle da ständig, ich bin ein sehr launischer Mensch. Das einzige, wo ich eigentlich nicht launisch bin, ist das Schreiben. Das einzige, wo ich Ordnung schaffe, ist auch das Schreiben, ansonsten bin ich äußerst chaotisch, wie man an meinem Loch im Rock erkennen kann. Ich war mit Franzobel das letzte Mal in Klagenfurt beim Bachmann-Preis, da hatte ich einige Schwierigkeiten, weil ich kurze Hosen an hatte; wohl gemerkt, mit Strumpfhose... Im Literaturbetrieb muß man auch solche Sachen bemerken.

Was möchtest du in deinen Büchern ausdrücken?

Die Unfähigkeit eines Menschen, sich zu integrieren, der distanzlos ist. Der Umgang mit der Sprache war seit je mein Heimatersatz, war mir Heimat, war mir Gehäuse, war mein Schutzbunker. In der Sprache lebe ich wirklich, ich nehme die Sprache wesentlich ernster als andere. Es ist meine wahre Existenz. Das geeignetste Transportmittel.

Das Stilistische haben wir noch nicht ganz 'rausgekriegt. Von Vorbildern, Namen habe ich noch überhaupt nichts gehört - willst du nichts sagen?

Sprachlich bin ich am nächsten dem Thomas Bernhard, weil eine gewisse Rhythmik in meinen Sätzen ist. Ich gehöre sicher nicht, zumindest behaupte ich das einmal, dieser Frauen- oder weiblichen Literatur an, die existiert gar nicht, denn Frauen sind auch Menschen. Es gibt auch keine Männerliteratur; diese Überbetonung vom Weiblichen, diese Präferenz von blassen Farben für Frauen; Bücher für Frauen finde ich übertrieben und unnötig. Menschen schreiben Bücher. Stilistisch ist es nicht unbedingt als weibliche Literatur zu erkennen, es hat nichts mit dem landläufig als „weiblich" Vermarkteten zu tun; es sind sehr strenge, dem Leser viel abverlangende Sätze. Mir geht es um die Rhythmik, das Musikalische ist mir wichtig, denn ich will, wenn ich einen Text lese - so ähnlich wie bei Thomas Bernhard -, mich in dem Text aufhalten können, sozusagen in dem Text existieren - wenigstens eine Zeitlang, abseits von allem anderen.

Es hat mir sehr gut gefallen, daß du ein Statement gemacht hast, das sonst nur die Männer machen: „Diese feministische Literatur ist ja das Letzte, wir sind alle Menschen". Ich bin dir sehr dankbar, daß du dieses Statement gemacht hast. Wenn ich oder ein anderer Mann so etwas gesagt hätte, würde es sofort heißen: Na typisch, diese Machos. Du ignorierst oder leugnest aber das Weibliche nicht in deinen Büchern, ist das richtig?

Absolut nicht, es kommen fast nur Frauen bei mir vor, die Männer sind eher die Randfiguren. Die meisten Männer, die Bücher schreiben, haben Er-Erzähler bzw. Männer als Protagonisten, und deshalb sehe ich das als logische Folge meiner angeborenen Weiblichkeit, die ich mir übrigens dadurch bewiesen habe, daß ich bereits vor neun Jahren einen Sohn geboren habe, weil ich es selbst nicht ganz glauben hab' können - man weiß ja nie. Man fühlt sich oft gedanklich einfach als Mensch, würde ich einmal behaupten, nur der Körper bestätigt einem, was man von Natur aus ist oder sein soll. Mein neues Buch sollte bereits vor vier Jahren veröffentlicht werden. Es ist daran gescheitert, daß jemand befunden hat - jemand, der kompetent war und zu entscheiden hatte -, daß zu viele Frauen schwanger waren in diesem Buch. - - Interessieren dich eigentlich Bücher?

Ja, irgendwie doch. Ich habe eine gewisse Affinität zu diesem Material, es greift sich irgendwie so gut an, es ist fast so, wie wenn man...

Fetischist?

Ja, wie wenn man eine weiche Haut streichelt.

Frauenersatz?

Nein, ich würde mich das bei dir nie trauen, was ich hier mache, mit diesen Fingern...

Doch Ersatz!

Nein, irgendwie nicht, aber da darf ich, und bei dir müßte ich erst fragen oder mit dir reden.

Das Buch kann sich nicht wehren - oder wie?

Es kann nicht nein sagen.

Du schreibst auch?

Ich schreibe auch, ja.

Was? Prosa?

Ich schreibe hauptsächlich Prosa, ja.

Ich vertrage mich nicht mit Leuten, die das gleiche machen wie ich, normalerweise, ich werde gleich abrücken.

Wir gehen jetzt in Konkurrenz.

Wieviele Romane?

Ich habe erst einen Roman geschrieben. Eine Satire über das Erleuchtungs-Business. „Die Nirwana-Connection“.

Satirisch ist immer gut, das mögen die Leute, nicht so schwere Literatur wie ich sie produziere...

Hast du beim Bachmann-Preis irgendwas gewonnen?

Grimmige Mienen.

Wie hast du die Jury gefunden, beim Bachmann-Preis?

Am ersten Tag habe ich mir fast in die Hose gemacht, es war alles so offiziell und so furchtbar wichtig, die Fernsehkameras und so. Dann habe ich mich daran gewöhnt. Abends sind wir zusammen am Wörthersee gesessen, die Juroren und die Autoren an einem Tisch, Blickwechsel wurde allerdings vermieden, denn das schickt sich nicht, das könnte das Urteil irritieren. Dann habe ich am Vorabend meines Auftritts beobachten können, wie die Juroren Krebse zerteilten. Das war ein schönes Bild zum Einstand meines Auftritts, so ähnlich bin ich mir dann vorgekommen.

Ich möchte dich auch gern fragen, was du dir wünschen würdest, wenn du einen Wunsch frei hättest, ganz ehrlich, frei und tief.

Wünschen würde ich mir, daß mein Freund ein Buch von mir liest...

Wien - ein ewiges Epizentrum deutschsprachiger Literatur

Burkhard Spinnen

Du bist auch Aspekte-Preisträger gewesen, ist das richtig?

Ja.

Erzähl' uns etwas über dein neues Buch..

Ich habe unter anderem, wie ich glaube, ein Buch über die Angst geschrieben, daß Markennamen und eine Reihe anderer tabuisierter Wörter in die Literatur kommen. Das heißt, ich habe eine Figur erfunden, die mit Produkten umgeht und ein bißchen Angst davor hat. Eine Figur, die versucht, sich im Supermarkt heimisch zu machen, der das teilweise gelingt, die aber auch große Schwierigkeiten damit hat. Das heißt nun nicht, daß jetzt auf jeder Seite zehn Produktnamen vorkommen, das heißt auch nicht, daß das Buch gesponsert ist, sondern es ist mehr ein Experiment damit, welche Regionen von täglicher Lebenswelt schon literaturfähig sind oder vielleicht nie literaturfähig werden können. Die andere Beschreibung meines Buches wäre die: Es ist eine Dreiecksliebesgeschichte.

„Langer Samstag?"

Ja.

Wer sind die drei?

Ein Mann und zwei Frauen, da bin ich natürlich vorbelastet, andersrum hätte ich's wohl nicht gekonnt - andersherum hätte ich mich nicht hineindenken können...

Wie findest du als Deutscher die Präsentation, die Österreich hier gewählt hat, ist es gelungen oder komplett verkehrt?

Ich kann mir kein Bild darüber machen, wie in Wien über Literatur gesprochen wird, dazu müßte ich dort sein. Ich habe den Eindruck, daß es für ein nicht sehr großes Land ein vergleichsweise sehr großes Interesse für Literatur gibt. Ich habe mich während meiner Studienzeit mit österreichischer Literatur beschäftigt, gerade mit den Epochen, in denen die österreichische Literatur vielleicht etwas avancierter, etwas beweglicher war als die deutsche. Es ist nicht ganz ausgeschlossen, daß in der Gegend um Wien herum ein ewiges Epizentrum deutschsprachiger Literatur liegt. Ich würde mich sehr freuen, zumal wir jetzt ein so großes Deutschland und ein so schweres Berlin bekommen, wenn es da ein Gegengewicht gibt.

Ist die Messe für dich ein Horror oder ein notwendiges Übel, das man in Kauf nimmt? Wird man als Aspekte-Preisträger immer herumgeschubst vom Verlag oder von Terminen? Ist dir das nicht lästig, würdest du nicht lieber etwas schreiben und deine Ruhe haben?

Ich denke, es besteht eine allgemeine Gefahr, mehr über das Buch als Ware als über das Buch als Kunst zu sprechen. Es besteht auch die Gefahr, mehr über den Autor als relevantes Individuum als über den Produzenten von Literatur zu sprechen. Ich auferlege mir gewissermaßen, dazu keine Meinung zu haben. Ich bin natürlich abends müde, wenn ich hier ins Bett gehe, aber ich habe zu Hause zwei kleine Jungs und bin zu Hause abends auch müde, wenn ich ins Bett gehe. Ich werde hier manchmal etwas rumgeschubst, werde aber auch anderswo manchmal rumgeschubst, und die Rumschubserei hier ist teilweise angenehmer als sonstwo. Ich treffe viele Kollegen und Kolleginnen, die ich das Jahr über nicht sehe. Manche Gespräche sind oberflächlich, aber das sind manche Gespräche im Alltag und zu Hause auch, viele Gespräche sind nicht oberflächlich. Ich gedenke, wie schon meine Oma gesagt hat, „nicht zu viel Bohei" darum zu machen. Es ist eine äußerste Ausnahmesituation, ein Buch geschrieben zu haben, das so viele Käufer gefunden hat. Ich sehe überhaupt keinen Grund, mich zu beschweren, da gibt es Millionen Menschen auf der Welt, die nicht danach gefragt werden, ob sie abends müde Füße haben oder so etwas. Man gehört zu Promillen von Promillen, und da die beleidigte Leberwurst zu markieren, finde ich ganz unpassend.

Das klingt sehr sympathisch. Wir neigen als „Westler" der nördlichen Hemisphäre dazu, daß wir noch schmissig werden und sagen: Um Gottes Willen, es ist so anstrengend.

Wer viele Termine hat, lebt zum Beispiel noch. Die allermeisten Menschen haben nur den Termin, daß sie sich etwas zu essen besorgen müssen und daß es schwierig ist.

Wenn du dir etwas wünschen würdest, was würdest du dir wünschen?

Abgesehen von den Wünschen, die jeder lebender Mensch hat und die sich auf die Gesundheit des nächsten Tages, der Verwandtschaft usw. richten, würde ich mir schon am meisten wünschen, daß die Energie und das, was ich an Fähigkeiten besitze - zu schreiben -, mich nicht verläßt, denn das wäre in der Tat sehr traurig, zunächst für mich und vielleicht auch für die Leser.

Ich möchte noch etwas hören. Erzähl' einen Witz, erzähl' eine Anektote, erzähl' uns was.

Es ist wirklich das interessanteste Interview, das ich mache. Vielleicht sollten wir tatsächlich dazu übergehen, dich etwas zu fragen? Ein kurzes Schlußwort. Ich bin an den Ständen in der Halle 1 gewesen, wo das beginnt, was vielleicht das Ende des Buches in der Form sein wird, wie wir es gekannt haben - interaktive CDs, Spiele, Texte, in die man eingreifen kann. Ich würde allen, die über die Messe gehen, raten, sich selbst ein Bild von den jeweiligen Möglichkeiten der Medien zu machen. Je länger ich zwischen den interaktiven CD-ROMs hin- und hergegangen bin, desto mehr habe ich gemerkt, wie buchähnlich sie wieder werden. Wenn sie auch nicht „papieren" daherkommt, sondern in einer anderen Form, so ist es doch Phantasie, ist es Erzählen, der phantasievolle Umgang mit Sprache, mit sprachlichen Bildern. Also sollte man nicht diesen ganz unheiligen Bruch aufmachen, zu sagen: Da sind die traditionsorientierten, altertümlichen Leser - und auf der anderen Seite die etwas gehirnamputierten Tastendrücker.

Noah Gordon

Was ist Ihr Verhältnis zum Wort, zum Lesen? Wie fühlen Sie sich, umgeben von Millionen von Büchern?

Wunderbar. Einiges ist nicht so wunderbar. Ich lese großteils zum Vergnügen, aber auch, um mich zu bilden. Ich stelle keine unvernünftigen Erwartungen an ein Buch, aber ich erwarte reizvolle Überraschungen.

Welche österreichische Autoren kennen oder mögen Sie?

Eigentlich kenne ich weder die österreichische noch die deutsche Literatur so, wie ich sie gerne kennen würde, weil ich die Sprache nicht beherrsche. Es fällt mir schwer, die Literatur aus Spanien, Italien, Deutschland und Österreich zu lesen, obwohl mich diese Länder sehr interessieren. Aber das steht auf meiner Wunschliste der Dinge, die ich in Zukunft tun möchte: ein echter Experte in Ihrer nationalen Literatur zu werden.

Das freut mich zu hören. Noch eine Frage: Wie gefällt Ihnen die Buchmesse?

Die Buchmesse ist überwältigend in ihrer führenden Rolle. Sie repräsentiert praktisch das Zusammenkommen von Verlegern aus der ganzen Welt - und das ist ein sehr starkes Konzept.

Das Gespräch mit Noah Gordon führte Walter Baco

worüber ich schreiben möchte?
Ich möchte einmal
etwas ganz Leichtes schreiben...

Günter Grass

Herr Grass, ich stelle mir vor, für einen Autor wie Sie ist die Buchmesse wahrscheinlich etwas fürchterlich Anstrengendes, und Sie sehnen sich vermutlich nach Relaxen oder Nichtstun und nicht ausgerechnet danach, diese blöden Journalisten hier herumzuhaben - sagen Sie uns, wie ist die Buchmesse für Sie?

Ich bin erst vor einer knappen Stunde hier angekommen und habe, was ich sehr schön finde und was auch zur Buchmesse gehört, trotz Gedränge eine Vielzahl von Freunden wiedergesehen, die ich schon lange nicht gesehen habe und die wissen, daß ich, wenn ich hierher zur Messe komme, an diesem Stand gefunden werden kann. So war das Ganze gesprenkelt von kleinen, oft unterbrochenen, aber freundlichen Gesprächen.

Insofern empfinden Sie es gar nicht so unangenehm?

Nein, wenn es nicht überhandnimmt und zuviel wird. Ich bin morgen noch hier, und dann fahre ich wieder ab. Kritisch dazu läßt sich allenfalls sagen, daß ich vom Atmosphärischen her lieber in Leipzig bin.

Weil es dort kommunikativer zugeht?

Die Leipziger Messe ist literarischer. Die Autoren insgesamt haben dort eine ganz andere Position und gehen nicht so im Gedränge unter. Die Frankfurter Messe wird sich, glaube ich, in Zukunft sehr anstrengen müssen, um mit diesem wachsenden Image, das von Leipzig ausgeht, schritthalten zu können.

Es gibt ja heuer diesen Österreich-Schwerpunkt bei der Frankfurter Buchmesse, der mit viel Ernst und Würde gefeiert wird. Und jetzt hat sich eine Gruppierung gebildet, die sich „Österreich-Leicht-Punkt" nennt und all jene vertritt, die ausgesperrt sind und nicht hier sein dürfen oder nicht hier sein wollen. Wie beurteilen Sie diese Situation?

Soviel ich weiß, *wollen* die nicht hiersein.

Es gibt auch welche, die nicht dürfen. *Die wurden wieder ausgeladen. Finden Sie so etwas gut?*

Ich finde weder das eine gut noch das andere. Es ist natürlich in jedem Fall eine fragwürdige Sache, wenn man ein Land als politisches Gebilde zum Träger einer Messe macht und das mit Literatur besetzt. Wenn es eine Messe nur der österreichischen *Literatur* gewesen wäre und man auf die staatliche Präsenz verzichtet hätte, wäre es, glaube ich, für viele Autoren leichter gewesen. Sie fühlen sich vereinnahmt, als wären sie für eine Buchmessenwoche lang Repräsentanten ihres Staates, der sonst nicht gerade sehr pfleglich mit ihnen umgeht - und sie übrigens auch nicht mit dem Staat. Beide Seiten haben sich, glaube ich, nicht allzu viel vorzuwerfen.

Es wird oft kritisiert, daß das hier eine große *Messe für den Großhandel ist. Mich würde interessieren, welche Position Sie den Kleinverlagen auf dieser Messe einräumen.*

Naja, das ist ja kein Großverlag, der Steidl Verlag, wo ich hier sitze.

Eben.

Und der macht sich, glaube ich, ganz gut.

Wie schätzen Sie die Zukunftsaussichten der Kleinverlage ein?

Ich glaube, daß Verlage dieser Größenordnung, die sehr effektiv, sehr konzentriert arbeiten und die nicht unter Produktionszwang stehen oder sich nicht unter Produktionszwang *stellen*, noch am meisten Zukunft haben werden.

Also Sie sehen es positiv?

Ich sehe es positiv.

Es gibt viele Leute, die Sie bewundern, verehren und natürlich auch viele Leute, die Sie kritisieren. Können Sie sich als Mensch eigentlich völlig frei von diesen Bewertungen machen; haben Sie einen eigenen Selbstwert, der davon unangetastet ist, oder leidet man doch darunter?

Ich bin es eigentlich mittlerweile gewohnt. Von der „Blechtrommel" an waren meine Bücher umstritten. Solange sich das in einer Form abspielt, die einem nicht die Sprache verschlägt, habe ich auch nichts dagegen. Wenn ich einen Vergleich heranziehe: In der angelsächsischen Literaturkritik gibt es Kritiker, die meine Bücher sehr kritisch gesehen haben, aber es ist eine ganz andere Tonlage. Es wird immer vom Buch ausgegangen, es wird nie dieser Vernichtungsversuch dem Autor gegenüber vorgenommen, der bei uns doch immer wieder gemacht wird und in Mode zu sein scheint. Was ich mit meinem letzten Buch „Ein weites Feld" erlebt habe, hat mich zum Teil angeekelt.

Kann ich mir vorstellen. Ich als Autor leide da mit jedem mit.

Es sollte zwar *mich* treffen, aber ich habe aus der Reaktion vieler Autoren gemerkt, die sich solidarisch erklärten, daß sie begriffen haben, daß sie und ihre Bücher mit gemeint sind. Das ist ein Zynismus, ein zynisches Verhalten, ich will nicht das Dritte Reich und Bücherverbrennungen, diese schrecklichen Beispiele erwähnen. Die Sache ist in sich so schlimm, daß sie nicht noch durch einen Vergleich unterstützt werden müßte. Ich weiß nicht, auf welches Niveau „Der Spiegel“ noch sinken will, wenn sich so etwas fortsetzt.

Gibt es in der Literatur ein Thema, das für Sie tabu ist? Oder gibt es ein Thema, über das Sie noch nicht geschrieben haben, über das Sie gerne schreiben würden?

Ein Tabu-Thema fällt mir nicht ein. Ich käme nie auf den Gedanken - wenn ich ihn hätte, dann müßte ich ihn bekämpfen - und würde mir nie anmaßen, einen Roman über das Leben oder Nichtleben in einem Konzentrationslager wie Auschwitz oder Treblinka zu schreiben. Worüber ich schreiben möchte...? Ich möchte einmal etwas ganz *Leichtes* schreiben. Etwas, das nicht so belastet ist mit den Rückständen deutscher Geschichte, aber ich fürchte, daß beim vierten Satz die Geschichte wieder anklopft. Ich habe solche Anfänge zwar schon gemacht, trotzdem bleibt der Wunsch.

Hindert Sie Ihre persönliche Struktur, Ihre psychische Struktur an der Leichtigkeit, oder was hindert Sie daran?

Nein, es geht mir nicht alleine so. Meiner Generation - ich war bei Kriegsende siebzehn Jahre - waren die Themen vorgeschrieben, denen nicht auszuweichen war. Wenn Sie mich nach Wünschen fragen, dann kommt natürlich manchmal ein seufzender Wunsch auf: Ach wärst du Schwede und könntest über die Mitternachtssonne schreiben...

Das Gespräch mit Günter Grass führte Walter Baco

sogar meine besten Freundinnen
erschrecken mich damit,
daß sie einen Roman geschrieben haben

Martina Schmidt

Lektorin, Deuticke Verlag

Die folgenden Literaten wurden im Rahmen der Talk-Show „Die Leicht-Gespräche vol.2“ von Walter Baco interviewt. Dieses Gespräch mit Martina Schmidt, Nils Jensen, Richard Pils, Gerhard Ruiss und Michael Krüger ist auch auf Video erschienen. Bei Interesse wenden Sie sich direkt an den Albatros Verlag.

Darf ich gleich zu Radek Knapp fragen, wie denn das im Vorjahr wirklich war? Er wollte zur Buchmesse kommen und konnte nicht, dann hat er den Preis bekommen und wurde von euch eingeflogen.

Radek Knapp war in dem Programm mein absoluter Liebling. Er hatte überhaupt keine Chance, daß er zur Buchmesse mitfahren konnte. Der Verlag meinte, „das Buch wird nie was", das sei meine Privatspielerei und wir könnten uns keine Präsentation für den Autor leisten. Ich habe dann einen Freund, der in Wien ein Autohaus hat, gebeten, ob wir wenigstens dort eine kleine Feier machen könnten. Radek Knapp hat also zwischen diesen Autos stehend gelesen. Komischerweise war das Publikum sehr begeistert, und da hab ich mir zum ersten Mal gedacht, aus dem Buch wird vielleicht doch was. Radek Knapp wäre gerne auf die Messe gekommen, aber wir hatten zu diesem Zeitpunkt erst 170 Exemplare verkauft. Es war nicht gerade ein Bestseller.

Und wieviel habt ihr verkauft, nachdem er den Preis erhalten hatte?

13.000 Stück.

Einfach so eine kleine Entscheidung: eine Fernsehstation - natürlich mit einer international besetzten Literaturredaktion - entschließt sich, jemandem einen Preis zu geben, und schon steigert sich der Verkauf von 170 auf 13.000 Exemplare. So schnell geht das.

Ein bißchen wie ein Märchen.

Radek Knapp war gestern hier und hat gesagt, der Ruhm verblaßt auch schnell wieder; ein Kameramann, der jemand filmen wollte, hatte ihn fast umgerempelt

Der Literaturbetrieb ist kurz...

Wie ist das als Lektorin? Ich stelle mir vor, daß der Beruf eines Lektors einigermaßen mühsam ist; es kommen tausende Autoren, die erwarten sich etwas von dir: „Sag, kannst du nicht etwas für mich tun?", „Ich schreibe jetzt auch.", „Ich habe als Kind gerne Kreuzworträtsel gelöst, später Kinderbücher bemalt, und jetzt habe ich Tagebuchaufzeichnungen geschrieben."

Es ist leider furchtbar, sogar meine besten Freundinnen erschrecken mich damit, daß sie einen Roman geschrieben haben. Es ist ein heftiges Problem. Wir bekommen sehr viele Manuskripte - vor allem seit dem Erfolg mit Radek Knapp -, und es steht ja ein Mensch dahinter, dem das wichtig ist, und das respektiere ich auch; nur - das wenigste davon kann man veröffentlichen. Ich muß dann diese furchtbaren

Briefe schreiben: „Versuchen Sie es doch woanders“ und weiß in 90 Prozent der Fälle: der hat nirgendwo eine Chance, und das ist wirklich sehr traurig.

Machst du deinen Job trotzdem gerne?

Ja, ich mache ihn sehr gerne. Es gibt Nachteile, wie eben letzten Sommer, daß ich manchmal kein einziges freies Wochenende hatte, weil es zu viel Arbeit gab. Aber ich mache es schon gerne.

Könntest du dir vorstellen, daß du diesen Ausspruch „Hätten´s was G´scheites gelernt!“ auch gebrauchst oder daß er dir auf der Zunge liegt?

Nein, den würde ich nie verwenden. Es ist für jeden Menschen eine persönliche Entscheidung, wie wichtig ihm das Schreiben ist, und eine andere Sache, wieviel Erfolg er damit hat.

Martina, möchtest du abschließend noch etwas sagen, daß dir am meisten am Herzen liegt?

Mir liegt sehr viel am Herzen, aber das möchte ich jetzt eigentlich nicht sagen...

Nils Jensen

Chefredakteur des Magazins „Buchkultur“

Eine wichtige Rolle, wenn ein Autor publik werden will, spielen die Literaturzeitschriften. Damit Autoren überhaupt bekannt werden, können sie nicht gleich Bücher verlegen, sondern sie müssen zuerst irgendwo publizieren, und das geht nicht in der Bezirkszeitung, sondern nur über angesehene Blätter. Kann man bei dir als Autor, als junger Autor, der sich für talentiert hält, publizieren? Kann man da 'reinkommen, wie geht das?

Nein. Ein Grund ist der: Die „Buchkultur" ist keine Literaturzeitschrift, sondern ein Magazin, das *über* Literaturzeitschriften, über Verlage, über Autoren usw. berichtet. Eine Literaturzeitschrift bringt Primärtexte, also Gedichte, Geschichten, Theaterstückauszüge usw. In Österreich gibt es sehr viele Literaturzeitschriften, und zwar unverhältnismäßig viele; viel mehr als in Deutschland. In Österreich mit knapp 8 Millionen Bevölkerung gibt es über 100 Literaturzeitschriften, und einige derart renommierte, daß sie im gesamten deutschen Sprachraum eine Art Nr. 1 sind, wie zum Beispiel die „manuskripte" oder „Literatur und Kritik". Daher kann ein Autor in der Zeitschrift, deren Chefredakteur ich bin, nicht publizieren, es sei denn, er hat bereits ein Buch gemacht und wir besprechen das Buch oder wollen einen Vorabdruck.

Es werden Bücher in eurer Zeitschrift besprochen; was geschieht noch in eurer Zeitschrift? Ich nehme an, daß sie in Deutschland noch nicht so bekannt ist wie in Österreich. Was steht da eigentlich drinnen?

Es steht alles das drinnen, was sich ein Durchschnittsleser wie ich zum Beispiel nicht aus den Verlagsprospekten usw. holen kann, denn da müßte er Tag und Nacht Verlagsprospekte, Tageszeitungen, Wochenzeitungsfeuilletons oder Monatszeitschriften lesen, was einfach zu viel ist. Wir treffen eine gewisse Art der Vorauswahl und wissen auch aufgrund der Resonanz der Leserinnen und Leser, daß diese Vorauswahl recht geschickt ist. Das ist Sinn und Zweck der Zeitschrift. Das Ganze wird garniert mit Rezensionen, mit Themenschwerpunkten, mit Verlagsportraits, mit Autorenportraits, mit Kurznachrichten und bisweilen auch mit Vorabdrucken, wie zuletzt von Gerhard Roth und Susanne Tamaro.

Macht dir das Ganze eigentlich Spaß, oder ist das ein Job, den man machen muß, um sein Geld zu verdienen?

Es macht Spaß. Ich habe vorher schon andere Jobs gemacht; z.B. war ich beim „Basta" als Schlußredakteur.

Das war eine österreichische Boulevardzeitschrift.

Ein Monatsmagazin, und sehr boulevardesk. Meine derzeitige Arbeit bereitet mir mehr Spaß, aber sehr oft auch Frust, denn es kommen unheimlich viele Verleger oder Autoren, die wollen, daß man gerade dieses eine Buch von ihnen bespricht. Wir haben aber eine sehr strenge und gute Redaktion, die sagt, „Das Buch machen wir nicht, weil es schlecht ist“ oder „Wir machen das Buch, weil es gut ist“, egal ob der Autor alt oder jung, bekannt oder unbekannt ist.

Es gibt auch Interviews mit Autoren oder Beiträge über die literarische Szene. Aber nicht nur über die internationale literarische Szene im engeren Sinn, sondern auch Theater und verwandte Medien wie Film...

Das kommt vor, aber Hauptschwerpunkt ist das Buch und alles rund ums Buch.

Seid ihr auf Belletristik spezialisiert oder generell ausgerichtet?

Generell. Es gibt Sachbücher, es gibt viele Kinderbücher, es gibt politische Bücher, und seit einiger Zeit den Bereich „Frauen“ im weitesten Sinn, wobei das keine Ghettoisierung ist. Es gibt immer eine Spalte Lyrik, weil die sehr wichtig ist, aber leider oft stiefmütterlich behandelt wird.

Wie geht es dir eigentlich auf dieser Messe, in diesem Trubel?

Ich bin jetzt müde und habe das fünfte Hemd durchgeschwitzt und diverse Unterwäsche und Anzüge. Abgesehen davon war es sehr erfolgreich. Und - das sag ich jetzt als ganz wilder Hund, der ich früher gewesen bin und noch immer ein bißchen bin in Österreich - ohne die Buchmesse geht´s nicht. Diese Buchmesse ist einfach die größte Buchmesse weltweit. Und da kann man Geschäfte machen, und um das geht es.

Gibt es etwas, was du dir wünscht für die nächste Zeit in deinem Leben? - Für dich als Person, nicht als Vetreter der Buchkultur, sondern für dich als Nils Jensen?

Ja, einen Lottogewinn.

Würdest du dann aufhören mit der Buchkultur?

Nein, aber dann könnte ich irgendwo sitzen, hätte einen Laptop und ein Modem, auf irgendeiner Insel, und könnte das von dort machen.

Mit ein paar Assistenten und einer geschickten Crew?

Mit einer geschickten Crew, die in Wien sitzenbleibt, und ich bin dann, was weiß ich wo. - Das sag ich nicht, wo ich dann bin.

Nils, wenn du den Lottogewinn machst - ich hätte nämlich auch gerne so etwas, eine geschickte Crew, und ich auf der Insel mit einem Laptop -, können wir dann nicht halbe-halbe machen?

Das ist mir recht.

Ist das versprochen?

Ja, ich verspreche es hier: Wenn ich einen Lottogewinn mache, darf der Walter Baco mitfahren. - - Was er dort macht, ist noch nicht sicher.

bei dem Österreich-Schwerpunkt
bin ich wirklich enttäuscht
und verzweifelt...

Richard Pils

Verleger, Bibliothek der Provinz

Dein Verlag heißt „Bibliothek der Provinz". Richard, du hast etliche Bücher mitgebracht, die ich gleich herzeigen möchte. „Hasenjagd im Mühlviertel" - klingt tatsächlich provinziell, würde ich einmal sagen; Herbert Achternbusch „Dschingis Khans Rache"; und „Thomas Bernhard. Portraits, Bilder und Texte" von Sepp Dreissinger - das ist der Photograph. Ein interessantes Spektrum. Reden wir noch nicht über die Bücher, sondern über die Messe. Wie gefällt dir die Messe?

Die Frankfurter Buchmesse ist an und für sich eine aufregende Sache - jedes Jahr. Im besonderen freue ich mich jedes Jahr auf den Themenschwerpunkt. Bislang waren diese verschiedenen Themenschwerpunkte wie Mexiko, wie Japan, wie Spanien ein aufregendes Erlebnis. Es wurden von der Entwicklung der Bücher an, von den ersten Publikationen bis zur Gegenwart und den zukünftigen Tendenzen alles gezeigt. Nur bei dem Österreich-Schwerpunkt, der heuer stattfindet, bin ich wirklich enttäuscht und verzweifelt. Denn an und für sich wird hier nur ein Segment, ein Teil der österreichischen Literatur präsentiert, die letzten 60 Jahre, und im besonderen das Segment der Nachkriegsliteratur des Wiener Raumes. Die Schätze Österreichs, ob das die „Harmonices Mundi" von Kepler sind, die im 16., 17. Jahrhundert das neue Weltbild mit eingeleitet haben, oder die Knotenschriften, die Bücher der Inkas, die im Schloß Ambras in Tirol aufbewahrt werden und die als Anknüpfungspunkt zu den südamerikanischen Ländern zu zeigen wären, oder die herrlichen Herbarien der Habsburger von den Südamerikareisen, oder die Sammlung, die Andreas Reischek von seinen Reisen nach Neuseeland nachhause geschickt hat, oder die japanischen Übersetzungen zu Adalbert Stifter usw. - das alles findet man hier nicht. Es ist auch übersehen worden, daß ein Großteil der Aussteller, der Medien und Besucher nicht nur aus Österreich oder Deutschland kommen, sondern daß hier auch Gäste aus Schweden sind, Menschen aus Kananda, Menschen aus Japan - für die ist hier nichts zu finden. Denn wie immer ich auch die herrlichen Gedichte von Gerhard Rühm oder von H.C. Artmann schätze, aber es ist nicht jedermanns Zugang. Es gibt diese Schätze, die wir vorzuzeigen hätten. Letzten Endes, wenn man hier durchgeht, sieht man nur schwarz, weiß und grau, aber man spürt den Themenschwerpunkt Österreich mit seinen rot-weiß-roten Farben nicht, wie es bis jetzt immer Kennzeichen der Pavillons war, bei den Spaniern, den Mexikanern, den Brasilianern.

Ist das deine persönliche Meinung, oder hast du das auch von anderen Leuten schon vernommen?

Diese Position ist vielleicht eine Enttäuschung meiner Erwartungshaltung, weil ich mich einfach gefreut habe, daß endlich Österreich Themenschwerpunkt ist. Und als Österreicher ist man stolz, selbst wenn es die katastrophalen Jahre 38 bis 45 gegeben hat. Aber die Literatur dieser Zeit ist auch nicht hier. Wenn es wenigstens eine Reibefläche gäbe, wenn es wenigstens ein bißchen brennen würde. In den Gesprächen mit deutschen und anderen Journalisten klingt immer an: *Was soll das, was hier passiert?* Was soll das, wenn ohnehin ein Messeturm dasteht, wozu dann noch einmal „en miniature" den Messeturm herzustellen und draufzuhängen: Österreich - eine Art Besitzergreifung. Das bringt nichts. Wozu dieser seltsame Pavillon, er ist nur grau, schwarz, weiß. Das aufregendste, das man vielleicht findet, ist die Zettelliteratur vom Dichter Seethaler. Das ist für mich reizvoll, spannend. Aber doch nicht eine tote Schreibmaschine, und daneben in der nächsten Vitrine wieder eine tote Schreibmaschine, und in der nächsten Vitrine vielleicht eine kleine Brille, und so geht das weiter.

Ich möchte zum Stichwort Seethaler etwas sagen. Ich hätte gerne jemanden, der den Helmut Seethaler für ein Live-Interview herbringen kann. Denn ich kenne ihn persönlich nicht, obwohl ich viele österreichische Autoren und Verleger kenne, aber den Helmut Seethaler kenne ich nicht. Sollte ihn jemand kennen, dann soll er ihn doch bitte herschicken, denn ich möchte ihn gerne interviewen, weil ich glaube, daß das auch ein interessanter, nichtoffizieller Vertreter von Österreich ist. Wir brauchen solche Leute, das ist Kreativität, und ich bin froh, daß er seine Zettel hier hinhängt. - Danke, daß du mich darauf gebracht hast und daß du ausgedrückt hast, was dir am Herzen liegt. - Wie kommst du zu diesem Namen „Bibliothek der Provinz"? Das ist ja fast eine Provokation, wenn du sagst, wir machen etwas Landläufiges, etwas Kleines, Mickriges; wir sind nicht ernstzunehmen. Wolltest du das anklingen lassen? Wie kamst du zu diesem Namen?

Der Name erwuchs aus einer Spielerei und vielleicht aus - Befangenheit. Aber wenn man - wie ich und viele andere Leute - die Zeit und das kulturelle Geschehen einfach mitatmet, mitspürt, mitwirkt, dann weiß man, die ganze Welt ist jetzt nur mehr eine Provinz. Seinerzeit war es bei den Römern vielleicht die Provinz Trans-Gallia. Oder, wenn ich vom Mond auf die Erde herunterschaue, ist das eine Provinz, und wenn man auf irgendeiner Insel ist, auf einer winzigkleinen Nebeninsel der Fidschi-Inseln und fragen würde, wo ist New York oder Wien, dann hebt sich das sofort auf. Bei uns glaubt jeder, erst wenn man in New York, erst wenn man in Paris gelesen hat oder wenn man dort eine Ausstellung gemacht hat, auch wenn sie vom österreichischen Staat - was ja niemand weiß - mit zwei Millionen Schilling subventioniert wird, dann ist man ein Künstler. Es ist völlig uninteressant. Man ist Mensch, ganz egal wo auf der Welt, und man hat seine Qualitäten. Daher die „Bibliothek der Provinz". Und in der „Bibliothek der Provinz" erscheinen nicht nur die sogenannten provinziellen Autoren oder Texte, die niemand kennt, sondern es sind einfach Menschen, Literaten, Texte, die ich liebe, ob das Thomas Bernhard ist, ob das George Tabori ist, ob das Herbert Achternbusch ist, ob das Peter Nados ist, der nächstes Jahr bei mir erscheint. Ich kann nicht alle aufzählen, denn es sind über 71 Autoren in meinem relativ jungen Verlag, den ich aus dieser Frustriertheit, daß in Österreich ja nur Subventionsliteratur erscheint, vor sechs Jahren gegründet habe.

Ich finde das sehr herzerfrischend, diese ehrlichen Worte zu menschlichen Themen, die uns bewegen, obwohl wir alle mit Literatur zu tun haben. Irgendwo kommt das Menschliche, das Lockere, immer dabei zu kurz. Es geht immer ums Business, wer macht wen populär usw.

Es wird auch gelogen. Wenn ich meinen Vorgänger, ohne daß ich ihn jetzt angreife, Nils Jensen, vom Geschäft bei der Frankfurter Buchmesse reden höre, dann muß man in Wirklichkeit wissen: das ist eine literarische Zeitschrift, die rein vom Bundesministerium bezahlt wird, wo gar kein Geschäft gemacht wird, weil sie auch auf der Messe nicht verkauft wird. Also stimmt das nicht.

Ich möchte da einhaken. Er hat uns die Unwahrheit erzählt?

Nicht Unwahrheit, aber es ist tendenziös, würde ich sagen.

Stell' das noch einmal richtig; wir wollen ja auch provozieren.

Um das zu charakterisieren, so wie Thomas Bernhard gesagt hat, „Österreich ist das letzte Ostblockland im Bereich Literatur": Wir haben zum Beispiel nach wie vor Staatsverlage. Ein Großteil der Verlage sind verstaatlichte Betriebe. Also nehmen wir den größten her, den Bundesverlag, und jetzt nehmen wir den nächsten her, den Residenz Verlag. Der Residenz Verlag, der als Verlag nach außen hin auftritt, gehört dem Bundesverlag und wird von der öffentlichen Hand zur Gänze getragen. Es gibt dann in Österreich wie auch in der Bundesrepublik diverse Förderungsmöglichkeiten. Aber drei Viertel der Verlagsförderungen der öffentlichen Hand bekommt wieder der Staatsverlag, und die Einzeltitel werden wieder gefördert. Und wenn dann repräsentativ österreichische Autoren in der Bundesrepublik, in Österreich, in Frankreich usw. lesen, sind es wieder die Autoren des Staatsverlages. Und wenn in Frankfurt - Schwerpunkt Österreich - im Schauspielhaus die Ausstellung „Thomas Bernhard“ gezeigt wird, dann hat der österreichische Staat dafür ungefähr eine Million Schilling ausgegeben, aber in Wirklichkeit ist das wieder eine Werbung - rein die Photos des Buches, das im Residenzverlag erschienen ist. Es subventioniert sich im Grunde genommen immer derselbe Bereich, und die wirtschaftlichen, privaten Verlage, so wie ich einen mache, der nur vom Verkauf lebt, haben diese Wettbewerbsverzerrung. Sie haben kaum eine Chance, weil sie auch keine Förderungen bekommen. Ich finde es sehr wichtig, daß es diese Förderungen gibt, nur soll es nicht immer nur in den Staatsbereich laufen.

Gehe ich richtig in der Annahme, wie diese schöne Floskel heißt, aber es fällt mir im Moment keine andere ein, daß du mit deinen Autoren hier in Frankfurt vom öffentlichen Komitee nicht oder kaum eingebunden wurdest? Wurdest du in diese Arbeit eingebunden?

Nein, überhaupt nicht.

Man hat dich übergangen, trotz 71 Autoren?

Aber deswegen bin ich nicht gekränkt. Ich habe ein wunderschönes Verlagsprogramm, das viele Leute freut. Was mich fasziniert, sind die Freundschaften, die Begegnungen mit den Autoren und Künstlern. Wenn ich mit einem beisammen bin, weil man irgendwie befreundet ist, und der sagt, „Du, ich habe für meine Naomi ein wunderschönes Kinderbuch gemacht. Machst du mir das als Buch, als Geschenk für sie?“, dann bin ich ganz glücklich, denn endlich hat mir jemand ein Kinderbuch gebracht, das nicht auf den Verkauf abzielt. Du weißt, es gibt eine Fülle von Kinderbüchern, alle gemanagt, denn „Wir brauchen noch ein Kinderbuch und noch ein Kinderbuch und noch ein Kinderbuch“, weil da ein gewisser Markt ist, „und dafür brauche ich soundsoviel Schillinge und soundsoviel Schillinge, weil das soll soundsoviel Umsatz werden.“ - Aber hier entsteht ein Kinderbuch, das aus der Liebe und Zärtlichkeit zu der Tochter Naomi erwachsen ist, und dadurch habe ich ein Kinderbuch vom Michael Köhlmeier. Ob sich das gut oder schlecht verkauft, ist dann sekundär. Bis jetzt habe ich überlebt. Im heurigen Jahr habe ich 38 Titel verlegt und rein aus dem Verkauf finanziert. So kann ich sehr euphorisch dasitzen, bei der Frankfurter Buchmesse, aber ich bin dennoch enttäuscht, daß Österreich die Chance der herrlichen Präsentation hier - die eine Jahrhundertchance ist -, nicht wahrgenommen hat, Besuchern aus Brasilien, aus Hawaii usw. einen Zugang zu geben.

Lieber Richard Pils, vielen Dank für die ehrlichen Worte. Ich bin froh, daß es solche Verleger gibt, die das machen, was sie für gut empfinden. Die sich das Geld, die Zeit und die Muße nehmen, solche Dinge zu machen, die ihnen am Herzen liegen.

Jetzt fällt mir noch etwas ein. Es hat am Anfang geheißen „'Hasenjagd im Mühlviertel' klingt provinziell". Es ist wahrscheinlich provinziell. Man muß sich vorstellen, zu Maria Lichtmeß, unmittelbar vor Kriegsende, gelingt es sowjetischen Offizieren im Konzentrationslager Mauthausen, eine Solidarität zu entwickeln und auszubrechen. Das ist Geschichte und ist in den Geschichtsunterricht als die „Hasenjagd" eingegangen; denn so ist sie von der nationalsozialistischen Behörde bezeichnet worden. Diese Menschen, die da zu Maria Lichtmeß ausgebrochen sind, sind wirklich wie Hasen abgeschossen und von der Bevölkerung niedergeprügelt und getötet worden. Deswegen dieses Bemühen von mir, diesen Roman, diese geschichtliche Tatsache in unserer Zeit, in der wir jetzt leben und in der wir in Österreich wieder diese Rechtsradikalisierung erleben, in den Raum zu stellen. Denn es könnte wieder so etwas auf uns zukommen. - Was mich und meinen Verlag betrifft - ich stehe in der Landschaft und schaue, daß es für die Autoren stimmt, ich fördere sie, ich bemühe mich um unbekannte Autoren, um ihnen auf diese Weise eine Art Visitenkarte zu geben. Viele meiner jungen Autoren, die ich das erste Mal publiziert habe, sind inzwischen beim Suhrkamp Verlag, bei S.Fischer usw. Das ist für mich als Kleinverlag natürlich von Nachteil. Denn ich habe ihnen eine Förderung angedeihen lassen, sie haben inzwischen Markt bekommen, und jetzt wäre der Rückfluß da, weil es höhere Auflagen gibt. Aber es macht nichts. Wichtig ist, daß man ihnen eine Visitenkarte gibt, damit sie weiterkommen. Ich habe zum Beispiel heuer, weil ich gesehen habe, das entwickelt sich hier so, eine Anthologie oberösterreichischer Autoren herausgegeben, wo alle Autoren Oberösterreichs vertreten sind, ohne ideologische Bevorzugung. Man soll sehen, daß das eine Landschaft voll von kreativ Schaffenden ist. Das ist mein Anliegen.

die Österreicher
haben mich rausgeworfen
aus dem Pavillon.
Und ich dachte:
wie zu Hause -
i bin daham

Helmut Seethaler

Es hat uns jemand den Helmut Seethaler gebracht. - Helmut Seethaler, bitte komm' her. Aha, du arbeitest. Wir werden gleich sehen, worin deine Arbeit besteht.

Gedichte ankleben, wie ich es seit 20 Jahren tue. Ich bin zwar Interviews gewöhnt, alle zwei Wochen; aber jeden Tag zehn, elf - da bin ich ein bisserl überfordert.

Ach so. Haben sie dich schon entdeckt und ausgegraben, als nichtoffiziellen Österreicher?

Genau. Inoffiziell. Die Österreicher haben mich hinausgeworfen aus dem geheiligten Österreich-Pavillon.

Aber die Journalisten haben dich gefunden und wollen dich dauernd interviewen.

Die österreichischen Medien kriegen das noch immer nicht mit, obwohl es seit 23 Jahren vor ihnen passiert. Ich bin auch seit vielen Jahren in anderen Städten eingeladen, zum Beispiel Berlin, München, Zürich. Da ist die Reaktion einfach schön, interessiert - keine Schwierigkeiten mit den Behörden. In Wien gibt es 517 Anzeigen wegen Behinderung der Fahrgäste, denn es könnte etwas auf den Boden fallen, sie könnten ausrutschen.

Ich muß jetzt etwas erläutern. Der Helmut Seethaler hängt Zettel auf, Gedichte, an den Wänden, an den Bäumen.

An den Bäumen, ja genau.

Er hat hier subversiv, unerlaubt, oder halberlaubt toleriert...

Die Leute von der Messe haben mich eingeladen, nachdem mich die Österreicher hinausgeworfen haben.

Ja, wie war denn das?

Die Österreicher haben das kaputtgemacht, im Pavillon. Ich habe nichts überklebt, sondern am Rande dazugeklebt. Ich bin nicht gerne da, das war zufällig - weil ich gerade einen „Chef“ von uns sehe, einen, der mir geholfen hat. Ich muß sagen, ich dränge mich nicht auf. Aber wenn die Medien mich entdecken - bitte, dann sag ich eben was.

Er hat sicher nichts dagegen; der Gerhard Ruiss ist gerade gekommen. Aber jetzt reden wir über den Helmut Seethaler, der seine Gedichte zum Pflücken überall aufhängt. Ich stoße in Wien auch immer auf deine Gedichte.

Und was machen Sie dann?

Ich lese sie, natürlich. Ich freue mich.

Das ist nicht typisch Wien. Die Wiener schimpfen immer.

Ich bin kein Repräsentant vom offiziellen Österreich. Bitte, wir sind „per du", Helmut. Ich bin Autor, so wie du.

„Per du" gerne - aber die Autoren mögen mich weniger. Es gibt nur zwei, drei, die mich mögen. Die anderen sagen, ich bin deppert, und die Scheiß-Gedichte, warum machst du das? Aber ich habe mehr Leser als alle anderen zusammen, mit Ausnahme ganz weniger Autoren. Ich stell' mich mitten in die Fußgängerzonen, vor Bahnhöfe, und da lesen die Leute, die nie auf die Buchmesse kommen, nie Büchereien betreten. Und die sagen: „Eigentlich ist er gut.". Weil es eben nicht Werbung ist, keine „Krone", kein „Kurier", keine „Bildzeitung". Das heißt, Kunst mitten im Alltag. Auf mich reagieren Leute vielfältigst. Vom ärgsten Beschimpfen, vom Wegstoßen - die Feuerwehr kommt manchmal, montiert meine Gedichtbänder ab, die Polizei nimmt mich fest, und dann gibt´s echte Fans, die sagen: „Schick' mir das zu, da hast zehn, zwanzig Mark." Das offizielle Österreich nahm mich nicht sehr ernst, und das ist gut so. Es schützt mich vor der Vermarktung. Meine Leute, meine Fans, meine Sammler, die schicken Briefe.

Du willst gar nicht vermarktet werden. Willst du populär werden? Warum machst du das eigentlich, dieses Gedichte-Aufhängen?

Weil es sehr vielen Leuten gefällt, weil es lebendige Kunst ist.

Willst du den Leuten Freude bereiten? Oder ist es dir ein Anliegen?

Beides.

Was ist primär?

Meine Gedichte entstehen im Alltag, und da bleiben sie auch. Die Leute, die mich lesen, sind nicht die, die sonst Kunst lesen oder kaufen. Und die kommen in den Gedichten vor, sehen sich gespiegelt in meinen Gedichten und freuen sich, daß mitten im Alltag, spontan, unerwartet, Kunst passiert. Tagtäglich in Wien. Diese Lebendigkeit brauch' ich einfach, um weiterzuschreiben. Also auf deine Frage: Ich brauche das Gefühl. Ich verbreite mich selber. Daß heute ein Buch von mir erscheint, ein Pflückbuch, verunsichert mich. Ich bekenne mich nicht dazu. Ein Verlag hat mich davon überzeugt, daß es ein Experiment ist. Natürlich ein halbes Buch, ein halbes Buch zum Zerlegen. Die Lebendigkeit der Gedichte bleibt im Buch, so wie sie da sind, erhalten.

Dir sind die Zettel lieber als ein Büchel, ein Verlag.

Genau. Der Vorwurf ist, du machst Werbung für das Buch, und das will ich natürlich nicht. Wenn´s jemand kauft - super.

Ich traue mich gar nicht fragen, in welchem Verlag das Buch erschienen ist.

Na, dann lassen wir´s.

Und wenn es jemand interessiert?

Er heißt Verlag Der Apfel, in Wien. Er hat einfach ein Buch gemacht, das kein Buch ist, ein halbes Buch.

Wie heißt dieses Buch?

Das Pflückbuch Nr.1. Geplant alle Jahre; ein zweites, drittes, viertes, nur - ich bin echt verunsichert. Es ist nicht meine Art, ein Buch zu machen. Ich habe mich 23 Jahre gewehrt, weil ich eh mein Publikum hab'. Ich habe bisher 11.000 Zuschriften bekommen, davon sind die Hälfte echte Abonnenten meiner Gedichte, und die ernähren mich.

Wie groß ist die Chance, daß man in irgendeiner fremden, deutschsprachigen Stadt einmal auf deine Zettelliteratur stößt?

Das ist eine gute Frage. Wenn ich dort bin, lade ich mich entweder selber ein, oder Städte wie Basel, Halle oder Dresden laden mich für eine Woche ein, eine Aktion zu machen. Auf der Reise nach Basel war ich zwei Tage in München, es war einfach schön. In jeder anderen Stadt außer Wien ist Kunst im Alltag willkommen. In Wien ist es Verschmutzung, Behinderung, Ordnungsstörung und ähnliche Paragraphen.

Aber du kannst mit dem leben. Das ist sozusagen ein Teil deiner Arbeit. Der öffentliche Raum ist eben geschützt.

Ich mach' nichts kaputt. Nach Ende der Aktion kommt alles wieder 'runter. Mir ist wichtig, den Alltag zu gebrauchen - Bäume, Lichtmasten -, aber ihn nicht zu verändern, nicht zu verunstalten.

Wir wollen die Chronologie noch einmal durchleuchten. Du bist hierhergekommen, ohne daß du eingeladen warst, auf eigene Kosten.

Und die Österreicher haben mich rausgeworfen aus dem Pavillon. Und ich dachte: wie zu Hause - i bin daham. Wir bringen unseren lächerlichen Papierkrieg nach Frankfurt, wir exportieren Lächerlichkeit. Eigentlich ist das eine P.R. Mich lesen Tausende von Leuten, heraußen, nicht im Pavillon. Nichts gegen den Österreich-Pavillon, soll ja sein. Nur, wozu diese Lächerlichkeit, wenn ich da zehn, elf Gedichte auflege, verteile, und sofort wird es zerrissen, von den eigenen Leuten. Das ist beschämend und demütigend. Dann kam die Leitung der Frankfurter Messe und hat gesagt, heraußen kann er es machen. Und morgen um zwei Uhr ist in fünf Minuten alles entfernt und ist wie vorher.

wo immer sich ein Schwer-Punkt bildet,
muß sich auch ein Leicht-Punkt bilden,
der das feste Gefüge
etwas zum Schweben bringt

Gerhard Ruiss

Leiter der IG Autoren

Die Buchmesse, ist das ein Horror oder ein Glücksgefühl?

Naja, je nachdem. Vor dem Aufbau ist es sicher ein Horror-Gefühl, weil hier nichts steht und weil alles nur eine Betonwüste ist. Ansonsten gibt es generell dieses Gefühl, tagelang in einer Art nicht-wirklichen Wirklichkeit zu existieren, denn man kann sich diese Hallen im sonstigen Zustand ansehen und wird merken, daß das alles ein einziger Illusionspunkt ist, der sich vielleicht sogar von Jahr zu Jahr vermehrt, weil die Hoffnungen, die sich heuer nicht erfüllen, auf das nächste Jahr weitergeschoben werden und so größer werden müssen und im nächsten Jahr wieder nicht eingelöst werden. Insofern ist es wahrscheinlich nichts anderes als eine große, sehr schön schillernde Seifenblase, die nach 5 Tagen unter großem Applaus wieder zerplatzt.

Du warst auch Mitglied in diesem umstrittenen Komitee zum Österreich-Schwerpunkt. Wie war die Arbeit in diesem Komitee aus deiner Sicht? Waren es wirklich demokratische Prozesse, die da gelaufen sind, war das alles überschaubar, war es in Ordnung?

Naja, ich würde einmal so sagen, es gab sehr viele Kämpfe in diesem Komitee, und zwar prinzipieller Natur, nicht nur ums Geld. Der große Streit, der zuvor ausgetragen wurde - was wird hier eigentlich unter Zeitdruck präsentiert, die Autoren und Literaturen oder das Österreich-Bild, das Österreich gerne von sich im Ausland vermittelt hätte -, der ist zwar zugunsten der Autoren und der Literatur entschieden worden, letztendlich aber in jedem Detail immer wieder neu ausgekämpft worden. Entsprechend dem Kräfteverhältnis im Komitee erfolgten demokratische Entscheidungen, so wie sie eben immer aussehen - es waren Mehrheitsentscheidungen. Wenn 7 Personen im Komitee waren, gab es nicht immer eine Mehrheit auf der Seite der Autoren und der Literatur, sondern in den meisten Fällen sogar eine Mehrheit *nicht* auf Seiten der Autoren und der Literatur. Da gab es natürlich die Verlags-Interessen, da gab es natürlich die Verbands-Interessen und da gab es vor allem die Ministerien-Interessen, insofern, kann man sagen, hat ein permanenter Interessenskampf geherrscht.

Ist das jetzt, was wir hier sehen, die beste aller schlechten Möglichkeiten, mit der man gerade noch zufrieden sein kann, oder würdest du sagen: wenn ich das alleine gemacht hätte oder mit ein paar ausgesuchten Leuten, die ich mir ausgesucht hätte oder die sich von selbst ergeben hätten aus dem Kreis der Autoren, hätte das Ganze ein bißchen lebendiger, unbürokratischer, sparsamer und doch effektiver ausschauen können?

Nachdem die Autoren und speziell wir uns jahrelang darum bemüht haben, daß dieser lebendige Teil der Literaturpräsentation, das, was die Autoren selbst dazu beitragen können, auch stattfindet, nämlich in Form des Literaturprogrammes, dadurch ist es lebendig. Im Zentrum selber ist es relativ unlebendig, denn im Zentrum steht die Ausstellungstätigkeit. Jetzt muß man das nicht unbedingt einem Komitee zum Vorwurf machen, denn die Vorgaben der Messe sind ja auch so. Das heißt, die Entscheidungsinstanz wäre nicht allein das Komitee, sondern es gab auch da und dort ein relativ großes Mitspracherecht aus der Tradition der Messe, und es gab da und dort eine konkrete Mitsprache bei der Auswahl von Personen und Möglichkeiten durch die Messe, die sich aber ihrerseits auch wieder bedeckt hält. Wir hatten das Problem - oder mein Problem war es jedenfalls - einer gewissen permanenten Entscheidungsunfähigkeit, weil diese Entscheidungen immer wieder abgestimmt werden mußten, und es gab immer wieder andere Interessenlagen außerhalb des Komitees. Nicht jede Entscheidung im Komitee war eine Entscheidung, die dann auch so umgesetzt wurde, sondern ist gewissen Modifikationen unterlegen. Eigentlich war es zwei Jahre lang ein Kompromiß.

Gibt es irgendwelche prominente Autoren, die nicht hier vertreten sein wollen und warum?

Es gibt sicher ganz verschiedene Gründe dafür, daß Autoren hier nicht vertreten sein wollen und vertreten sind. Die liegen aber zum Teil schon an der Messe selbst. Nicht jeder Autor und jede Autorin hat Interesse, in diesem Markt-Spektakel präsent zu sein, sich von seiner Arbeit so weit zu distanzieren - denn das bedeutet Distanz zur Arbeit, hier zu sein - und wendet sich lieber seiner oder ihrer Arbeit zu. Es gibt sicherlich auch die Gründe, die es traditionell in Österreich gibt, nicht für den Staat Österreich präsentiert werden zu wollen. Dies gilt für einige sehr prominente Autoren, die sich allerdings auch in anderen Fällen nicht beteiligt hätten. Ich glaube, wenn etwas zu beklagen ist, dann eher der Umstand, daß es eine Ungleichgewichtung gab, sodaß einige der lebendigsten Projekte dieses Österreich-Schwerpunktes mit relativ wenig Mitteln durchkommen mußten und sich zum Teil auch verschuldet haben so wie wir.

Das Literaturhaus.

Das Literaturhausprojekt, genauso unser CD-ROM-Projekt. Wir sind noch in der unklaren Situation, ob das überhaupt abgedeckt wird und ob wir überhaupt weitermachen können. Zum Teil wäre auch die

Kritik da anzusetzen, daß vieles zu kurz gegriffen ist. Es ist zwar wichtig, sich für dieses Event auf 5 Tage einzurichten, die Frage ist aber: Welche Dimensionen können darüber hinaus gelegt werden? Und ich weiß nicht, ob da genug geschehen ist. Ich kann nur sagen, von unserer Seite aus ganz sicher, aber ich glaube auch, daß man das erst nach zwei, drei, vier Monaten bilanzieren kann: Ist es von einer tragenden Wirkung, oder ist es einfach verpufft.

Nun gibt es diesen Österreich-Leichtpunkt, der sich gegründet hat irgendwie aus der Gegenposition zu dem offiziellen Österreich-Schwerpunkt. Wie beurteilst du den Leichtpunkt?

Ich glaube, daß sich - schon einfach deshalb, weil Autoren von ihrer ganzen Natur her zu Widerspruch neigen müssen - wo immer sich ein Schwerpunkt bildet, auch ein Leichtpunkt bilden muß, der das ganze, schwere Gefüge, das ganze, feste Gefüge etwas zum Schweben bringt. Wenn man alles, was hier so ernstgenommen wird, was hier so diszipliniert verläuft, was sicherlich auch zum Teil seine Notwendigkeit hat, weil Maschinen eben nur funktionieren, wenn sie geölt sind und wenn sie gestartet sind, wenn man das alles nicht so tragisch nimmt, das sehe ich als Leichtpunkt - wenn das Ganze eben nicht funktioniert, wenn es eben stillsteht. Dann gibt es immerhin noch die Phantasie, dann gibt es immerhin noch die Leute, die Phantasie haben und die aus dem Nichts etwas entwickeln können; Leute, die letztlich genau dasselbe machen können, was diese Messe macht, wenn sie alles in Regale, Teppiche, in Betongebäude manifestiert - Leute, die durch phantasievolle Manifestation Dinge ebenfalls zum Leben erwecken und Dinge zum Vorschein bringen, die es vielleicht sogar im Moment gar nicht wirklich gibt, aber die wirklich werden können, wenn die anderen genauso denken, die anderen genauso fühlen und die anderen dasselbe sehen.

Die unvermeidliche Frage zum „Schimmelpreis". Nennen wir ihn Schimmelpreis oder nennen wir ihn Friedenspreis? Schimmelt da etwas?

Zunächst ist es tatsächlich ein Schimmelpreis, weil er nicht in der Kontinuität der bisherigen Preisvergaben zu sehen ist. Es ist ein Sonderpreis zum Friedenspreis, von dem zu hoffen ist, daß er sich in derselben Weise nicht fortsetzt. Es wurde hier von den Falschen an die falsche Person das Falsche verliehen. Das kann man als Bilanz sagen, und es wird leider seine Wirkung tun. Es wird in den Staaten, die als Unterdrückerstaaten bekannt sind, den Effekt haben, daß die dort

Machthabenden das als Leistung ihrer Regierung ausweisen können. Das ist eine bedauerliche Fehlleistung, eigentlich unserer Partner, wenn wir im weitesten Sinn denken, denn die Verleger sollten ja die Partner der Autoren sein.

Kannst du das ein bißchen erläutern? Die Positionen setze ich als halb bekannt voraus. Was sind die Interna, die Informationen, die nicht so bekannt sind?

Nach meiner Einschätzung ist es der typische Mißbrauch der Kultur oder der Kunst, speziell der Literatur für wirtschaftliche Interessen. Es sollen die seit 1989 unterbrochenen Wirtschaftsbeziehungen wieder flotter gemacht werden. Es gab Versuche im Jahr 1992, die iranischen Verlage wieder auf die Frankfurter Buchmesse einzuladen. Das war gegen den massiven Protest der Verleger - weltweit - und der Autoren nicht möglich. Inzwischen scheint sich die Stimmung gewandelt zu haben, sodaß man es für notwendig gefunden hat, ein Zeichen zu setzen. Es geht nicht darum, ob Frau Schimmel ihre Verdienste hat im Bereich der Kenntnisse der Mystiker des Islams, es geht nicht darum, daß sie ihre Verdienste hat im Bereich der Übersetzertätigkeiten. Dafür hätte sie einen Preis bekommen sollen. Aber es kann nicht gehen, daß sie mit einem letztlich politisch instrumentalisierbaren Preis ausgezeichnet wird. Ich hoffe, daß es als „Sonderpreis" begriffen wird, der nicht in der Kontinuität der bisherigen Friedenspreise verstanden werden kann. Ich meine, daß es, rückwirkend gesehen, eine Entehrung der bisherigen Preisträger bedeutet und daß sich alle kommenden Preisträger fragen müßten, ob sie noch einen Sinn in diesem Preises sehen.

Gerhard Ruiss, worüber würdest du jetzt am liebsten reden?

Über das Schweben... Denn es ist so viel über Schwerpunkte geredet worden. Schwerpunkt heißt etwas Sich-Setzendes. Auch etwas Sitzenbleibendes. Wir waren einige Tage hier und sind jetzt knapp davor, wieder zu gehen. Als ich vor vierzehn Tagen gekommen bin, habe ich das Gefühl gehabt, etwas erlebt zu haben. Man wirft uns immer wieder vor, daß wir in Österreich von den „Piefke" reden, was ja tatsächlich in Teilen der Bevölkerung der Fall ist; unter den Intellektuellen ist es eher weniger verbreitet. Hier redet man von den „Ösis". Es gibt also genauso Ressentiments gegen die Österreicherinnen und Österreicher wie umgekehrt. Ich hoffe, daß durch den Österreich-Schwerpunkt - jetzt bin ich schon wieder beim Schwerpunkt, der ja demnächst ein Dauer-Leichtpunkt werden soll, wie ich auch mit meiner Anwesenheit hier ausdrücke - dieses Österreichbild zurechtgerückt werden konnte.

Und daß wir in einen neuen Dialog miteinander getreten sind, daß wir nicht nur der Armenhausnachbar sind - vor allem der intellektuelle Armenhausnachbar -, der nur dort gut und originell ist, wo einzelne Autoren in deutschen Verlagen verlegt werden, während die Verlagsszene insgesamt dahinter, die Buchkultur Österreichs, die literarische Szene, die nicht in Deutschland verlegt wird, nicht gesehen wird.

Das heißt, Gegenpositionen, subversive Aktionen - wie der Seethaler oder andere Aktivitäten - waren überfällig.

Sie gehören von Haus aus zum kompletten Erscheinungsbild Österreichs. Es hat sich die logische Dynamik, die wir alle von Österreich kennen, auch hier entwickelt. Ich finde es großartig, daß wir auf so viele Weisen darstellbar sind und daß es auf so viele Weisen Kommunikationslust gibt. Die Leute drängen sich nicht nur im Pavillon, sondern sie interessieren sich auch für andere Programme, die hier in Frankfurt angeboten werden. Wir haben zum Beispiel 14 Tage im Frankfurter Literaturhaus ein literarisches Programm gemacht. Erstaunlich war, daß wir erst nach dem dritten Tag entdeckt wurden und daß wir die letzten Tage übervoll waren. Heute findet ein großes Abschlußfest statt, wobei alle Bestände leergetrunken werden, und das ist nicht wenig. Alle diejenigen, die heute etwas zu vergessen haben und das kostengünstig durchführen wollen, sind dazu herzlich eingeladen.

Noch irgend etwas, das am Herzen liegt, was noch zu sagen wäre?

Ich könnte stundenlang reden.

Was dir am Herzen liegt. Du hast die Chance - ich weiß keine Frage. Was hast du am Herzen?

Wenn wir schon bei Paradoxien sind, dann ist es ganz besonders wichtig, das ein Leichtpunkt mit Schwergewichten gemacht wird. Sozusagen, daß wir alles doppelt moppeln, was es gibt. Das heißt: es bietet auch Chance auf Fortsetzung. Der Schwerpunkt kann nicht fortgesetzt werden, aber das Schweben kann fortgesetzt werden. Wenn wir jetzt schon am Schweben sind, wollen wir auch am Schweben bleiben.

Dann wollen wir allen ein gutes Schweben wünschen.

wir sind ein großer Dinosaurier,
und irgendwann wird er sterben,
und kurz vor seinem Tod
feiern wir uns alle noch einmal selber

Michael Krüger

Verleger, Hanser Verlag

Wir müssen uns ganz schnell Michael Krüger vom Hanser Verlag zuwenden, denn unsere Sendezeit ist leider schon um. Herr Krüger, was ist das Außergewöhnliche an dieser Messe?

Daß sich so viele Leute für die Bücher interessieren.

Ist das so außergewöhnlich für eine Buchmesse?

Nein. Aber man hat den Eindruck, wir sind ein großer Dinosaurier, und irgendwann wird er sterben, und kurz vor seinem Tod feiern wir uns alle noch einmal selber.

Wodurch wird dieser Tod hervorgerufen?

Das weiß ich nicht. Wahrscheinlich durch Überfülle.

Zu viele Bücher.

Zu viele Bücher, zu viel Alkohol, zu viele Zigaretten, zu viel Gerede.

Was wäre die Alternative?

Einsam nach Hause zu gehen und ein Buch zu lesen.

ABSEITS

ich habe so eine englische Art,
die angeboren ist

Chris Howland

Chris Howland, Sie sind allen Teenagern der fünfziger und sechziger Jahre bekannt. Jetzt haben Sie sich auf ein ganz anderes Terrain begeben, Sie haben ein Buch geschrieben.

Es heißt „Happy Days?" - mit Fragezeichen.

Wie sind Sie auf die Idee gekommen, vom singenden zum schreibenden Menschen zu werden?

Kann ich das anders formulieren?

Ja.

Wie bin ich vom Schreiben zum Singen gekommen.

Sie haben zuerst geschrieben. Sie haben zuerst schreiben gelernt, in der Schule, dann singen.

Ja, ich habe mein ganzes Leben lang geschrieben, Berge.

Liebesbriefe?

Auch. Ich habe immer geschrieben und wollte immer ein Buch schreiben, aber ich bin nie dazu gekommen. Ich habe einen längeren Weg über Funk und Fernsehen, Singen, Theater und Film hinter mir.

Haben Sie damals Ihre Texte selbst geschrieben?

Leider nicht. Ich kann Deutsch einigermaßen sprechen, aber Deutsch zu schreiben ist für mich noch immer unmöglich. Deshalb habe ich das Buch in Englisch geschrieben, es ist dann übersetzt worden.

Aber Sie waren einverstanden mit den Texten, die Sie gesungen haben.

Absolut. Ich hätte nie geglaubt, daß diese alten Sachen wie „Fräulein", oder „Das hab ich in Paris gelernt" so lange halten werden. Die Evergreens und die Nostalgiewelle, die haben mich am Leben gehalten - deswegen muß ich immer zu meiner Vergangenheit stehen.

Was glauben Sie, war das Geheimnis Ihres Erfolges? Es gab ja sehr viele Sänger, die kurzfristig Erfolge hatten, aber dann abgetreten sind. Sie waren doch sehr lange präsent. War das der Akzent, der Charme oder alles zusammen?

Vielleicht war ich der richtige Mann im richtigen Moment, sagen wir es so. Ich habe so eine englische Art, die angeboren ist, vielleicht war ich wie eine andere Luft im Showbusineß, vielleicht etwas lockerer. Ich habe immer versucht, so viele Dinge wie möglich zu machen, ich habe immer experimentiert. Das Problem ist, auch wenn man bekannt ist, jemanden zu finden, der an das glaubt, was man macht... Und - vor allen Dingen - sich selbst treu zu bleiben.

Ich denke, das ist Ihnen gut gelungen. Sie sind immer der geblieben, der Sie von Anfang an - glaube ich - waren.

Ja, das ist das einzige, was ich machen kann. Ich kann nicht jemand anders sein. Ich kann nur tun, was ich tun kann.

Dieses Buch - ist das ein Anliegen gewesen, Spuren zu hinterlassen, die in das nächste Jahrhundert reichen? Oder warum schreibt man auf einmal? Viele Menschen haben ja das Bedürfnis, wenn sie älter werden, irgendwann ihre Erfahrungen oder Eindrücke oder was immer niederzuschreiben. Was war bei Ihnen der Grund?

Ich glaube, das hat mit dem Alter nichts zu tun. Man muß ein gewisses Alter erreicht haben, um etwas erlebt zu haben. Deswegen ist es gar nicht schlecht, wenn man später anfängt, weil man schon einen ziemlichen Erfahrungsschatz hat. Daß viele andere ihre Memoiren schreiben, ist eigentlich okay, für mein Timing zwar nicht besonders gut - aber auf jeden Fall, es sind keine Memoiren.

Es sind keine Memoiren, sondern...

Es sind Erzählungen mit stark autobiographischem Einfluß. Mit anderen Worten, ich rede oder schreibe über einige Leute, phantastische Leute, die ich in meinem Leben kennengelernt habe.

Und die sind aus dem Showbusiness?

Dieses Buch hat mit dem Showgeschäft gar nichts zu tun. Das hat etwas mit mir zu tun, mit menschlichen Begegnungen. Wie ich angefangen habe, im Funk und im Fernsehen - das mußte ich bringen, aber sonst sind es Leute, denen ich als Kind und außerhalb der Fernsehstudios begegnet bin. Ich habe immer mit Humor zu tun gehabt, aber wer nur mit Humor zu tun hat, der wird in eine Schublade hineingeschmissen und wird nicht so ernstgenommen.

Das Buch ist etwas ernsthafter?

Einige Kapitel ja, andere sind eher leichter. Ich versuche oft, die komische, die schräge Seite der Dinge zu sehen. Ich muß eine Person nennen, die mir sehr geholfen hat, dieses Buch herauszubringen: Elke Heidenreich, sie hat auch das Vorwort geschrieben. Ohne sie wäre ich wahrscheinlich nie zum Bücherschreiben gekommen. Ich werde es in Zukunft weiter machen, wenn es einigermaßen gut ankommt. Man kann nur hoffen, man kann nie in die Zukunft schauen. Es könnte sein, daß es abgelehnt wird, aber ich schreibe auf jeden Fall weiter.

Sie haben uns neugierig gemacht...

Es ist anders. Es ist nicht das, was Sie erwarten!

Das Interview mit Chris Howland führte Jürgen Laupert

Brecht war ein sexueller Vielfraß,
aber die Frauen haben sich
das gefallen lassen
und sind durch ihn teilweise berühmt
und teilweise unglücklich geworden

Hellmuth Karasek

Herr Karasek, ich habe Sie gerade vom Essen entführt, oder haben Sie schon zu Ende gegessen?

Ich habe zu Ende gegessen.

Was haben Sie denn gegessen?

Ich habe bei Oetker am Stand gegessen, weil es ein neues Kochbuch von Herrn Lafer gibt, der einer der deutschen Zwei-Sterne-Köche ist: Er hat da selbst mit den Messezutaten ein schönes Backhenderl hingezaubert.

Aber Sie haben nicht nur gegessen, *sondern Sie haben auch vor der Messe etwas getan. Sie haben ein Buch über Bertolt Brecht geschrieben. Zuallererst die Frage: Warum über Bertolt Brecht, warum haben Sie sich gerade diesen Schriftsteller ausgesucht?*

Meine ersten Theatererlebnisse waren mit Brecht. Ich habe den Meister selbst noch als Schüler bei einer Probe sehen dürfen, in dieser betont proletarischen Schlichtheit, die aus teuerster Seide hergestellt war, und dann habe ich ihn ein Leben lang erlebt. Zunächst war er für das deutsche Theater einmal jemand, den man nicht spielen durfte. Hier in Frankfurt ist er zum ersten Mal gespielt worden. Das war damals eine kommunistische Verschwörung, wenn man Brecht spielte, denn Brecht ist nach Ostberlin gegangen und nicht in den Westen. Als die Mauer gebaut wurde, wurde er wieder boykottiert. Ich habe dann einen Zeitpunkt in seinem Leben beschrieben, als er vom Bürgerschreck zum „Klassiker" wurde. Klassiker zu sein ist etwas schrecklich Harmloses, etwas, mit dem man Schüler langweilt und Theaterbesucher in eine erhabene Stimmung versetzt.

Aber Brecht langweilt doch nicht.

Er ist immer noch der meistgespielte Autor der Erde, aber mich langweilen die Stücke inzwischen furchtbar, denn wenn ich den Galilei sehe und beispielsweise höre, daß sich die Erde um die Sonne dreht, so bin ich über diese Erkenntnis nicht sonderlich begeistert.

Was halten Sie denn von der Einstellung Brechts zu Frauen - die war doch eine ganz besondere.

Naja. Er hat gesagt: „Glücklich macht das Haus den Esser, denn er leert es, er bewohnt und leert es". Er hat Frauen zuerst zu Mitarbeiterinnen und dann zu Geliebten gemacht, oder zuerst zu Geliebten und dann zu Mitarbeiterinnen. Er war ein Vielfraß, ein sexueller Vielfraß, aber die Frauen haben sich das gefallen lassen und sind durch ihn teilweise berühmt und teilweise unglücklich geworden. Ruth Berlau, eine wunderschöne dänische Schauspielerin, „Die rote Ruth", wie sie in

Dänemark hieß, ist ihm ins Exil gefolgt, sie war die Frau eines Arztes, reich, verwöhnt, vermögend und hat Brecht dann in Amerika mit ihrer Arbeit durchgefüttert. Wie gesagt, wichtig dabei ist, daß er eigentlich die Frauen auch literarisch benutzt und ausgebeutet hat. Er hat sie dann im Testament bedacht. Aber die Witwe Helene Weigl hat gewartet, und als er tot war, hat sie das Testament angefochten. Die Frauen haben keinen Pfennig bekommen.

An wen richtet sich Ihr Buch? Müssen es Brecht-Liebhaber sein, müssen es Brecht-Kenner sein oder führen Sie an Brecht auch heran?

Ich glaube, es müssen Leser sein, es müssen Leute sein, die gerne lesen und sich für Brecht interessieren. Aber sie müssen keine Kenner sein. Es ist kein Buch, das eine große Brechtbildung und ein Studium in Brechtologie voraussetzt. Sondern man kann auch den Autor dadurch kennengelernt haben. Man kann Brecht auch anders kennenlernen, vor allem durch seine Gedichte. Er ist ohne Zweifel der sprachmächtigste und schönste Lyriker in deutscher Sprache. Er hat die schönsten Liebesgedichte geschrieben, zum Beispiel „Erinnerung an die Marie A.“. Er ist den Leuten zumindest durch die Dreigroschenoper bekannt, aus der jeder den Haifisch singen kann.

Was kommt als nächstes von Ihnen? Was ich noch auf der Messe gefunden habe, heißt „100 Jahre Kino“. Woran arbeiten Sie jetzt? Was schwebt Ihnen vor? Wieder eher etwas zum Medium Film, Fernsehen, oder bleiben Sie bei den Literaten?

Ich spreche nicht gern über Sachen, die noch nicht fertig sind. Deshalb möchte ich Sie mit einer Brechtgeschichte abspeisen. Herr Keuner, wie Brecht sich mit einem Pseudonym nennt, Herr Keuner wurde gefragt: „Woran arbeiten Sie?“, und er hat gesagt: „Ich bereite meinen nächsten Irrtum vor.“

Das Gespräch mit Hellmuth Karasek führte Michaela Friederix

die Verantwortung für das Handeln
ist heute eines der allerwichtigsten Dinge,
denn wir handeln häufig

Ulrich Wickert

Ulrich Wickert - heute nicht bei der ARD, sondern bei uns - hat wieder ein Buch herausgegeben: „Das Buch der Tugenden". Ein sehr dickes Buch.

Ein Sammelwerk von Autoren aus den letzten 2000 Jahren. Von Aristoteles bis heute, eigentlich alles, was zum Thema Tugenden gesagt worden ist. Nicht alles, aber sehr vieles und - wie ich meine - Wichtiges. Denn ich glaube, daß es wichtig ist, daß wir das Wort „Tugend" neu, und zwar modern definieren. In den Köpfen vieler Leute herrscht immer noch die Vorstellung vor, Tugend ist, was die bürgerliche Gesellschaft im letzten Jahrhundert an Tugend erfand: Keusch ist gut, Gehorchen ist gut. Das sind überhaupt nicht die Tugenden, die ich meine, es geht auch nicht um Tugenden im ethischen Sinn, sondern um Tugenden wie Gerechtigkeit, Solidarität usw. - Toleranz natürlich, Wahrheit - das sind Tugenden, die ganz modern sind, wenn wir sie neu definieren, und das dürfen wir. Es ist eine Frage der Ethik, daß sich jede Generation die Werte neu erarbeitet. Das mache ich hier.

Sie schreiben in Ihrem Buch: „Der Mensch wählt seine Tugenden in Freiheit und ist dann für seine Wahl verantwortlich."

Es ist für mich eigentlich auch eine Definition des Wortes *Pflicht*. Was, um Gottes Willen, ist Pflicht? Was ist denn das schon? Damit meine ich, Freiheit ist die Voraussetzung des Denkens. Wenn ich mich aber überzeugt habe, daß ich bei gewissen Dingen nur so handeln darf, dann folge ich der Pflicht. Die Verantwortung für das Handeln ist heute eines der allerwichtigsten Dinge, denn wir handeln häufig, die Folgen des Handelns sind aber erst bei der nächsten Generation zu spüren. Atomkraftwerke sind das beste Beispiel. Ich glaube auch, daß junge Leute häufig pflichtbewußter und tugendhafter sind als Leute unseres Alters - ich verwende diese Worte ganz bewußt -, zum Beispiel in der Frage der Umwelt. Die jungen Leute, die sagen sofort „Müllsortieren, Flaschen in den Flaschen-Container", während wir sagen „Es ist ja so weit bis dahin". Die haben die Einsicht, was man für die Natur machen muß. Sie haben es aber auch gelernt, wir haben es nicht gelernt - als wir aufgewachsen sind, gab es noch keine ökologische Bewegung.

Sie wollen also informieren oder missionieren?

Um Gottes Willen - bloß nicht missionieren. Ich will Anregungen zum Denken geben, mehr gar nicht. Denn wenn ich sage, jeder muß die Freiheit haben, zur eigenen Einsicht zu kommen, dann darf ich doch keine Einsichten vorgeben.

Vielleicht noch eine persönliche Frage: Wir werden hier überflutet von Informationen. Ihr Buch ist eines der dicksten und kostet, glaube ich, 48 DM. Es ist also erschwinglich, und man kann damit fast seine halbe humanistische Schulbildung auffrischen...

Ist doch etwas ganz Gutes, das schadet ja nicht.

...mit all den Autoren, die Sie zitieren.

Man wird auch angeregt, andere Bücher zu lesen.

Genau, die Frage ergibt sich natürlich: Wo nehmen Sie die Zeit her?

Ich habe immer eine Woche frei, wenn ich moderiere. Erst habe ich zwei Wochen moderiert, und jetzt habe ich eine Woche frei.

In dieser freien Woche können Sie wunderbar schreiben oder andere Bücher lesen und so etwas herstellen?

Das ist die Zeit, die ich mir dann nehme, um mich zu konzentrieren. Vielleicht ist es auch eine ganz gute Sache, wenn man sich einmal von diesem aktuellen Geschäft abwendet und mehr ins Profunde geht.

Früher erfuhren die Menschen ihre ganze Weisheit und ihr Wissen aus dem Märchen, heute aus dem Fernsehen. Sie sind ja ein Mann der Medien - haben Sie da auch irgendwie das Gefühl, Sie müßten Märchen erzählen oder Ihre Zuschauer beeinflussen, eben tugendhafter zu sein?

Man kann sicherlich das eine oder andere Wort sagen - auch in einer Nachrichtensendung -, das mit diesem Thema zu tun hat, denn das ist ja ein gesellschaftliches Problem, die Frage der Werte. Die Werte sind erst einmal die Grundlagen jeder Gesellschaft. Bevor die Gesellschaft sich Gesetze gibt, hat sie zuerst einmal Werte, aus denen sich die Gesetze entwickeln.

Gut, dann freuen wir uns auf das Buch, wir werden es sicher lesen, im Urlaub. Das Schöne ist, man kann es immer wieder weglegen, man muß es nicht in einem durch lesen - insofern ist die Stärke des Buches ja wirklich die Stärke des Buches.

Das Gespräch mit Ulrich Wickert führte Jürgen Laupert

ich habe das Buch ganz alleine geschrieben;
ich habe erst viel mit Tonband gearbeitet
und dann viel mit Bleistift und Papier,
aber dann habe ich es natürlich
von einem richtigen Schreiber
schreiben lassen

Heino

„Und sie lieben mich doch“. Allein der Titel verrät, daß Sie sich doch etwas ironisch mit dem auseinandersetzen, was in den vergangenen Jahren an Witzen über Sie gemacht wurde.

Für die, die mich nicht mögen - auch heute noch nicht -, für die ist dieses Buch geschrieben, damit sie einmal ein anderes Bild von mir kriegen als das, worüber sie jahrelang gespottet haben, gelästert haben, Schmutz ausgeschüttet haben. Es hat mir großen Spaß gemacht, das Buch zu schreiben, und ich habe entdeckt, daß ich noch viele Geschichten in dieses Buch hätte hineinschreiben können, die noch gar nicht drin sind. Ich habe schon wieder Ideen für ein anderes Buch.

Haben Sie selbst geschrieben, alleine?

Ich habe es ganz alleine geschrieben; ich habe erst viel mit Tonband gearbeitet und dann viel mit Bleistift und Papier, aber dann habe ich es natürlich von einem richtigen Schreiber schreiben lassen. Denn es ist ja nicht mein Metier, Bücher zu schreiben, sondern zu singen.

Es ist mir aufgefallen, daß Sie auch sehr persönliche Dinge erzählen, über die blonden Haare, über Ihre dunkle Sonnenbrille...

Es sollen auch keine Lügen drinstehen, es sollen Tatsachen drinstehen. Ich bin kein Autor, der Geschichten erfindet. Jeder, der sich mit Heino beschäftigt hat, kennt die blonden Haare, über die immer gelästert wurde. Trägt er eine Perücke oder nicht? Hier in diesem Buch steht drin, daß ich ein kleines Haarteil trage. So wie jeder Mensch, der fast an die 60 geht, hat er irgendwo ein bißchen Beschwerden und muß sich auch gar nicht dafür schämen. Man sollte sich nicht über die Gebrechen anderer Menschen lustig machen. Über die Augen steht in diesem Buch, daß ich die ersten Jahre ohne Brille gesungen habe. In den siebziger Jahren habe ich ein Augenleiden bekommen. Daher trage ich diese dunkle Brille. Das ist der ganze Witz an der Geschichte mit dieser Brille.

Ich bin auf ein Foto gestoßen, das zeigt Sie gemeinsam mit Mick Jagger. Es gibt auch ein Foto mit seiner Frau Jerry Hall. Wann sind Sie mit denen zusammengetroffen?

Ich habe Mick vor drei Jahren persönlich kennengelernt, auf einer Geburtstagsparty. Meine Frau ist eine Prinzessin von Auersperg. Auersperg und Prinz Rudi Löwenstein sind Verwandte. Rudi Löwenstein ist der Manager von Mick Jagger, dadurch haben wir uns bei einer Geburtstagsparty in Venedig vor drei Jahren kennengelernt. Und vor einem halben Jahr haben wir uns im Kölner Stadion wiedergesehen. Da haben wir ein Tässchen Kaffee getrunken und von alten Zeiten geplaudert. Ich habe meinem Team auch dieses Foto gezeigt, denn da gibt es eine Menge eingefleischter Stones-Fans. Es herrschte die Meinung, wenn wir das vor 5, 6 Jahren gesehen hätten, so hätten wir es furchtbar gefunden, aber jetzt - sie haben auf einmal ein anderes Bild in den letzten Jahren bekommen. Merken Sie das nicht auch? Also ich muß sagen, ich war bei dem Stones-Konzert, im Frühjahr in Köln. Ich bin ins Stadion 'reingekommen, ich habe es nicht forciert, aber die ganzen Stones-Fans waren auf meiner Seite, was mich persönlich sehr gewundert hat. Ich bin praktisch hier schon ein deutsches Kulturgut. 30 Jahre kennt man mich, und ich war nie, wie man so schön sagt in unserer Branche, weg vom Fenster, ich war immer da, immer präsent. Ich habe dort für die jungen Leute gesungen, eine Rap-Version vom „Enzian", dann habe ich eine Techno-Version gemacht, sodaß mich auch junge Leute schätzen. Sie mögen zwar nicht das Liedgut, aber sie sagen: Mann, der Alte ist doch ein ganz cooler Hund, der ist schon Jahrzehnte am Markt, meine Mutter verehrt ihn, mein Vater, mein Opa. Also irgendetwas muß doch an dem Alten dran sein, daß er immer noch da ist.

In Amerika haben Sie auch ganz besondere Erfolge. Sie fahren nach Amerika und geben Konzerte für Deutschsprachige. Warum haben Sie auch in Amerika so einen Erfolg?

In Amerika leben viele Deutsche. Ich gehe alle 3 bis 4 Jahre 'rüber. Im Garden State Arts Center bei New York gibt es das berühmte German Hertigage-Festival - da habe ich ungefähr 20.000 Menschen, vor denen ich singe. Anschließend mache ich eine Tournee quer durch Kanada und singe in Hallen, wo an die 8000 Menschen hineingehen. Deutsche gibt es ja überall, deutsche Auswanderer trifft man auf der ganzen Welt. Ich bin gern in Amerika und habe dort sehr viele Fans.

Sie hören nicht auf zu singen, wenn Sie jetzt viele gesellschaftliche Verpflichtungen haben und sogar Bücher schreiben? Wann gibt es das nächste Konzert von Ihnen?

Ich mache jetzt noch einige Signierstunden für mein Buch „Und Sie lieben mich doch", dann bereite ich mich auf das nächste Jahr vor. Ich mache eine große Tournee, auf die ich mich sehr freue, mit dem Moskauer Staatsensemble. Da sind 100 Menschen auf der Bühne, 60 Mann Chor, 20 im Orchester und 20 im Ballett. Das macht mir natürlich Spaß. Die Tournee heißt „Hallo Heino, hallo Europa". Völkerverbindend. Heino und das Moskauer Staatsensemble, das macht Spaß.

Das Gespräch mit Heino führte Michaela Friederix

Stefanie Zweig

„Nirgendwo in Afrika", erschienen im Langen-Müller Verlag, ein autobiographischer Roman, die Geschichte Ihrer Kindheit. Sie sind als junges Mädchen nach Kenia gekommen, aber nicht freiwillig.

Ich habe mir damals, als ich fünf Jahre alt war, keine großen Gedanken gemacht, ob freiwillig, aber ich habe schon gespürt, daß es eine Auswanderung und ein Abschied von Deutschland für immer war.

Das war im Jahre 1938. Sie sind Jüdin, Sie sind nach Kenia emigriert. Warum nach Kenia?

Es gab damals kein Land mehr, das Juden aufgenommen hat, jedenfalls nicht mehr zu einem so niedrigen Preis. Für Kenia brauchten wir 50 englische Pfund pro Kopf. Das war genau das, was mein Vater für sich aufbringen konnte, und er hoffte, es für uns noch zu verdienen. Aber es haben zum Glück Leute eingegriffen und es ihm vorgestreckt, sonst hätten wir gar nicht mehr rechtzeitig auswandern können.

Was für eine Situation hat Ihr Vater vorgefunden?

Er wußte überhaupt nicht, was er arbeiten sollte. Er konnte kein Wort Englisch, er war Althumanist, er konnte nur Griechisch und Latein. Er ist auf eine Farm verfrachtet worden, wo er bleiben durfte, und wir durften das essen, was es auf der Farm gab. Das waren Eier, Butter, Milch - mehr nicht.

Sie waren noch sehr jung, aber diese Eindrücke haben sich sicher fest eingegraben. Wie haben Sie Kenia als junges Mädchen kennengelernt? Sie sind bis zu Ihrem 14. Lebensjahr dort gewesen.

Es muß irgendwie eine Verzauberung mit mir vorgegangen sein, denn ich habe mich sehr, sehr schnell in dieses Land eingelebt. Ich war ein ziemlich ängstliches Kind, das vor Hunden Angst hatte, vor Bienen, vor allem. Das ist in Kenia schlagartig verschwunden. Ich bekam am ersten Tag von den Schwarzen ein Reh geschenkt, am dritten Tag einen Hund, am vierten Tag hatten wir einen riesigen Bienenschwarm, der uns bedrohte, und all das konnte mich nicht mehr erschüttern.

Haben Sie sich sicher gefühlt, haben Sie sich zu Hause gefühlt?

Ja. Aber ich habe natürlich auch gespürt, welche Not meine Eltern hatten. Ich habe sehr früh gewußt, daß die Familie, die in Deutschland geblieben ist, im Konzentrationslager umgekommen ist.

Wann haben Sie das erfahren, daß die Familie in Deutschland ums Leben gekommen ist - umgebracht wurde, kann man auch sagen.

Wir haben im Jahre 1941 über das Rote Kreuz einen Brief von meiner Großmutter erhalten, daß sie nach Polen müssen. Mein Vater hat sofort gesagt, das bedeutet den Tod. Das wußten wir. Als der Großvater umgekommen ist - er ist in Rußland von einem SS-Mann auf der Straße erschlagen worden -, hat uns das nach dem Krieg ein Lehrer aus Rußland geschrieben. Der Brief erreichte uns ungefähr Anfang 1946.

Trotzdem wollte Ihr Vater dann wieder nach Deutschland. Sie sind 1947 zurückgekommen. Warum zurück in dieses Land?

Mein Vater war ein Mensch ohne Haß und hat immer gesagt, es waren nicht die Deutschen, es waren die Nazis. Ich mußte das als Kind schon unterscheiden lernen. Ich durfte nicht sagen, die Deutschen haben dieses und jenes gemacht, da wurde ich sofort verbessert, denn da hieß es: „Nein, das haben *die Nazis* gemacht." Außerdem wollte mein Vater wieder in seinem Beruf arbeiten.

Wie war das dann für Sie? Sie haben im Grunde alle bewußten Erinnerungen in Kenia gesammelt, Deutschland war ein fremdes Land für Sie. Wie haben Sie sich dann eingelebt?

Ich habe mich hier sehr langsam eingelebt, aber ich war gewohnt, meinem Vater eine Freude zu machen. Ich habe meinen Vater so sehr geliebt, daß ich darüber nicht gesprochen habe.

Jetzt sind Sie seit 1947 ununterbrochen in Deutschland. Sie haben hier als Journalistin gearbeitet und Jugendbücher geschrieben. Was hat Sie jetzt - nach so vielen Jahren - bewegt, Ihre Erlebnisse von Kenia aufzuschreiben?

Je älter ich wurde, umso mehr dachte ich, ich bin es meinem Vater eigentlich schuldig, diese Geschichte zu erzählen, die Geschichte eines Mannes, der in dieser Zeit und trotz all diesen Erlebnissen ohne Haß geblieben ist.

Ich habe die ersten Kapitel dieses Buches gelesen, es ist ein sehr schöner Anfang. Sie haben Briefe Ihres Vaters genommen, alte Briefe, als er gerade in Afrika ankommt, und man lernt ihn und Ihre Familie eigentlich schon durch diese ersten Briefe kennen. Haben Sie bereits Resonanzen auf Ihr Buch, von der Presse oder vom Publikum, das in den letzten Tagen hier war?

Ja, es ist überaus erfolgreich angelaufen, es ist schon in der 3. Auflage - ich kann sehr zufrieden sein, denn es ist erst seit Juli auf dem Markt.

Das Interview mit Stefanie Zweig führte Michaela Friederix

die Kirche,
die katholische Kirche
ist unchristlich

Gertrud Zelinsky

Ich habe hier ein Buch in der Hand, geschrieben von Gertrud Zelinsky: „Trotz allem bin ich Christ“. Frau Zelinsky, trotz allem sind Sie Christ, was bedeutet dieses Buch, was steht dahinter?

Also, ich bin katholisch, geschieden und wiederverheiratet. Und habe gewagt, aus der Kirche auszutreten; meine Familie war natürlich sauer, ganz klar.

Wann war das?

Das war 1975, nach meiner Scheidung. Da habe ich festgestellt, die Kirche kümmert sich gar nicht um mich, im Gegenteil. Die Sorgen und die Belastungen der Scheidung habe ich zu tragen, und jetzt werde ich noch bestraft und darf nicht zu den Sakramenten gehen. Es interessiert keinen, wie es mir geht. Die verlasse ich jetzt. Ich haue ab und zahle nicht auch noch Kirchensteuer. Obwohl ich sagen muß, die Kirchensteuer ist, glaube ich, bei den allerwenigsten der Grund, daß sie aus der Kirche austreten. Sie sind einfach enttäuscht.

Das ist ein Symbol für den Protest.

Ist es, natürlich, gut. Ich bin ausgetreten und habe gedacht, jetzt habe ich denen was ans Bein gebunden. Wunderbar. Nix wars. Ich hab’ nur mir geschadet und mich gefragt, was mache ich jetzt außerhalb der Kirche? Ich habe mich unwohl gefühlt, heimatlos, die Wurzeln abgerissen, weil ich eben im Grunde meines Herzens katholisch bin und es auch immer geblieben bin. Gut. Dann habe ich gedacht, gehe ich jetzt wieder zurück in die Kirche? Zu den Sakramenten darf ich nicht gehen - ob ich draußen bin oder wieder drin -, als wiederverheiratete, katholisch geschiedene Frau oder Mann, ganz wurscht, in diesem Fall, und bin wieder eingetreten. Die können mir doch nicht vorschreiben, wie ich mit meinem Herrgott stehe oder nicht stehe. Das weiß überhaupt keiner. Ich bin von einem schwarzem Priester sehr ermutigt worden, der gesagt hat: „Ich wünsche Ihnen mehr Mut“. Den habe ich mir dann genommen und bin zu den Sakramenten gegangen. Das war die eine Sache. Die andere Sache ist, daß ich jetzt einfach feststelle: die Kirche, die katholische Kirche, ist unchristlich. Sie läßt die Randgruppen allein - wenn ich an die Homosexuellen denke, an alle Menschen, die außerhalb dieser Schiene marschieren. Die sind alleingelassen, die bleiben draußen, die werden nicht hineingenommen in die große Familie, in die katholische bzw. christliche Familie.

Ich muß eine Zwischenfrage stellen. Ist es die katholische Kirche in Rom, die mit ihren Gesetzen und Verordnungen oder wie immer man das Kirchenrecht nennt, sagt, es ist nicht drin, darum küm-

mern wir uns nicht? In den Gemeinden gibt es doch eine Menge Pfarrer, die sich der Randgruppen annehmen. Es kann nicht an den Pfarrern liegen. Es muß das Dogma der katholischen Kirche sein, das Sie angreifen.

Sehr gut, daß Sie das jetzt ansprechen, denn den Pfarrern, den Seelsorgern in den Gemeinden, denen fliegt der gesamte Kugelhagel um die Ohren. Die wissen, was los ist, in den Familien, in den Krankenhäusern, in den Altenheimen, bei den Kindern, bei den Jugendlichen; die wissen, wo es langgeht, aber die römisch-katholische Kirche, die in Rom sitzt, in ihren herrlichen vatikanischen Gemächern... Ich meine, die wunderbare Predigt-Ansprache des Papstes. Wissen Sie was? Da dreht's mir alles um! Das sind wunderbare Worte, und in der Praxis höre und sehe ich nichts davon. Da reg' ich mich wahnsinnig auf. Es ist die Lieblosigkeit, die ich anprangere, die ich nicht mehr ertragen kann, unter der die Christen, die Menschen so wahnsinnig leiden. Der Christ nebenan ist uninteressant geworden. Es werden hehre Worte gesagt, alles wunderbar, aber in Rom passiert gar nichts. Es ist alles ganz toll, denen fehlt ja nichts. Die sitzen da in ihren Kardinalskleidchen, und der Papst mit seinen schönen Gewändern, ja was soll denn das? An der Basis, beim Fußvolk kommt überhaupt nichts mehr an.

Sie kriegen aber - haben Sie mir erzählt - kaum negative Reaktionen, nur positive. Sie rennen überall offene Türen ein. Das muß Sie doch ein bißchen verwundern?

Es verwundert mich insofern nicht, als ich aus den vielen Gesprächen ganz genau weiß - auch während ich das Buch geschrieben habe -, wie unfroh die Christen geworden sind, unfroh und kritisch, sehr kritisch. Daß sie keine Marionetten mehr sein wollen, an irgendwelchen Stricken, die von Rom geführt werden. So wollen sie nicht mehr herumtänzeln, nein, sie wollen ihren eigenen Weg gehen. Und das finde ich gut. Bis jetzt habe ich nur positive Reaktionen bekommen, bis auf eine. Ein Buchhändler, ein älterer Herr, und ich wage einfach zu behaupten, er ist stock-super-beton-katholisch. Er hat eine Lesung, die er mit mir vereinbart hatte - nicht ich mit ihm - abgesagt. Mit der Begründung, das Thema wäre zwar sehr ernst, aber er könnte das so nicht tragen. Und wissen Sie was? Ich habe gedacht: Endlich ist hier was los. Ich hab' es in die Presse gegeben, den Brief gefaxt. Es kamen Leserzuschriften. Ich habe nicht eine gegen mich bekommen, nur für mich, und gegen diese Entscheidung des Buchhändlers. Das ist das einzige, was ich an Negativem, was aber für mich positiv ist, zu vermelden habe.

Wenn überall offene Türen sind und Sie auf offene Ohren stoßen, was muß dann passieren, daß es endlich anders wird?

Daß es endlich anders wird? Ich glaube nicht, daß es im Moment anders wird, so lange der Papst, Herr Wojtyla, noch auf seinem Thron sitzt, den werden wir noch absitzen müssen, denke ich. Wenn der nächste Papst kommt - um den beten wir inständig -, dann wird es hoffentlich anders werden. Ich hoffe auch, daß das Kirchen-Volksbegehren etwas bewirken wird, in den Herzen der Menschen. Es wird an den Buchstaben - an den Paragraphen - nichts ändern, aber in den Herzen der Menschen wird es etwas ändern. Wir dürfen etwas sagen und haben eine Stimme.

Und so lange Menschen wie Sie mit diesem Mut und diesem Engagement auftreten, bin ich ganz froher Hoffnung, daß etwas passiert.

Das Gespräch mit Gertrud Zelinsky führte Michaela Friederix

Josef Pöllath

Lektor, Ludwig Verlag

Ein interessantes Buch: der „Knigge 2000“. Ich möchte Herrn Josef Pöllath die Frage stellen: Warum brauchen wir einen Knigge 2000? Hat sich das Benehmen im Lauf der Zeit so verändert?

Ja, das Benehmen hat sich verändert. Vor allem gibt es eine Unsicherheit, die sich zunehmend feststellen läßt, bei jungen Menschen, nach einer langen Zeit des freiheitlichen Benehmens, wo es überhaupt keine Formen gab, keine Zwänge, nichts. Jeder konnte sich im Lokal und bei Vorstellungsgesprächen so geben, wie er wollte. Und nun stellt man fest, daß die Menschen unsicher geworden sind und zunehmend wieder mehr Richtlinien, mehr Anhaltspunkte haben möchten. Deswegen gibt es den „Knigge 2000“. Das ist ein Grund dafür.

Was hat sich denn konkret verändert im Laufe der Zeit? Der alte Knigge scheint doch nicht mehr so aktuell zu sein.

Der ist in vielen Dingen noch aktuell, aber durch die Mobilität der Menschen - denken Sie bloß an Reisen in Amerika usw. - hat sich natürlich auch unser Verhältnis zum Benehmen verändert. Ich stelle Ihnen einmal eine Frage: Wenn Sie als Herr mit einer Dame ein Lokal betreten, wer geht zuerst ‘rein?

Also ich würde sagen, ich werde der Dame die Türe aufhalten und würde sie dann voranschreiten lassen.

Sehen Sie, das ist ein Problem. Da liegen Sie schon schief, denn in Deutschland muß grundsätzlich der Mann zuerst ins Lokal hineingehen, das heißt, die Dame folgt ihm. In Amerika ist es die Dame, die zuerst das Lokal betritt. Allerdings hat sich hier die Situation schon so weit gelockert, daß man letztlich beide Formen verwenden darf, aber nach dem alten Knigge wären Sie völlig daneben. Es gibt viele Dinge, die neu dazugekommen sind, z.B. wie gehe ich im Restaurant mit dem Handy um? Das gab es eben im letzten Jahrhundert noch nicht, als der Knigge zum ersten Mal herausgekommen ist. So gibt es viele Situationen, in denen Unsicherheiten auftreten können, wo die Menschen eben wieder mehr Sicherheit haben wollen - im Benehmen, in der Kleidung, bei Vorstellungsgesprächen, all das steht hier drin. Gleichzeitig bietet das Buch auch Anknüpfungspunkte, woher diese Umgangsformen stammen und wie sie sich kulturgeschichtlich entwickelt haben. Vor allem beantwortet es die Frage: Wie ist das richtige Benehmen heute?

Ich hoffe, ich kann mich jetzt korrekt von Ihnen verabschieden.

Splitter

Was hast du denn für ein Buch geschrieben? Du hast es wahrscheinlich mit.

Mit habe ich es nicht, aber es heißt „Peinlich“, und mein Titelheld heißt auch Peinlich.

Wovon handelt es?

Es geht um Krieg und Vaginalflora.

Du hast leider kein Exemplar bei dir?

Nein, aber ich kann dir meine Promotionpostkarte geben. Ich heiße Mathias Manzel.

* * *

Dürfen wir Ihren Hund mal filmen?

Ja, warum denn nicht.

Wie fühlt sich Ihr Hund auf der Messe?

Er ist es schon gewöhnt, es macht ihm nichts aus.

Nehmen Sie ihn auch in die Halle rein?

Ja, auch, früh morgens, wenn es weniger Gedränge gibt, aber jetzt am Nachmittag wird er nur plattgetreten.

Bleibt er hier draußen, während Sie irgendwo hineingehen?

Ne, das tut er nicht, entweder meine Frau oder ich bleiben beim Hund. Wir wechseln uns ab am Nachmittag.

Und was haben Sie sich heute angeschaut? Haben Sie etwas Interessantes gefunden oder haben Sie nach einer bestimmten Literatur Ausschau gehalten?

Wir waren jedenfalls um Landkarten, weil ich viel wandere mit dem Hund. Reiseführer. Aber vor allem Landkarten, Autokarten, Wanderkarten, das war mein Hauptziel. Meine Frau ist Krankenschwester, und da ist sie mehr seelisch ausgeglichen.

Aber Sie finden auf alle Fälle beide etwas.

Ja, alles interessant.

Was macht ihr so auf der Buchmesse?

Wir haben uns die Hallen angesehen - mit vielen Büchern - und es gefällt uns hier.

Hast du ein Buch gefunden, was du dir vielleicht einmal kaufen möchtest und kaufen darfst, denn hier darfst du das ja nicht.

Ja, so ein Pferdebuch.

Was genau für ein Pferdebuch?

Ein mehrbändiges.

Seid ihr mit euren Eltern da?

Mit Eltern und Freunden.

Hast du auch schon etwas gefunden, was dir gefällt?

Ja.

Und was?

Ein Buch.

das ganze Literaturbetriebsgesindel,
...die dort ihre schwarze Messe als Triumph
über die von Ihnen Verdrängten
und Zugrundegerichteten
zelebrieren

Alfred Goubran

Verleger, edition selene

Ich nehme als Verlag nicht an der Frankfurter Buchmesse teil, weil ich es mir nicht leisten kann und weil ich finde, daß diese Buchmesse nichts mit Literatur, wie ich sie verstehe, zu tun hat - es ist eine Veranstaltung des Buchmarktes und des Literaturbetriebes.

Unter Literaturbetrieb und „Markt" verstehe ich Schriftsteller, Verlage und Organisationen, die das Kalkül dem Inhalt voranstellen, d.h. es geht ZUERST ums Geld, während meine Konzeption eine andere ist - die Frage, wie man ein Buch verkaufen, finanzieren kann, ist nicht zweitrangig - kommt aber an zweiter Stelle, ist immer die *nächste* Frage.

Diese Verlage und Schriftsteller, das ganze Literaturbetriebsgesindel, stellt sich so immer gegen das, was Literatur erst möglich macht - das Risiko, sei es das Risiko der Existenz, der Veröffentlichung etc. - Immer ist ja das Existentielle in Frage gestellt, wo es um Schöpfung, Werk etc. geht. Aus dieser Infragestellung heraus geschieht Ursprung, und nur dort.

Es versammeln sich also die Ursprungslosen, und es ist recht und gut, daß diese Sache viel kostet, denn sonst gäbe es sie nicht; d.h. sie MUSS viel kosten, denn anders ist sie nicht zu halten - Literatur dieser Art, Cliquen- und Literaturbetriebsgesindel und Marktliteratur ist Lobbyliteratur und Herdenliteratur und richtet sich immer gegen den Einzelnen als Schaffenden und Erschaffenden; deshalb auch dieser unversöhnliche Haß im Leben gegen die Bernhards und Schwabs und Aichingers, die dann im Tod gefahrlos vereinnahmt werden und letztlich doch zu Grunde gerichtet werden können von dem Literaturbetriebsgesindel und der Kunstherde, die eine Kunstmeute ist, und das geschieht jetzt und dort in Frankfurt und nichts anderes, und ich beneide jeden, der so blind ist, daß er daran vorbeisehen kann und die Schlachtbank mit dem Laufsteg zu verwechseln in der Lage ist.

Und letztlich, denn von einer ausführlichen Beurteilung graut mir und sie wäre ohnehin nur Zeitverschwendung, letztlich also sollte nicht vergessen werden, daß es diese Subventionen sind, die helfen, das Risiko auszuschließen und verhindern, daß Literatur sich andere Wege suchen muß, ins Leben zu kommen als über Funktionäre und Vernutzer, die dort in Frankfurt ihre schwarze Messe als Triumph über die von ihnen Verdrängten und Zugrundegerichteten zelebrieren.

Alfred Goubran, Leichtpunkt-Solidaritäts-Fax vom 9.10.1995

Punktum!

(Anstelle eines Nachworts)

Mittelpunkt, Brennpunkt, Schmelzpunkt, Schwerpunkt, Leichtpunkt, Gefrierpunkt, Zeitpunkt, Schlußpunkt...

Ach, ich armes Österreich, so klein, so schwer, werde ich nun verschlungen von diesem Schlund, massakriert vom Messemoloch, ersticke im Marktmorast von Blankobusiness mit Niet und Nadelstreif, ich niedliches, rotweißrotes Alpinkleinod, Heimat von Hitler und Haider, Hort der Dichter, Denker und Lenker, und muß mich freundlich lächelnd für eine internationale Begrapschung zurechtputzen - welch ein frivoles Ansinnen! - also kehre ich, dem austromasochistischen Zwangsneurosen-Strip gerechtwerdend, zuallererst mein liebliches Psychchen ans grelle Tageslicht der druck-bereiten Öffentlichkeit (das erwartet man von mir als Mutter Freuds, Reichs, Schnitzlers und Epigonen), bekämpfe vehement meine verschiedenen, mühsam zueinander zwangsintegrierten Persönlichkeitsanteile in bester Selbstzerfleischungstradition - ach, wie lieben es alle, dem zuzusehen -, also organisiere ich besser den zu erwartenden Voyeurismus, lenke ihn in tunlichst offizielle, geordnete Bahnen, versuche es ehrgeizig den ewig heimlich beneideten, bundesdeutschen Brüdern gleichzutun, schmücke mich mit tolldreister, bürokratischer, herzmanovsky-orlandohafter K.u.K.-Kabinettskomitee-Kultur, erkläre mich für allseits würdig und kompetent (ängstlich darauf bedacht, ob man mir niedliches Österreich das auch alles wirklich abnimmt); doch ich bin zwar klein, aber zäh, ich zerreiße nicht so leicht an meinen Gegensätzen, die ich pflegend umhätschle (Übersetzung siehe „Wörterbuch Österreichisch-Deutsch“, Residenz Verlag, Salzburg, 1995). Ich bin *dehnbar*, jawohl, ich darf, ich muß darauf vertrauen, daß die vereinigte gepanzerte Granitbollwerks- und Kreativitätsverhinderungsindustrie der staatlich geprüften und konzessionierten Zutode-Organisierer nie und nimmer meine luftigleichte, spontane, herzhaft-heitere, künstlerisch-vitale Zwillingsseele, mein wahres Ich und Fundament, zerstören kann.

Walter Baco, Glosse für das Börsenblatt (Nr. 84 vom 20.10.1995)